江苏省高校哲学社会科学重点研究项目——江苏家族企业"传承二代"企业家精神承继与异化研究资助项目（项目批准号：2018SJZD1106）

家族企业企业家精神培育与传承

李雪松　著

北京理工大学出版社
BEIJING INSTITUTE OF TECHNOLOGY PRESS

内容简介

家族企业企业家精神的培育与传承是一个永无止境的课题。每个家族企业都面临如何传承的挑战,而企业家精神的传承则是最关键、最难实施的一步。本书通过案例访谈,披露企业家精神的培育路径和保护策略,剖析企业家精神的传承路径、传承机制,以及企业家精神传承中的跨代创业、家族治理、代际冲突和"法治体检",提出企业家精神传承的动力与使命、策略与方式、关键成功因素,以及接班后企业管理危机的化解和经济后果评价,以供读者借鉴和参考。

版权专有　侵权必究

图书在版编目（CIP）数据

家族企业企业家精神培育与传承 / 李雪松著. --北京：北京理工大学出版社，2022.12
ISBN 978-7-5763-1985-9

Ⅰ.①家… Ⅱ.①李… Ⅲ.家族—私营企业—企业家—企业精神—研究 Ⅳ.①F272.91

中国版本图书馆 CIP 数据核字（2022）第 247612 号

出版发行 /	北京理工大学出版社有限责任公司
社　　址 /	北京市海淀区中关村南大街 5 号
邮　　编 /	100081
电　　话 /	（010）68914775（总编室）
	（010）82562903（教材售后服务热线）
	（010）68944723（其他图书服务热线）
网　　址 /	http://www.bitpress.com.cn
经　　销 /	全国各地新华书店
印　　刷 /	唐山富达印务有限公司
开　　本 /	710 毫米×1000 毫米　1/16
印　　张 /	13.75
字　　数 /	219 千字
版　　次 /	2022 年 12 月第 1 版　2022 年 12 月第 1 次印刷
定　　价 /	55.00 元
责任编辑 /	李慧智
文案编辑 /	李慧智
责任校对 /	王雅静
责任印制 /	施胜娟

图书出现印装质量问题,请拨打售后服务热线,本社负责调换

自　序

国家市场监督管理总局 2022 年 10 月 11 日公布的数据显示，截至 2022 年 8 月底，我国民营企业数量已从 2012 年年底的 1 085.7 万户增至 4 701.1 万户，10 年翻了两番多，民营企业在企业总量中占比由 79.4%提高到 93.3%，在稳定增长、促进创新、增加就业、改善民生等方面发挥了重要作用，成为推动经济社会发展的重要力量。

党的十八大以来，党中央、国务院继续毫不动摇地鼓励、支持、引导非公有制经济发展，依法平等保护民营企业产权和企业家权益，持续推进"放管服"改革、优化营商环境，着力破除制约民营企业发展的壁垒，为民营企业打造公平环境，给其发展创造广阔市场空间。

2022 年 10 月 16 日，党的二十大报告指出，要构建高水平社会主义市场经济体制，坚持和完善社会主义基本经济制度，毫不动摇巩固和发展公有制经济，毫不动摇鼓励、支持、引导非公有制经济发展，充分发挥市场在资源配置中的决定性作用，更好地发挥政府作用。二十大报告再次强调"两个毫不动摇"，为民营企业安心谋发展坚定了信心信念，为民营经济高质量发展提供了动力。

我国的家族企业已经成为中国经济结构中最活跃、最富有创造力、最具竞争力的经济成分，它们已经走在中国经济发展方式转变的前列，成为中国在世界的名片。

家族企业在民营企业中占比相当巨大，高达百分之八九十。企业开放性和家族排他性是家族企业独有的特性，这种特殊经济组织在我国占据重要地位。

这些家族企业多数已走过三四十年历史。经历了改革开放 40 多年经济高速发展后，我国家族企业面临经济增长放缓、产业转型以及交接班三重挑战。后疫情时期的中国家族企业，正面临着不断升级的可持续发展挑战。作为市场经济的关键参与者，家族企业除了应对气候、经济、自然资源等外部宏观环境的挑战，还要保证组织的存续、物质与精神财富的传承，实现家业长青，"富过三代"。

我国家族企业生命延续，很多渐渐步入第二代。据不完全统计，未来 5～

10年，我国约有300万个家族企业进入传承转型时期，接班人接班后如何保持家族企业健康顺利发展，是我国家族企业创始人深表担忧的事情。

中共中央总书记、国家主席习近平曾发表重要讲话，关心非公有制经济人士及其下一代的发展。2022年是实施"十四五"规划、开启全面建设社会主义现代化国家新征程的奠基之年，中国以家族企业为主的民营企业如何在顺利交接班的同时应对危机和波动的风险，实现企业可持续发展的同时在全球可持续发展战略中扮演更加重要的角色，已经成为当下中国经济面临的"时代课题"。

在知识经济时代，家族企业的传承在本质上是知识资本的传承，尤其是隐性知识的传承，但隐性知识包括的特殊资产的范围很广，在众多特殊资产中，企业家精神的传承显得尤为重要。从某种角度讲，家族企业核心竞争力体现在企业家精神的表现上，优秀的企业家精神能促进家族企业不断适应内外部环境变化，促进家族企业健康发展。

企业家精神是经济增长的动态因素，企业家精神的延续是造成经济增长中区域路径依赖现象的重要原因。胡厚全从中国历史的角度解释了改革开放后企业家精神的来源和企业家创业的激励机制，并实证分析了其对经济发展水平的影响。研究认为企业家知识、价值观等的传承有利于改革开放后民营经济的兴起和发展；计划经济时期国有经济比重较高，延续了企业家精神，保留了企业家的创业冲动，而且国有经济的技术和人才溢出效应，促进了民营企业的发展。我国企业家精神每增长一个标准差，年均经济增长率将提高2.88个百分点。这表明，企业家精神对我国经济高速增长有显著的正向推动作用。

然而，企业家精神怎样才能适应新时代家族企业发展的特点和要求？这个问题正是笔者写本书的动机所在。本书力图为我国政府在家族企业管理上的政策制定和实施提供理论参考，建议在政策中更加关注对企业家精神的培育、传承和创新的引导，进而提高政策的科学性和有效性。

笔者有幸依托所主持的江苏省高校哲学社会科学重点研究项目——江苏家族企业"传承二代"企业家精神承继与异化研究（项目批准号：2018SJZD1106），历经三年半的艰辛时间，通过文献查阅、个案访谈、问卷设计、数据收集、实证分析和结果讨论，终于撰写完成《家族企业企业家精神培育与传承》这一书稿。

整个收集资料、阅读提炼、思考乃至形成文字的过程，对笔者而言是一种难得的体验，有时近乎"案牍劳神"，痛苦和疲惫相交。本书在案例访谈方面，得到了泰州学院领导的帮助；在文献研究方面，得到了同事们的大力协助，在此一并表示感谢。是他们让笔者在"案牍劳神"时看到了前进方向,并时常有灵光乍现、兴奋不已的写作体验。

全书共分六章,分别介绍如下:

第一章:导论。介绍本书的概况,主要阐述家族企业发展现状、研究背景及意义,在此基础上提出研究目的与研究范围、关键概念界定与基本假定、研究思路与内容安排、研究方法与数据来源、研究重点与研究难点等内容。

第二章:文献综述与理论基础。首先,对企业家精神研究领域和范围进行文献梳理,重在介绍五个方面的内容。一是家族企业代际传承的要素,即家族企业代际传承的内容;二是家族企业代际传承中继任者的选择,即家族企业代际传承的对象;三是家族企业代际传承的过程,即采用什么方式进行代际传承;四是家族企业代际传承的影响因素;五是家族企业代际传承的评价。其次,在企业家精神研究中,主要对需要用到的五个理论进行了简单介绍。即资源基础观理论、知识转移理论、社会情感财富理论、企业生命周期理论和路径依赖理论。

第三章:企业家精神概述。以我国家族企业发展为切入点,探究企业家精神内涵的演变历程,在回顾我国企业家精神测度的基础上,探究在新时代企业家精神的本质要求。

第四章:优秀企业家精神的培育。针对我国家族企业接班人断层的问题,提出我国急需弘扬优秀企业家精神。在此基础上,剖析目前家族企业企业家精神成长过程中的制约因素;基于政府视角分析优秀企业家精神的保护路径,分别从创业者、接班人主体角度探究企业家精神的培育,并重在分析企业家精神视角下的接班人培育,以及接班人企业家精神培育对家族企业可持续发展的影响。

第五章:企业家精神的传承。首先,分析家族企业传承的模式,这些模式的出现受哪些因素的影响,代际传承企业家精神的影响因素;其次,探究企业家精神的传承过程、传承机制,接班人继承企业家精神的意愿;再次,分析企业家精神传承中的跨代创业、家族治理、代际冲突和"法治体检",企业家精神传承的动力与使命、策略与方式、关键成功因素;最后,探究接班后家族企业管理危机的化解以及企业家精神代际传承的经济后果。

第六章:研究局限与展望、管理建议。指出本书的研究局限,并预测企业家精神未来值得继续研究的方向,最后针对家族企业管理提出建议。

诚然,家族企业企业家精神的培育与传承是一个永无止境的课题。由于时间、精力有限，不同时间段、不同行业、不同场景、不同家族成员构成、不同家族企业创业者的情商管理等问题都会影响家族企业企业家精神的培育与传承。对于上述问题本书均未涉及，拟在后续研究中深度挖掘。

要感谢的学者很多，尤其要感谢陈淑娟、刘晖、陈芝芊、张钧等学者，以及江苏省泰州市律师协会提供的企业法律风险体检资料。

希望本书的出版发行，能为家族企业企业家精神的培育与传承发展尽一份绵薄之力。

"初生之物，其形也拙"，笔者敬请广大读者不吝赐教。沟通邮箱：18762336138@163.com。

李雪松

2022 年 12 月 2 日

目　　录

第一章　导　论 ………………………………………………………… 1

　　第一节　家族企业发展现状、研究背景及意义 ………………… 1
　　第二节　研究目的与研究范围 …………………………………… 7
　　第三节　关键概念界定与基本假定 ……………………………… 10
　　第四节　研究思路与内容安排 …………………………………… 27
　　第五节　研究方法与数据来源 …………………………………… 28
　　第六节　研究重点与研究难点 …………………………………… 30
　　第七节　本章小结 ………………………………………………… 30

第二章　文献综述与理论基础 ………………………………………… 31

　　第一节　文献综述 ………………………………………………… 31
　　第二节　相关理论基础 …………………………………………… 34
　　第三节　本章小结 ………………………………………………… 46

第三章　企业家精神概述 ……………………………………………… 47

　　第一节　中国家族企业 …………………………………………… 47
　　第二节　企业家精神的内涵 ……………………………………… 49
　　第三节　中国企业家精神的测度 ………………………………… 53
　　第四节　新时代企业家精神的本质要求 ………………………… 55
　　第五节　本章小结 ………………………………………………… 56

第四章　优秀企业家精神的培育 ……………………………………… 57

　　第一节　家族企业接班人断层 …………………………………… 59
　　第二节　中国发展需要弘扬优秀企业家精神 …………………… 63
　　第三节　当前制约企业家精神发挥作用的因素 ………………… 64

第四节　优秀企业家精神的保护路径——基于政府视角 …………… 66
　　第五节　创业者优秀企业家精神的培育 …………………………… 69
　　第六节　接班人企业家精神的培育 ………………………………… 76
　　第七节　企业家精神视角下的接班人培育 ………………………… 88
　　第八节　接班人企业家精神培育与家族企业可持续发展 ………… 95
　　第九节　本章小结 …………………………………………………… 96

第五章　企业家精神的传承 …………………………………………… 97
　　第一节　家族企业传承模式及影响因素 …………………………… 101
　　第二节　代际转移企业家精神的影响因素 ………………………… 110
　　第三节　企业家精神的传承过程 …………………………………… 113
　　第四节　企业家精神的传承机制 …………………………………… 115
　　第五节　接班人承继企业家精神的意愿 …………………………… 140
　　第六节　企业家精神传承中的跨代创业 …………………………… 147
　　第七节　企业家精神传承中的家族企业治理 ……………………… 151
　　第八节　企业家精神传承中的代际冲突 …………………………… 153
　　第九节　企业家精神传承中的"法治体检" ……………………… 163
　　第十节　家族企业企业家精神传承的动力与使命 ………………… 175
　　第十一节　企业家精神传承的策略与方式 ………………………… 177
　　第十二节　企业家精神传承的关键成功因素 ……………………… 183
　　第十三节　接班后家族企业管理危机的化解 ……………………… 186
　　第十四节　企业家精神代际传承的经济后果 ……………………… 189
　　第十五节　本章小结 ………………………………………………… 192

第六章　研究局限与展望、管理建议 ………………………………… 193

参考文献 ………………………………………………………………… 198

第一章 导　　论

第一节　家族企业发展现状、研究背景及意义

一、家族企业发展现状

家族企业的历史源远流长,是一种古老而常新的企业形式,表现形式多样,比如一人掌控、夫妻掌控、父子掌控、兄弟掌控,等等。在国内具有代表性的家族企业为民营企业,在民营经济内部广泛存在着家族式组织和家族式管理,我们可以用民营经济的增长来反映国内家族企业的增长。

中国的家族企业已经成为中国经济结构中最活跃、最富有创造力、最具竞争力的经济成分,它们已经走在中国经济发展方式转变的前列,成为中国的"世界名片"之一。

2022年1月,复旦青年创业家教育与研究发展中心联合中宏保险宏运世家家族办公室联合发布了《中国家族企业传承研究报告(2021)》(以下简称《报告》)。《报告》围绕家族企业传承面临的四个主要议题——管理权博弈、继承合法性、战略变革和财富传承展开。《报告》于2021年8—9月,通过问卷的方式,对230多家不同行业、不同规模、绩效适中、面临传承问题的国内家族企业展开问卷调查,共收获有效样本210个,进一步全面了解了国内家族企业传承的现状,得到了一些有价值的发现。

(一)中国家族企业交接班意愿

家族企业代际传承是一个系统工程,从表面上看是家族企业创始人职位和权力的转移,也就是家族企业经营权的转移;从深层次上看是家族企业创始人企业家精神的转移,这个过程相当漫长,短则三五年,长则二三十年,创始人与接班人共同治理家族企业的时间有时都高达二三十年。那么,当前家族企业创始人子女的工作现状和传承意愿如何呢?

(1)在本次调研中,样本来自一代创始企业家和二代继承者。从统计结果

来看，家族企业一代创始人绝大多数仍担任重要职位，有 66.6% 的创始人股权占比超过 51%，可见一代创始人仍普遍拥有企业的绝对控制权。在子女数量上，一代创始人养育子女数为 1~2 个的占 78.5%，其中最年长子女的性别比例并不均衡，男性占比 63.2%。

（2）调研数据显示，已有 64.3% 的创始人年长子女就职于自己的家族企业，其中 40.9% 的子女表示有明确的接班意愿。其中，创始人子女中无论是就业比例，工作于自家公司的比例，还是接班意愿的比例，男性都明显高于女性。这在一定程度上反映了家族企业对传承人的性别期待是有差异的，无论是一代创始人还是二代接班人，都赋予男性继承人以更强烈的接班意识和支持，这是造成他们行为上主动的潜在原因。

（3）综合调研问卷主观题的答案发现：60.5% 的家族企业暂无企业传承方面的安排和进度，保持顺其自然的态度；剩余部分的企业中有三种类型：① 希望下一代传承接班，并会有计划地培养子女的相应能力，也尊重他们的意愿；② 计划聘用职业经理人或专业团队，期望能者上岗；③ 已完成企业传承，并在继承人的带领下取得了优秀业绩。

（二）家族企业的控制权与管理权

（1）家族成员持股是家族企业最显著的特征。因此，大多数家族企业表现为家族成员拥有绝对的控股权，即企业所有权。家族企业二代的所有权涉入是企业所有权方面的配置，使得二代成员在制度形式上成为家族企业利益共同体的一部分，同时也是通过家族企业实施财富继承的重要形式。通过调研数据发现，子女愿意接班的家族企业的所有权平均分为 5.60 分，相比不愿意接班的所有权平均分 4.53 分，高出 23.62%。可见，子女的传承意愿与企业所有权状态密切关联，呈正相关关系。

（2）调研数据还显示，家族企业的控制权与所有权（股权比例）存在显著相关性，与子女的接班意愿存在一定的相关性。家族成员股权比例大于 51% 的家族企业控制权平均分为 4.85 分，对比股权比例低于 51% 的家族企业控制权平均分 3.91 分，高出 24.04%。子女愿意接班的家族企业的控制权平均分为 4.97 分，对比子女不愿意接班的家族企业的控制权平均分 4.18 分，高出 18.90%。

（三）家族企业的代际传承

（1）家族企业代际过程中必须将家族企业创始人的企业家精神等隐性知识转移给接班人，其中包括默会知识、社会资本、信念、价值观、缄默资源等。研究报告表明，家族企业创始人是否继续在公司担任重要职位，与二代继承的合法性有一定的相关关系：创始人还在公司担任重要职位（高管及以上，含董事会、监事会、CEO 等）的企业，其二代继承的合法性平均分为 3.94 分，显著低于创始人不在公司担任重要职位的企业 27.41%。这项统计结果反映出，二代继承者与一代掌权者之间，存在着较为显著的权力冲突问题，家族企业的控制权之争在代际传承过程中贯穿始终。

（2）同时，创始人年长子女的学历也对传承的合法性有一定影响：在国内取得学历的子女，其二代继承的合法性平均分为 5.44 分，反之，在国外取得学历的子女，其企业二代继承的合法性平均分为 4.15 分，前者比后者高出 31.08%。数据反映出中外学历的影响与差异，取得国内学历的子女在家族企业的传承意愿和传承效率上，都明显高于取得国外学历的子女。研究数据还显示，家族企业子女的接班意愿和是否在本公司工作，以及隐性知识的传承、政治资源的传递有着显著的相关性。子女有接班意愿的企业，其隐性知识传递和政治资源传递的得分均高于子女无接班意愿的企业，分别高出 15.31%、29.34%；子女在本公司工作的企业，以上两项的得分也明显更高，分别高出 16.10%、32.76%。这两项指标的评分差异，从侧面反映了企业的传承进程：企业控制权代际转移先于企业政治资本代际转移；同时，差异的绝对值大小揭示出，在中国的商业环境中，作为企业独特的、稀缺的战略资源——政治资源的传递比隐性知识的传递更加受到家族企业的重视。

（四）代际传承带来的企业变革

代际传承不仅是创始人和继承人参与的重要事件，还是一个涉及家族企业内部和外部众多利益相关者的复杂过程，会使企业的关键利益相关者发生变化。家族企业在代际传承窗口期内一般都会发生显著的战略变革，他们会选择更具差异化的企业战略。本次调研结果显示，家族企业"代际传承中的战略变革"得分与企业成立年限、业务类型、家族股权比例、子女传承意愿、子女是否就职于本公司有较为显著的关系。

报告显示，家族企业"代际传承中的企业创新"与企业成立年限、公司规模、业务类型、家族股权比例和子女传承意愿有显著的相关性；家族企业"代际传承中的二代创业"与企业成立年限、公司规模、业务类型和子女传承意愿存在显著的相关性。

（五）家族企业的财富传承

非家族企业更关注经济效益最大化，但家族企业还重视家族认同感和凝聚力。这是一种不能用金钱衡量的财富，通常称作社会情感财富。保持家族对企业的控制权以及影响力或者所有权本身就是一项非经济性质的目标。本次调研我们针对家族企业的非经济指标"社会情感财富"进行了量表打分,结果发现,家族企业社会情感财富与企业规模、子女传承意愿有显著的相关性。

本次调研也针对家族企业的财富管理进行了调查,发现家族企业的规模、家族成员的控股比例和子女的接班意愿,都与家族企业的财富管理规划呈现正相关的关系。

归根结底,企业的所有权、控制权、经营权和管理职位,只是家族企业得以传承的物质与管理基础,而能让企业兴盛不衰的却是家族企业持续演化的核心竞争力和企业家的领导力。家族企业的代际传承并不是一蹴而就的,而是需要两代乃至多代人经过多年精心谋划、步步推进、平稳交接的过程,以期最大限度地降低企业的风险,最终实现企业的可持续发展。

综上所述,该调研报告针对中国家族企业现状,得到了以下九个方面的重点结论:一是家族企业权力过渡仍需较长时间完成;二是子女的接班意愿普遍较高,男性明显高于女性;三是子女的接班意愿在家族企业中起着至关重要的作用;四是六成家族企业暂无传承方面的安排和进度;五是家族企业越"老",在变革方面的意愿越强烈;六是规模越大,越重视战略变革、企业创新和财富管理;七是知识技术密集型的家族企业可能尚未面临传承的问题;八是取得国内学历的子女在传承意愿和效率上明显更高;九是规模大、控股比例高、接班意愿强,更有利于财富管理。

二、研究背景及意义

(一)家族企业要考虑可持续性的缘由

家族企业可持续性好,从家族角度讲,家族未来几代人都可以从中受益;从社会责任角度讲,至少可以提供很多社会就业岗位。可持续的家族企业需要有三个必备因素和三个促进因素。三个必备因素是家族控制、家族传承和承诺向善。三个促进因素是以达成可持续发展为目标导向、专业精神和合作共赢。家族企业自身的特质,使其具有向善的因素,也更有利于未来的可持续发展。家族企业在应对全球重大问题时(比如新冠病毒防疫防控),需要一些驱动因素。只有保证企业的商业战略、长期规划、所有权结构、治理结构和领导模式都是可持续发展的,才能让家族企业在这个充满挑战的世界里保持很强的适应能力,实现成功传承,确保代代相传。

（二）我国家族企业面临着传承危机

家族企业传承是一个复杂的过程，涉及家庭关系的重新调整、传统经营模式的改变、管理结构和所有权的变更等，充满了矛盾和不确定性（Lansberg）。纵观欧美企业的家族企业史，"仅有30%延续到第二代，传承到第三代不到14%"（J. L. Arregle和L. Naldi）。同样，在中国家族企业，二代继承之路也是荆棘密布。

未来五年，我国中小微家族企业将迎接传承高峰期。中小微家族企业创始人很多都将到退休年龄，创始人特别关心接班人的培养，也特别担心接班人是否能独立胜任家族企业的经济管理工作。独生二代的家族企业，接班人缺少选择空间（赵晶和张书博），更增加了家族企业创始人心中的担忧。因为实践中存在太多家族企业传承失败的案例。

（三）家族企业持续发展缺乏的不是资源而是企业家精神

企业家精神的本质是搜寻机会、挖掘机会、利用机会并创造价值的过程，而不是抱着家族企业资源故步自封。家族企业能否持续发展，关键在于是否具备企业家精神，其次才是资本是否缺乏。家族使命就是让创始人的家族企业持续成长，一代一代传承发展。具有优秀企业家精神的创始人更关注家族企业的持续成长，考虑得更加长远，而不会局限于短时间内家族企业利益多寡的变化。

（四）企业家精神培育与传承是应对传承危机的关键举措

家族企业传承是一个全球性的问题，但在我国具有自身的特征。家族企业传承在创新方面存在"悖论"，即传承后的家族企业虽然具备创新能力，但是比传承前或非家族企业呈现更少的创新行为。我国家族企业传承中目前存在着许多问题，典型的如"观念保守""研发水平较低""资金短缺""创新能力不足""危机管理欠缺"等（朱建安和陈凌）。

家族企业传承中的根本问题，就是"传承二代"管理脆弱性的问题，即缺乏稳健的创新精神、谨慎的冒险精神和虔诚的敬业精神（巩键和陈凌）。一方面，许多传承子女并不具备父辈的创业素质，却时常目空一切、自命不凡；另一方面，对新的管理环境较为生疏，开拓性不足，甚至醉心于享乐（胡旭阳和吴一平）。

可见，解决家族企业企业家精神培育与传承问题是解决我国家族企业当前传承中一系列问题的关键。如果接班人具备高品质的企业家精神，就可以使传承中的许多难题得到有效解决（李新春和韩剑）。

在家族企业传承过程中，接班人不仅要实现对父辈企业家精神的继承，还要在新的环境下实现对父辈企业家精神的超越,即创新。

(五)企业家精神是我国家族企业成长与壮大的法宝

1800年,法国经济学家理查德·坎蒂隆提出了"企业家精神"一词,但至今尚没有统一的界定。熊彼特(1911)认为,企业家精神是由成功欲望、冒险精神、首创精神、事业心等要素组合而成的创新精神。彼得·德鲁克(1985)认为企业家精神是一种社会创新行为。

在不同的环境下,企业家精神呈现不同的结构特征。D. Miller 认为,企业家精神应具备三种特质:创新(Innovation)、风险承受能力(Risk-taking)和环境适用能力(Adoption)。J. G. Covin 和 D. R. Slevin 认为企业家精神包含三个方面:创新性(Innovativeness)、风险性(Risk-taking)和预警性(Pro-activeness)。G. T. Lumpkin 和 G. G. Dess 将企业家精神分为五个指标:自治能力、创新能力、风险承受能力、事前应对能力和竞争能力。何轩、马骏认为企业家精神包括创新精神、冒险精神、开拓精神、敬业精神、合作精神五个要素。

企业家精神培育的根本目标是促进家族企业的可持续发展。赵永杰、刘浩研究了企业家精神对家族企业动态能力的促进机理,W. J. Baumol 研究了企业家精神在家族企业传承中的作用,刘小元等研究了企业家精神对家族企业长期发展的影响,周敏慧、Jean-Louis Arcand 等研究了企业家精神的代际转移问题。

目前,研究家族企业承继的成果较多,研究企业家精神的成果也较多,但关于家族企业传承中企业家精神培育与传承的成果却不多见。

(六)家族企业企业家精神培育与传承研究的意义

了解家族企业接班现状将有助于掌握家族企业接班情况,为家族企业平稳实现交接班提供现实支持。

现有的研究具有以下特征:① 关注了家族企业承继的各个方面,如创新、资金、治理结构等,但很少关注到接班人的企业家精神培育与传承问题,没有认识到"接班人企业家精神的培育与传承是解决家族企业传承中众多问题的根本策略";② 没有认识到接班人企业家精神的培育,既是对父辈企业家精神的承继,又是在新环境下的超越,是承继与创新的复合。

因此,家族企业企业家精神的培育和传承,影响到我国家族企业的健康发展和我国经济运行的稳定性,具有现实的研究价值和意义。

习近平总书记指出,"激发和保护企业家精神,鼓励更多的社会主体投身创新创业，建设知识型、技能型、创新型劳动者大军"，为企业家精神的培育与传承指明了方向。

第二节 研究目的与研究范围

一、研究目的

本书的目标是通过实证研究，探究出中小微家族企业创业者怎样培育和传承企业家精神，培育和传承的路径是什么，有哪些方式与策略；在培育与传承的过程中，创业者与接班人之间冲突何在，产生冲突的原因有哪些，怎样解决这些冲突；接班人在接受了创业者企业家精神后，应该"做什么"与"如何做"，才能保持家族企业的稳定与发展。

二、研究范围的确定

（一）研究对象与限制

由于近年新冠疫情影响，外出实地调研受限，本书把研究范围限定在江苏泰州地区，江苏综合经济实力在中国一直处于前列，江苏的家族企业功不可没，而泰州属于江苏省的苏中地区，经济实力一直位居江苏13个地级市的中间，选择泰州地区的家族企业为研究范围，具有一定的代表性和典型性。在调研企业选择上尽量兼顾家族企业所涉行业、规模、地区分布等。

本书的研究对象为现存的中小微家族企业，企业所处状态为创始人准备把经营管理权交接给子女，或者正在交接、刚交接完一两年，创始人与接班人共同治理家族企业。具体聚焦在家族企业的创始人和接班人。这些中小微家族企业的所有权和经营管理权都掌控在家族成员手中，家族企业接班人已进入企业任职并成为主要经营管理人员。

研究限制以中小微家族企业为主，不涉及上市家族企业，原因有二：一是上市家族企业相比非上市企业在公司治理、接班人的培育等方面都比较完善。二是对一个地级市来说，上市家族企业很少，90%以上都是中小微家族企业。换言之，中小型家族企业更具有代表性，涉及面更广。目前，江苏省泰州地区拥有3万多家企业，其中规模以上企业有2 600多家，中小微企业占90%以上。研究中采用便利抽样原则，中小微企业创始人和接班人经由熟人介绍而访问。

（二）研究范围与问题

本书着重探究特殊资产企业家精神的培育和传承问题。主要有以下几个问题：① 社会主义核心价值观视角下，新时代家族企业企业家精神内涵的界定。② 优秀企业家精神的培育。成就优秀企业家精神需要哪些推动因素，优秀企业家精神的保护路径是什么，创业者、接班人主体的企业家精神怎样培育，接班人企业家精神培育对家族企业的影响如何等。③ 企业家精神的传承。家族企业传承模式及影响因素，以及代际传承企业家精神的影响因素有哪些；企业家精神传承过程、传承机制，以及接班人承继企业家精神意愿如何；企业家精神传承中的跨代创业、家族治理、代际冲突和法治体检怎样；企业家精神传承的动力与使命、策略与方式、关键成功因素又有哪些；接班后家族企业管理危机的化解以及企业家精神代际传承的经济后果分析等问题。

特别说明如下：

（1）家族企业继承本质是接班人为家族成员。比如，子承父业、妻承夫业、弟承兄业等。本书只研究子承父业模式，这里的"子"，不是特指儿子，也可能是女儿。本书研究的主体仅限于"创业者与创业者子女"之间的企业家精神的培育与传承问题。"创业者与创业者兄弟姐妹"之间的企业家精神培育与传承，以及"创业者与创业者子女的子女即创业者孙子女"之间的企业家精神培育与传承不在本书研究范围之内。

（2）在实践中，家族企业创业者子女是独生子女还是有两个孩子或者三个孩子以及创业者子女的性别等，都会影响到家族企业创业者在选择家族企业家族成员接班人时的考量。又比如，创业者婚姻状况也很重要，再婚又有孩子的接班人的选择都是难题，而且情况多种多样。本书只探究接班人是独生子女这一种情况，实践中，创业者有二孩三孩，或创业者再婚有继子女或者创业者有私生子等特殊情况存在，这些特殊情况都不在本书研究范围之内。

（3）有学者，泛泛而谈企业家精神，不知究竟探究哪个层面的企业家精神。值得一提的是，"家族企业创业者的企业家精神"与"家族企业企业家精神"有区别，一个是个人层面的价值，另一个是企业层面的价值。但家族企业创业者的企业家精神会在家族企业中体现，体现出来就是家族企业企业家精神。家族企业创业者的企业家精神贯彻到家族企业中，形成家族企业企业家精神。

本书为了便于行文，有时淡化"家族企业创业者企业家精神"与"家族企业企业家精神"的区别。本书"家族企业企业家精神"大都特指创业者个人层面的企业家精神，延伸到家族企业展现其企业家精神。其实这时就转换成"公司层面的企业家精神或者说企业层面的企业家精神"。

（4）接班人承继家族企业有两种类型：一种是规划下的继承安排，上一代家族企业领导人根据家族的规划与意愿将"权杖"移交给下一代；另一种是家族企业领导人突然离世或者丧失能力，继承人"非正常"接班。本书特指第一种情况。

（5）企业家精神的培育与企业家精神的培养本书视作同一情形，不做区分。所谓传承，是传宗接代，继续之意。在国内有将传承分为接班与继承的说法，本书为统一起见，以"传承"表示经营权的继承，而且因本书针对的是家族企业研究，故不讨论所有权的继承分配问题，仅就传承的模式，权力转移的方式、时机与企业家精神的培养做分析，所以本书所称的继承、接班、传承均指经营权，不指所有权。接班人、继承人即是经营管理权的继承与接班，以免混淆。

（6）传承时间的起讫问题，也没有或足以明确划分的时点，为便于研究说明起见，将传承的起始点定于企业主决定接班人选起，并置于一级主管职位时，直到权力完全转移，企业主除在股东会上发表意见外，其余时间不再干预企业运作，并除去企业内具体实权的职位止，这称为传承作业的完成，否则以"培养"视之。

（7）本书所提"前任、上一代、第一代、第一代企业家、企业主、创业主、创业者、创始人、创办人、家族企业传承者、家族企业主持人、家族企业传承人、家族企业领导人、家族企业在任者、家族企业在职者、知识的拥有者"等视为同一概念。

（8）本书所提"后任、下一代、第二代、第二代接班人、第二代企业家、代际传承、传承二代、二代主持人、二代领导人、接班人、接棒人、接棒者、接班者、继任者、承继者、传承者、继承人、承继人、传承人、创业者子女、创业主孩子、知识的接收者、知识的接受者、继任企业家"等视为同一概念。

（9）企业家精神属于隐性知识，与显性知识的转移差异很大，企业家精神具有隐性知识特有的特性，比如黏性、隐匿性等。关于企业家精神知识转移的载体，在家族企业代际间企业家精神转移涉及的关系至少有两个主体，即知识的拥有者（本书特指父或母，即家族企业创业主）和知识的接收者（本书特指子女，即继任企业家）。根据知识在不同媒体转移分类，可以分为个人层面、团队层面、组织层面、组织间层面四个不同层次。而本书的知识转移载体限定在家族企业代际间企业家，即家族企业内来自家族成员的企业家双方（即家族企业创业主与创业主子女之间），如前所假定，本书家族企业创业主子女特指独生子女这种情况。

第三节　关键概念界定与基本假定

一、关键概念界定

为奠定后续研究之基础，以及研究撰写上的方便性和统一性，以下将就本研究相关的关键概念进行界定。

（一）家族企业

研究家族企业的起点是清楚界定什么是家族企业。一般而言，对家族企业的定义有很多种，关于家族企业概念的主要观点如表1-1所示。

表1-1　家族企业概念的主要观点

作者	时间/年	含义
Rolert G. Donnelley	1964	家族企业的显著标志是同一家族至少有两代参与企业的经营管理，而且企业发展目标与家族利益高度一致
Church	1969	家族企业所有权必须由家族企业成员完全控制
Churchill 和 Hatten	1987	家族企业是指家族成员中子女或者弟弟、妻弟等在经营管理权上接替家族中的现有管理者，当然最终企业所有权也会接替
钱德勒	1987	家族成员掌控企业绝大部分股权，与非家族成员保持紧密关系。企业中非家族成员担任高层管理的有一定的决策权，但涉及家族企业发展战略、财务政策、资源分配等重大事项，最终决定权掌控在家族成员手中
Frohlich	1991	家族企业成员在一个企业中财产所有权必须占比达60%以上，才能称为家族企业
Lansberg 和 Astrachan	1994	家族成员必须同时控制企业的经营管理权和企业财产所有权，两者高度统一，才能称为家族企业
孙治本	1995	家族企业的显著标志在于控制企业的经营管理权，这种控制可以是直接方式，也可以是间接方式
叶银华	1998	家族成员持股占比必须高于临界持股比率，才能称为家族企业
潘必胜	1998	家族企业的显著标志在于控制企业的所有权，这种控制可以是直接方式，也可以是间接方式。而企业经营管理权可以由非家族成员掌控

续表

作者	时间/年	含义
吕政	2002	家族企业有企业与家族双重特性，注定了家族企业有经济组织属性，也有文化伦理属性
窦军生和贾生华	2004	构成家族企业必须考虑很多因素，比如维持家族成员对企业的控制，这种控制不仅表现在所有权方面，也表现在企业经营管理权方面。家族目标与企业目标的远景高度一致，并不断追求这种远景。家族成员参与企业经营管理并与企业中非家族企业成员协调共同发展
陈绛平和龚江涛	2008	家族企业既有法律意义，又有经济学、管理学意义。法律意义表现在是一个注册登记的企业组织；经济学、管理学意义表现在家族成员在企业中资本所有权的占比多少，家族成员参与企业经营管理的程度高低，以及家族价值观与企业文化建设的统一度等
张潇漩	2013	构成家族企业必须满足以下条件：比如家族企业所有权和经营管理权牢牢掌控在家族成员手中；企业的接班人一定是创始人子女或者妻弟、女婿、媳妇等泛家族成员；企业发展战略、企业文化等与家族价值观高度一致；家族企业关系网络与核心家族成员的关系网络重叠度相当高等
王世权	2016	家族成员必须同时控制家族企业所有权和经营管理权，这是构成家族企业的基本条件
刘晖	2017	家族企业根本在于以家族血亲关系为中心，非家族成员的社会关系为补充。家族成员持有企业所有权占比达到企业临界持股比例。家族利益目标与企业利益目标高度统一，这种利益不仅指经济目标，也包括非经济目标，比如社会责任等
林泽炎	2019	家族企业必须满足以下条件：一是家族企业资本或者股份必须控制在家族成员手中；二是家族成员必须在家族企业中担任核心领导人

资料来源：研究者自行整理

可见，家族企业的界定是不断演化的，从不同角度进行阐述，有利于我们多视角理解家族企业。比如，从财务层面探究，同一家族的直系或旁系成员所拥有的股权可以作为判断的标准。具体而言，根据创业者或是其家族成员，包括配偶子女或其子嗣，在企业拥有过半数的投票权，且至少有一位判断的话，若董事会或管理阶层隶属于同一家族成员，此企业极可能就是家族企业；也可从世袭角度来判断，当一家企业里面有同一个家族的两个世代参与经营管理，应该就符合家族企业的定义。又如，从企业所有权与经营权层面研究，企业的所有权与经营权、同一家族成员对企业运营的涉入程度、上一代与下一代之间权力转移等条件也可作为定义家族企业的标准。再如，从所有权与经营权来看，如果同一人或同一家族对企业所有权或者经营权有影响力，就可以称为家族企业；从权力转移来看，如果家族中年轻一代的成员会取代老一辈成员在企业中的职位，该企业也可称为家族企业。

当然也有典型学者，比如李新春等从家族治理、家族行为、家族价值观等角度界定家族企业，具体如表1-2所示。

表1-2 家族企业的含义（多视角）

视角	特征
家族治理	在企业经营管理中，强调家族成员在企业中的影响力，以及家族成员与非家族成员在企业中的和谐共生性
家族行为	在企业经营管理中，强调家族行为对家族企业的影响，家族成员是否对家族企业有控制行为，这种行为表现在企业所有权的控制和经营管理权的控制上等
家族价值观	强调家族价值观是否在家族企业中得到贯彻执行，家族利益与家族企业利益是否高度一致，家族文化与企业文化是否高度一致，等等

资料来源：李新春等《家族企业研究：理论进展与未来展望》（《管理世界》2020年11月）

本书根据以上学者对家族企业概念的界定，可以从所有权、经营控制权、代际传承和企业管理文化四个视角来理解家族企业，具体如表1-3所示。

表1-3 家族企业的含义（多视角）

视角	特征
所有权	家族企业中家族成员对企业财产所有权或股权占比在60%以上
经营控制权	家族企业的显著标志是企业经营控制权被家族成员直接或者间接掌握
代际传承	具有发展和培养接班人的想法和规划，目的是为代际传承做准备
企业管理文化	家族远景的期盼；家长式领导风格；信任、权力结构和人际关系以血缘、地缘为根基

资料来源：研究者自行整理

综上所述，本书不严格界定家族企业，但必须符合一定条件：比如家族企业所有权和经营管理权、经营控制权一定掌控在家族企业成员之中，尤其是我国中小微家族企业，这个条件一定不能改变；接班人一定是家族成员，创始人子女是首选；家族价值观与价值企业文化，家族企业战略目的、经营策略一定高度一致；家族企业关系网络与核心家族成员的关系网络高度重叠等；家族成员必须在家族企业中担任核心领导人等。

（二）企业家精神

企业家精神（Entrepreneurship）是一个多维度的概念，不同的学者强调的是不同的侧面，在实际研究中使用的概念也只是反映企业家精神的某个方面。根据学者关于企业家精神的综述文献，企业家精神的研究可以分为：强调企业家创新精神的德国学派；强调企业家愿意承担风险和冒险精神的新古典学派；强调企业家的市场机会识别能力的奥地利学派。这三个方面既相互联系又各有侧重，共同构成了企业家精神的内涵。

国外学者对企业家精神概念也进行了一系列的界定，具体如表1-4所示。

表1-4 企业家精神概念的界定

作者	时间/年	内涵
坎蒂隆	1755	只要是自主创业就必须承担风险，这种风险无处不在，包括企业产品交付和市场需求的机会和挑战等
马歇尔	1890	企业家精神可以划归于企业生产要素
奈特	1921	风险承担是企业家精神必须要考虑的维度
熊彼特	1934	把企业家精神的内涵扩大到创新这一理念，也即企业家就成了创新者，企业家是实施创新的主体，创造性地破坏市场均衡，创新是企业家精神的灵魂，创新活动是企业家的典型特征
德鲁克	1985	他发展了熊彼特的观点，强调创业活动，即企业家通过产生新事物的能力来开发现有资源；并将创新与企业家精神视作一种实践、一门学科，而且这种精神需要在实践中不断提升

资料来源：研究者自行整理

针对中国情境的企业家精神的定义，陈寒松回顾了企业家精神的演进过程。研究发现，学者对企业家精神的定义经历了四个阶段，每个阶段都是对前一阶段认知的深化和丰富。第一阶段：大家认为企业家精神仅仅指创业主的个性特征。比如创业主的进取心、责任心、和气待人、领导力强、风险担当等。这反映出企业家精神具有高成就欲望、高内控程度、高风险取向等特质。第二阶段：企业家精神作为人们的行为方式。汪丁丁研究发现，企业家精神必须有"创新精神""合作精神"和"敬业精神"这些元素。中国企业家协会调查认为，企业家精神应该用创新意识、冒险意识、挑战意识和机会敏锐性这些视角来度量。也有学者从企业家能力视角来界定企业家精神，比如朱素英研究认为，企业家的专业水平知识、企业管理技能、创业创新能力、人际关系处理能力、社会资源的利用能力等都应该是企业家精神包含的要义。第三阶段：企业家精神是一种创业创新过程。学者进一步丰富企业家精神内涵，把"创业创新"纳入其维度进行考察，比如，刘常勇研究表明，企业家精神包含创业精神，创业精神通过企业经营管理过程中做事和思考方式展现出来，也包括寻求市场发展机会、利用企业现有资源开发新的公司业务、企业战略转型等。张玉利认为，企业家精神的专注焦点应该是寻找新机会、新资源，而不是坚守目前所掌握的企业资源故步自封，这就是一个彻彻底底的创业创新过程。第四阶段：企业家精神是个人特征、行为方式与过程的结合体。可以从产品与服务、行为和过程视角来度量企业家精神。一是产品与服务视角，重在考核企业最终产品和服务的质量，对产品和服务不确定性的容忍度；二是行为视角，重在承担风险的担当；三是过程视角，重在内部控制。即改进管理程序、跨组织的沟通与交流等。总之，企业家精神不仅包括人格特质，还包括前面三个视角。陈寒松认为企业家精神的本质是寻求市场发展机会，挖掘市场机会，为企业产品创造价值，而不是局限于现有的企业资源。

但遗憾的是，学者们很少关注法律层面。原因在于，研究人员大都是管理学、经济学方面的学者，他们不懂法律层面的知识，而笔者恰好是执业律师，又是管理学博士、经济学博士后，所以对法律层面较为关注。

其实家族企业要延续发展，世代传承下去，必须遵纪守法，尤其是企业家们。如果创业者或者接班人因为违法乱纪进了牢房，试问该家族企业传承下去的可能性大吗？所以本书认为企业家精神必须包括遵纪守法这一维度。近年来，已有学者和官员们认识到这一点，所以中国企业家精神的定义也越来越丰富。比如，2020年7月，习近平总书记在企业家座谈会上提出五点要求：① 增强爱国情怀；② 勇于创新；③ 诚信守法；④ 承担社会责任；⑤ 拓展国际视野。

中国社会科学院中国民营经济研究中心首席法律顾问赵小鲁律师认为，中国民营企业家精神必须具备四大要素：① 爱国。一个企业家，不管资产多雄厚，企业做得多大，只要不爱国，迟早会被中国特色社会主义的发展浪潮所抛弃，迟早会被广大人民群众所唾弃。② 改革。一个企业家不是靠改革，而是靠耍小聪明，背后搞小动作，可以得逞一时，但绝不可能走得长远。这个改革是把企业自身发展与国家利益、人民利益结合起来，企业自身的发展不能与国家利益、人民利益相违背，把企业的发展方向融入国家民族发展历史潮流中。③守法。一个企业家不守法，迟早会受到国家法律的惩罚和制裁。天网恢恢，疏而不漏，不管你把自己装扮得多高大上，不管你用什么手段，即使把自己的财产转移到境外，最终也有东窗事发的时候。④奉献，是指民营企业发展，不是为了维持和聚敛个人的财产，而是要回报社会，回报人民，造福广大人民。民营企业，不论企业家付出多少辛劳，取得多大成就，都要懂得时势造英雄的道理，没有国家改革开放做出的巨大牺牲，企业家们也不可能有大作为。所以，企业家只有懂得回报人民、回报社会，才有大视野、大格局、大胸怀、大作为。具备这四种精神品质的企业家，就是我国民营企业家学习的楷模；反之，就不能作为中国民营企业家的典型。

本书综合以上学者研究成果，借鉴项凯标等学者的观点，把中国家族企业企业家精神分为三个层面：个体特征与价值观层面、行为特征和能力层面、社会责任意识层面，拟在后面章节中具体阐述。

（三）企业文化

如果某家族企业有很好的企业文化，即使遭遇到挫折也会很快东山再起；反之，如果没有很稳固的企业文化，一旦遇到同样的挫折便会一蹶不振。优秀的企业文化有助于企业战胜在经营管理中遇到的挫折和挑战，摆脱企业的发展困境。从某种角度来看，企业文化可以维持企业的生命力。因此企业文化对企业来说具有一定的重要性。企业文化概念的界定如表1-5所示。

表1-5 企业文化概念的界定

作者	时间/年	含义
Levin	2000	企业文化是指组织成员所共享的假设、价值观、信念与意义体系，且使得组织与其他的组织有所不同。企业文化会整合引导企业成员的生活以达成既定的目标，也会协助组织应对外在环境的变化，做出适合企业发展的应对策略
吴思华	2000	企业文化会渗透到某组织中，进而影响个人与团体的行为、态度、信念与价值观
施振荣	2000	企业关键的基础架构就是企业文化，常常是看不见的基础建设。实质上，企业文化可以说是企业成败的关键
Messmer	2001	企业文化是企业无法用肉眼看见的风格或是整体性的印象，包含许多组织中所看不到的最底层的部分、保守的组织结构或是有更多非正式关系的运作

续表

作者	时间/年	含义
Irani 等	2004	企业文化是组织所发展的共享活动、价值以及信念的某种系统,并可进一步引导组织成员之间的行为

资料来源:研究者自行整理

综上所述,企业文化是影响企业绩效的重要因素之一,家族企业文化会受到家族企业企业家精神、家族行为、态度、信念等家族价值观的影响,而家族企业企业家精神、家族价值观可能通过企业文化的传承而影响企业品牌个性,最终影响到消费者对某一企业品牌个性的认知。

本书将"家族企业文化"定义为企业的态度、信念与价值观,是组织所发展的共享活动、价值以及信念的某种系统,并可进一步引导组织成员之间的行为。

(四)家族价值观

家族价值观是指以创始人为核心所形成的家族固定的、有着鲜明特色的价值观体系。这种价值观体系的形成受诸多因素的影响,其中我国几千年来的家族伦理因素对其家族价值观影响尤为重要。这种价值观体系决定着家庭成员相互之间的沟通和认知等行为方式,也影响着家族企业的经营战略、经营方针、经营目标、经营方式和模式。

由于家族企业区别于非家族企业的价值体系,所以家族价值观体系很可能就是家族企业独特的优势。但并不是在任何情境下这些家族文化因素都能形成家族企业的竞争优势,处理不好,反而会成为劣势。这取决于家族企业创始人和接班人如何确定其组织结构、如何进行决策等内部因素,以及复杂的社会、经济文化等外部因素。如果家族价值观不能更好地服务于家族企业时,就变成了家族企业发展的"阻碍"因素。

家族价值观与家族企业价值观既有联系,又有区别。前者针对家族,后者针对家族创办的企业。

(五)家族氛围

家族是由姓氏、血缘等亲缘关系联结而成的人的集合。家族系统既封闭又开放。从人员构成来讲,是一个封闭的系统,由具有血缘、姻亲关系的人组成,排斥外来的人;从家族生存角度来讲,是一个开放的系统,必须依靠外界环境来生存。家族就是依靠不断调整内外部的相互影响、相互作用来维持平衡。在家族系统中,任意一个行动或反应都会牵扯整个系统的变化。

家族是最基本的社会单元,对整个社会发展起着重要作用。对内家族可以团结家族成员以维持生计抵抗外敌,让家族成员进行婚配和生育,维持家族传承并不断壮大。对外家族可以给社会提供人,包括其劳动力、智力和财力,等等。家族与家族之间的关系也形成了最基本的社会关系。

没有完全相同的两个家族,但有一个通用的衡量家族好坏的标准,即家族功能。家族功能(Family Functioning)是指整体家族氛围的社会和结构特性。家族功能包括家族内的互动和关系,特定程度的矛盾和凝聚力、适应性、组织性和沟通的质量。

(六)家族认同

只要存在家族,必然存在家族认同。家族认同,是把同一祖先所出的家族看作一个整体,在这个整体中所有成员都是自己人。新制度经济学认为,具有传染延续性的非正式制度约束力比正式制度约束力更强。对于家族企业而言,非正式的关系治理(如家族认同)在家族企业发展战略中将发挥更大的作用。具体表现在以下三个方面:

1. 家族身份认同对家族企业战略决策影响巨大

家族、亲缘、地缘等裙带关系,以共同生活的直系血亲最为亲密,不属于自己家族系统的都是外人。它的强化和升华就是家族利益高于一切,家族至上的家族主义价值观。这种价值观是把家族关系作为最核心的社会关系,把家族伦理作为最高的道德准则。把家族价值置于个人价值和社会价值之上,把实现家族的价值目标,维护家族团结、家族伦理、家族财产和家族荣誉作为一切活动的中心。总之,就是一切为了家族,这就是家族主义价值会直接影响到家族企业,家族权威表现在家族成员对家族身份的认同上,家族身份的认同依靠家族成员自身在家族地位中的形成。一旦形成家族权威就对家族企业的战略决策有着决定性影响。

2. 身份认同理论是家族认同的理论基础

身份认同会影响个人在组织群体中的角色和地位。家族身份认同会使家族成员对企业形成"偏爱",进而影响家族成员在家族企业中的行为决策。

3. 家族认同有助于家族企业长青

家族关系是最核心的社会关系,家族目标的实现要靠家族关系的和谐。然而家族认同是处理好家族关系的前提。家族认同有助于家族企业长期持续性发展。

(七)家族文化

家族文化,简称"家文化",家族文化不仅表现在一个家庭(家族)之中,更表现在家族企业之中,因为家族企业具有家族和企业两重属性,这是家族企业与非家族企业的本质区别。家族企业是家族在经济组织中的延伸。从微观看，家庭是一个人最初的成长环境，家庭中的结构形态、关系模式以及处事方式等将影响一个人与他人相处的行为方式，可以说，人的一生都离不开家庭的烙印。我国受儒家文化熏陶，家族文化的主要特征就是遵从孝道。从宏观看，世界上存在许多种族，各个种族之间在文化、思想和生活习惯上存在一定的差异，但是都以家庭为其基本组成单位，也遵从一定的"家庭规则"。

我国家族文化可以用家规文化、家国文化、家教文化和家风文化四个维度来度量，具体如表1-6所示。

表1-6 中国家族文化内涵

视角	含义
家规文化	家族文化的物质载体是家规文化。家规是家族中的长辈对家人和子孙的训示教诲，也有部分是兄弟姐妹间的诫勉或夫妻间的嘱托。这些留下教诲和嘱托的家族人员，在家族地位、家族威望、家族功劳上都是有目共睹的，当时在整个家族中应该得到了公认。家规是家庭及家族成员言行举止的规约，是社会家庭的教科书，蕴含着优秀的道德传统、先进的价值理念和丰富的治理思想。这些教诲和嘱托主要以成文形式呈现和传承，以不成文形式为辅。成文的家规以文字文本形式呈现，是家规文化的显性特征，为家族文化传承提供物证证据。不成文的家规是长辈口口相授来传承，是家族文化的隐性表征，为家族文化的延续提供人证
家国文化	家族文化的内在延展是家国文化。家是国的基础，国是家的延展，家与国是命运共同体。中华民族自古形成的家国情怀、集体主义意识、爱国主义精神都根植于对家国一体关系的认同。广大家庭都要把爱家和爱国统一起来，把实现家庭梦融入民族梦之中，让每个人、每个家庭都为中华民族大家庭做出贡献，使千千万万个家庭成为国家发展、民族进步、社会和谐的重要基点。家族企业就是实现家庭梦融入民族梦的一大典型
家教文化	家族文化的实践表达是家教文化。与家规内嵌的教化内容不同，家教旨在将家规的内容通过有效的方式对家族成员施加影响，以取得良好的家庭教育效果。家规是家族文化的物质载体，再好的家规祖训、教子之方，必须要付诸实践，对家族成员进行有效引导、教育，才能让家规发挥应有的作用。家规文化告知家族成员教育的内容，即"教什么"；而家教文化则告知家族成员教育的形式，即"怎么教"。比如言传、身教、训惩等
家风文化	家族文化的外在表现是家风文化。家风俗称"家声""门风"等。家风文化是一种家族精神文化，体现家族成员精神风貌、道德品质、审美格调、整体气质。家规良、家教严，则家风正、家门兴；反之，则家风不正、家门不幸。正如习近平总书记所指："家风好，就能家道兴盛、和顺美满；家风差，难免殃及子孙、贻害社会。"家风不仅是家规、家教的综合反映，而且对家族传承、民族繁荣、国家发展具有重要影响。家风文化是家族文化的落脚点

资料来源：刘青锋《传统家文化的基本内涵及其蕴含的治理思想研究》(《法制与社会》2020年1月)

(八)家族治理

本书所指家族治理包含了企业经营以及关注家族兴旺和谐荣耀的持续,而将公司或企业治理在家族企业之中实施,使该企业能够健康经营,以谋求公司和股东的最大利益。

但更多的创始人已经意识到了事关家族企业生死存亡的关键问题:无论选谁接班,首先要建立现代企业制度,完善公司治理体系,这才是家族传承百年的根本保障。

家族企业治理与家族治理联系紧密,但区别也很明显。前者针对家族创办的企业的治理,后者针对家族。与非家族企业相比,家族企业治理必须同时从两方面着手,即家族治理和企业治理。因为家族企业本质上有家族和企业两重属性。换句话说,家族治理是家族企业治理内容的一部分。家族治理是否有效直接影响到家族企业治理是否有效。

(九)家族企业异质性

家族企业异质性是在不同时间段,家族企业面对外部竞争对手以及潜在竞争对手在类别配置上的差异及其变化差异的程度。家族企业本身是一个异质的群体,家族企业异质性可以从涉入人员、经营目标、企业治理、企业资源、企业产出五个维度来度量,具体如表1-7所示。

表1-7 家族企业异质性

视角	含义及特征
涉入人员	家族企业异质性的根源是涉入人员的异质性。其异质性可以用家庭结构、家庭功能、家庭互动和家庭事件四个维度来度量。① 家庭结构是指家庭群体拥有共同的家庭归属感。② 家庭功能是家庭成员在家庭中所承担的使命,比如家庭中对该家庭成员的期望和寄托等。③ 家庭互动是家庭成员之间必要的沟通,旨在教育孩子,提升家庭凝聚力,完成家庭共同目标,当拥有家族企业时,落实家族价值观的必要条件就是家庭互动,可以减少家庭内部破坏性冲突,增加家庭内部建设性冲突。④ 家庭事件是指该事件的出现,比如婚配、生子等,促使整个家庭/家族从一个阶段过渡到另一个阶段,改变家庭结构和功能。家族企业要应对外来竞争对手的压力,必须强化自身资源,不要局限于家族内部资源,必须雇用一些非家庭成员,这样才能提高家族企业自身的核心竞争力。非家庭成员也可以在家族企业经营管理中担任重要岗位的领导人,家庭成员与非家庭成员在家族企业内部演绎成"命运共同体",进一步扩大涉入人员的异质性

续表

视角	含义及特征
经营目标	每个家庭成员不同，主体不同，家族企业创办的开始就意味着不同，起点不同意味着经营目标也会不同，该经营目标表现在很多方面，不局限于经济利益，也包括非经济利益。家族企业与非家族企业存在的本质区别在于家族企业必须考虑家族属性，社会情感财富影响着家族企业的经营。家族企业经营目标包括两部分内容，一是财务经济目标，尤其是中小微家族企业，在创业初期以及成长期，特别重视财务经济目标，比如投资回报率、家庭财富净值、家族控制等，它是家族企业赖以生存的根基。当家族企业财务经济目标达到一定程度，家族企业能顺利健康存活下去时，家族企业创始人会逐渐兼顾非经济的目标。比如，家族企业情感维系、创始人企业家精神的形成以及接班人的规划和培养、维系代际价值观和传承、家族和谐的价值观在家族企业中的体现等。家族企业的目标虽然是多样的，但是基本上都遵循二元论。比如，金钱对非金钱，经济对非经济，财务对非财务，内在的对外来的，家庭导向对经济导向，以家庭为中心对以商业为中心，财富创造者对价值生产者
企业治理	家族企业治理重在匹配思想，匹配得好会产生一加一大于二的效应。治理方式是家族企业异质性的重要体现之一。家族企业的治理机制产生于两个方面，一方面是家族组织内部，另一方面是家族组织外部。治理可能是成文的，也可能是非成文的方式；可以是正式的，也可以是非正式的。治理机制的建立与公司法律法规如何相切合，这需要家族企业"法治体检"来提供策略
企业资源	家族企业资源具有独特性，其价值难以模仿和不可替代。家族企业资源的异质性包括显性资源和隐性资源。显性资源如家族固有资产，隐性资源包括家族成员特有的社会关系、创业主的企业家精神、家族成员的价值观、家族企业的和谐度等。这些资源都会影响家族企业的发展和传承，尤其是隐性资源很难被竞争对手所模仿，比如本书探究的创业主的企业家精神的传承就很难被其他家族企业所模仿。从某种角度看，优秀企业家精神的培育和传承有利于家族企业代际传承，世代传承发展
企业产出	家族企业产生的异质性表现在两个方面：一是家族企业的组织形态；二是家族企业绩效。家族成员因为成长在不同家庭结构中，家族企业的组织形态也有差异，具体到家族人员岗位的安排上等。家族企业绩效可以基于家族优先型、事业优先型、事业家庭兼顾型等不同类型而产生差异

资料来源：韩雪亮等《家族企业异质性研究述评与展望》（《上海对外经贸大学学报》2022年5月）

家族企业异质性特征，最终要追溯到家族企业异质性的根源。家族企业与非家族企业的根本区别在于，家族企业有家族成员参与和涉入，而非家族企业不存在这一特征。家族参与高度的人际互动导致家族企业呈现异质性。家庭结构影响家族企业经营管理过程中岗位的安排，家族企业战略的实施与落实，以及家族企业目标的制定与实施等。随着家族企业的不断壮大，家族参与的方式由创始人所有和控制逐渐转变为多个家族共同所有和控制，甚至演化为家族商业集团。家庭结构在家族企业经营管理过程中也不断动态演化，比如随着家族企业的发展，结合家族企业内外部环境的变化，家族成员在家族企业中人员的匹配以及岗位的变动都是正常和必需的。具体表现在两个方面：一方面，诸如婚、丧、嫁、娶、生、收养等家庭事件或活动，打破了原有的家庭结构，重新形成比较稳固的结构，自然而然会影响到家族企业经营管理中家族人员在家族企业中的人事安排。另一方面，家族结构人员发生改变，具体体现在家族企业中家族成员安排会发生改变，随着时间和空间的推移，家庭成员在家族企业中肩负的家族使命和扮演的角色都会改变，以及每个家庭人员与家族企业之外的关系网络都会发生改变。由于家族企业本身是家庭社会系统和企业法人经济系统的交集，嵌入家族企业的家庭变化最终将映射到企业具体经营和活动上，因此家庭的异质性是家族企业异质性的根源。

从家族企业异质性关键因素看是涉入人员的异质性，涉入人员异质性中起关键作用的应该是家族企业创业主。家族企业创业主的企业家精神也会表现出异质性。家族企业经营目标的异质性表明，家族企业企业家精神的培育和传承也是家族企业经营目标的重要内容之一，这区别于非家族企业的经营目标。

从实践来看，中小微家族企业异质性相当明显，尤其是隐性资源的异质性，比如创业主的企业家精神相当重要，企业家精神决定了家族企业发展战略、经营策略等重要事项，尤其是家族企业面对发展危机时，具有优秀企业家精神的家庭企业会从容面对，而企业家精神不好的家族企业可能因此一蹶不振，甚至导致家族企业衰亡。

（十）关键成功因素

本书所指的"关键成功因素"为"让某项事务的进行或实施得以成功的关键影响因素"。

（十一）知识转移

Teece 首次提出"知识转移"的概念，随后很多学者对"知识转移"概念进行丰富和演化，具体如表1-8所示。

表1-8 知识转移概念的界定

作者	时间/年	含义
Teece	1977	伴随着技术共享，跨国企业知识的共享等变成可能，跨国界的知识相互传递，达到知识转移的目的，缩小国家、地区之间的技术差距
Culter	1989	知识转移是指在两个或两个以上的个体（组织）之间知识获取方从知识拥有方接受知识的过程，其转移的过程有多种不同的方式
Szulanski	1996	知识转移基于一定的情景背景，知识从知识供给方到接受方的信息传播过程
Verkasalo	1998	知识转移是一个过程，该过程基于教与学同时进行，相互交替。即知识供给方传输知识给接受方，知识接受方学习并吸收到知识之后，知识才可成功迁移
Hendriks	1999	知识转移是一种沟通过程，该过程是否自由传递，取决于双方的意愿，尤其是知识供给方，但知识接受方也相当重要，有些隐性知识即使供给方乐于传递，接受方也不一定能消化吸收，迁移成自己的知识
Argote	2000	知识转移是一种路径，即知识传递者通过一定路径，比如网络、亲手示范等方式，将知识授予知识接受个体，知识接受个体再吸收、消化理解，直到内嵌于自己的内心
谭大鹏	2005	知识转移可以缩小"知沟"，但知识转移必须满足一定的要素条件，比如受控的知识环境、知识供给者、知识接受者等，供给者和接受者必须满足内心的意愿等
韦影和王均	2015	知识转移的主体可以是个人、团队或企业，转移主体必须是两个或以上。转移是一个过程，该过程根据转移知识的特性，转移知识的内容多寡，以及知识转移方和知识接受方的悟性、知识基础、主动程度等影响该知识转移的时间和效果
Adam	2016	知识转移是将隐性知识内化、显性知识外化，从而形成知识创新的循环过程

资料来源：研究者自行整理

综上所述，研究视角侧重点不同，让知识转移体现出以下三个特征：①动态过程特征。知识转移是知识从供给方到知识需求方的转移过程，该过程时间不确定，可能是一瞬间，更可能是潜移默化持续性的实践过程。知识供给方和知识需求方可以是组织、群体或个体。②情境依赖性特征。知识转移必须有一定路径（渠道），该路径一定发生在权变的情境下。③结果受益性特征。知识转移的结果具有利益性，比如家族企业创业主企业家精神的转移，家族企业创业主与接班人都受益，他们都有共同的家族利益目标，在家族企业中得以体现。

本书研究的企业家精神培育与传承，家族企业处于代际传承特殊阶段，该阶段从形式上看是家族企业经营管理权的交接，从实际上看也是企业家精神传承的过程，创业主与家族企业企业家精神的转移过程，权力交接过程可能发生在一瞬间，比如公章的交接、企业法定代表人的变更等，但这背后企业家精神的传承过程则相伴永远。创业主与接班人之间必须基于足够的信任、足够融洽的关系以及共同的家族价值观等，才有利于接班人企业家精神的培养，有利于接班之后家族企业在接班人企业家精神发挥作用下，推动企业长久发展。

（十二）隐性知识

Polanyi 首次提出"隐性知识（Tacit Knowledge）"这个概念，隐性知识又称为"默认知识"。隐性知识是相对于显性知识而言的，是难以表达、难以编码、非口语化，具有特性转移黏性的知识。此后，很多学者对隐性知识进行了丰富和演化，具体如表 1-9 所示。

表 1-9　隐性知识概念的界定

作者	时间/年	含义
Nonaka 和 Takeuchi	1995	隐性知识分为两种情况，一种是技术性的，另一种是认知性的。技术性的是指具体的方法或者技能，认知性的是指信念和心智模式。隐性知识，比如企业家精神属于非语言知识，高度根植于家族企业创业主内心，企业家精神优秀程度取决于家族企业创业主的经验、知识、思想、价值观和对家族财富的情感等
Alavi 和 Leidner	1999	隐性知识不具有组织属性，而是在个体潜意识中，是个体的经验、知识、思想、价值观和对家族财富的情感
Stemberg	2000	隐性知识的掌握基于个体智力成长，以行为为导向，它的获取是一个漫长过程
喻秋兰	2010	隐性知识具有黏性，难以描述、交流、编码和共享。一旦接收方获得该隐性知识，可以保持企业的核心竞争优势
Nawawi	2012	对显性知识与隐性知识进行优缺点对比。显性知识是成文知识，容易沟通、传递。缺点在于企业容易模仿，很容易失去竞争优势。隐性知识是从事某一领域的日常活动而获得的经验或知识，这种经验或知识容易消失，因为很难转移，也很难以通过拷贝的形式很好地记录

续表

作者	时间/年	含义
Achmad	2015	显性知识有据可查，可以拷贝和存储，显性知识所有者离开企业，只要被复制保存下来，对企业影响不大。而隐性知识则不同，隐性知识具有模糊性、难以理解、难以复制等特性，当隐性知识拥有者离开所在企业，企业就会面临失去知识的风险，隐性知识实质上是嵌入企业文化中的，只有内部成员才能访问

资料来源：研究者自行整理

综上所述，隐性知识比显性知识更难转移已经得到学界公认，隐性知识对家族企业的作用更大，人一旦离开家族企业组织，显性知识员工容易找回来，但隐性知识就很难了，不得不说是家族企业知识的损失。本书研究的企业家精神就属于隐性知识。家族企业代际传承中的企业家精神的培育和传承，自然属于隐性知识的培育和传承。

（十三）代际传承

本书所说"家族企业代际传承"特指一个家族企业的创始人将家族企业经营管理权，而不是家族企业资本所有权转移给子女的过程，不包括向家族企业女婿、媳妇转移这种情况。

其实针对家族企业来说，代际传承的内容很多。包括：①家族企业管理领导人的接替。②家族企业领导权从创业主向接班人的传承。③家族企业所有权从创业主向接班人的传承。④家族企业经营管理权从创业主向接班人的传承。⑤家族企业法定代表人从创业主向接班人的变更等。

（十四）传承二代

本书所说"传承二代"特指继承父辈家族企业管理权的子女，因为有所有权仍在父辈手上。

（十五）接班人

本书所说"接班人"特指继承父辈家族企业管理权的子女，因为有所有权仍在父辈手上。

（十六）家族企业成员心理所有权

家族企业成员心理所有权是家族企业员工对企业好像是自己的一样的占有感，该企业员工包括两类，一类是家族成员，另一类是非家族成员。这种占有感具有"半主观、半客观、半意识、半真实"的特征。具体表现在三个方面：一是对家族企业的态度，即纯粹所有权效应。家族成员与非家族成员在家族企业中的态度还是有差别的，即使是家族成员内部之间心理所有权也有程度上的差异。对家族企业有形或者无形的发展目标产生的积极情感都会有差异。二是对家族企业的自我概念，占有心理学认为，家族企业心理所有权使得家族企业员工，包括家族成员和非家族成员，把家族企业视为我的一部分。心理所有权以占有物为中介，变成了与自我概念相关的建构。三是对家族企业的责任感。家族企业股份的所有权会激发对实体对家族企业的责任感，即占有情感会促使家族企业员工（包括家族成员和非家族成员）维护他们的心理所有权目标，即占有物。

在家族企业中，家族成员和非家族成员尤其是创始人通过对所创办企业的控制、经营管理、亲密接触以及时间、精力和资金等持续投入，使其对所创办企业产生了强烈的心理所有权。

家族心理所有权对家族企业发展会产生正向影响，主要表现在三个方面。

第一，家族企业成员心理所有权越强烈，其对家族企业的奉献和责任担当意识就越强烈，就越愿意投入更多资金、时间和精力去改善和打破现状，承担额外风险，为家族企业创新发展尽绵薄之力。

第二，改善所有权目标是心理所有权的核心影响之一，通过家族成员与家族情感财富的联系来培育家族成员在家族企业中的心理感受，提高家族成员评估、识别和利用创业机会的能力，促进家族企业创新发展。同时，家族心理所有权有助于提升家族企业中非家族成员的待遇，以此来维系情感，增强其对家族企业的忠诚感。

第三，心理所有权能激发家族成员和非家族成员为家族企业奋斗，促进家族企业追求创新发展。

综上所述，本书对家族企业、企业家精神、企业文化、家族价值观、家族氛围、家族认同、家族文化、家族治理、家族企业异质性、关键成功因素、知识转移、隐性知识、代际传承、传承二代、接班人、家族企业成员心理所有权等关键概念进行了界定，以便于本书顺利行文。

特别说明如下：

1. 企业家精神与企业文化的联系和区别

两者联系相当紧密，区别也比较大。本书所说企业家精神特指创业者和接班人个人层面的企业家精神，当创业者和接班人将个人层面的企业家精神应用到企业中，会影响顶层企业文化建设的设计，从而影响企业绩效。

2. 企业家精神与家族文化、家族企业文化、非家族企业文化的联系和区别

这四者之间联系比较紧密，区别也相当大。本书所说企业家精神特指创业者和接班人个人层面的企业家精神；企业家精神会影响到家族文化的建设，家族文化是家庭成员在实践中形成的一种基本精神和凝聚力，是全体家族成员共同的家族观念和行为准则。家族文化就像一个个同心圆，由表及里有三个层次：外部的"形文化"、中间层的"法文化"、内层的"魂文化"。准确地讲，创业者的企业家精神就是家族文化的内核——"魂文化"。

家族企业文化与非家族企业文化有差异，因为两者企业成员的构成不同，前者人员构成中含有家族成员，而且家族成员把持企业的重要岗位，但两者都属于公司文化。目标不同，比如家族企业文化除了考虑企业中非家族成员的利益外，还会特别考虑家族成员自身的利益平衡。而非家族企业则没有这些考量。

企业家精神在家族企业与非家族企业中都存在，两者的企业家精神内涵要素差异显著，因为家族企业企业家精神要考虑家族成员利益这一重要因素。

3. 家族价值观与企业家精神的联系和区别

家族价值观与企业家精神既有联系又有区别。家族价值观是指以创始人为核心所形成的家族固定的、有着鲜明特色的价值观体系。从家族价值观看，家族企业价值观受创始人企业家精神的显著正向影响。

4. 企业家精神与隐性知识的联系和区别

企业家精神属于隐性知识，隐性知识与显性知识是相对的。换句话说，企业家精神不属于显性知识，企业家精神的培育与传承必须考虑隐性知识固有的属性。

二、基本假定

根据研究需要，建立五个基本假定。

假定一：家族企业企业家精神培育和传承行为是有目的的一种动机需要。世界上凡是正常人，他（她）的行为都是有目的的，为了某种目的的实现，自然会产生行为动机。家族企业企业家精神培育和传承行为当然也不例外。

假定二：家族企业企业家精神培育和传承行为是一个连续的过程。这个过程一般而言包括行为动机和认知、决策、体验、反馈等一系列过程，在整个过程中存在着大量影响行为的因素。

假定三：家族企业企业家精神培育和传承行为必然经过决策行为这个阶段。这是家族企业企业家精神培育和传承的关键一步。没有决策就不会产生传

承行为。

假定四：家族企业交接班行为是这个过程中的最重要阶段，交接班什么时候完成、以哪种形式交接、交接时间长短、交接过程中家族企业的治理方式等一系列问题，都会影响交接班成功的程度。

假定五：不同的家族企业行业、不同的家族企业创业者及成员、不同的家族企业地区，尽管呈现出各不相同的特点，但都有共同的特点和规律，其家族企业企业主企业家精神的基本属性是稳定的、一致的。

第四节 研究思路与内容安排

一、研究思路

研究的思路是从文献资料收集入手，对相关的理论基础和文献进行分析，按照家族企业企业家精神的概述—家族企业企业家精神的培育—家族企业企业家精神的传承的线索进行系统的理论和实证研究。

二、内容安排

本书共分六章，各章大致内容如下：

第一章：导论。介绍本书的基本概况，主要阐述家族企业发展现状、研究背景及意义，在此基础上提出研究目的与研究范围、关键概念界定与基本假定、研究思路与内容安排、研究方法与数据来源、研究重点与研究难点等内容。

第二章：文献综述与理论基础。首先，对企业家精神研究领域和范围进行文献梳理，重在五个方面的内容：一是家族企业代际传承的要素，即家族企业代际传承的内容；二是家族企业代际传承中继任者的选择，即家族企业代际传承的对象；三是家族企业代际传承的过程，即采用什么方式进行代际传承；四是家族企业代际传承的影响因素；五是家族企业代际传承的评价。其次，在企业家精神研究中，对主要需用到的五个理论进行了简单介绍。即资源基础观理论、知识转移理论、社会情感财富理论、企业生命周期理论和路径依赖理论。

第三章：企业家精神概述。以我国家族企业发展为切入点，探究企业家精神内涵的演变历程，在回顾我国企业家精神测度的基础上，探究我国家族企业在新时代企业家精神的本质要求。

第四章：优秀企业家精神的培育。针对我国家族企业接班人断层的问题，提出我国急需弘扬优秀企业家精神，深入分析当前制约企业家精神发挥作用的因素，基于政府视角分析优秀企业家精神的保护路径，分别从创业者、二代接班人视角探究企业家精神的培育，并重在分析二代接班人企业家精神培育对家族企业可持续发展的影响。

第五章：企业家精神的传承。首先，分析家族企业传承模式及影响因素，代际传承企业家精神的影响因素；其次，探究企业家精神的传承过程、传承机制，接班人承继企业家精神的意愿；再次，分析企业家精神传承中的跨代创业、家族治理、代际冲突和"法治体检"，企业家精神传承的动力与使命、策略与方式、关键成功因素；最后，探究接班后家族企业管理危机的化解以及企业家精神代际传承的经济后果。

第六章：研究局限与展望、管理建议。提出本书研究局限，并预测企业家精神未来值得继续研究的方向，最后针对家族企业管理提出建议。

第五节　研究方法与数据来源

一、研究方法

（一）历史经验研究方法

通过对历史文献的回顾，掌握家族企业、企业家精神、企业文化、家族价值观、家族氛围、家族认同、家族文化、家族治理、家族企业异质性、关键成功因素、知识转移、隐性知识、代际传承、传承二代、接班人、家族企业成员心理所有权等关键概念的内涵。并对江苏省泰州地区的家族企业企业家精神培育和传承遇到的问题进行深入分析，从中小微家族企业企业家精神培育和传承的成功案例中，挖掘其有关家族企业企业家精神培育与传承模式的成功经验。

（二）多学科交叉综合研究方法

运用经济学、管理学、政治学、社会学、心理学和法学等多学科的基本知识与原理，全方位剖析江苏省泰州地区中小微家族企业创业主与接班人两者企业家精神培育与传承的现状与问题。

（三）理论与实证相结合的研究方法

本书首先对家族企业代际传承文献进行梳理和评述，然后重点聚焦在企业家精神的培育和传承问题上，通过案例访谈，揭示企业家精神的培育路径和保护策略，剖析企业家精神的传承路径、传承机制，以及企业家精神传承中的跨代创业、家族治理、代际冲突和"法治体检"，提出企业家精神传承的动力与使命、策略与方式、关键成功因素，以及接班后企业管理危机的化解和经济后果评价。

二、数据来源

（一）资料收集

资料收集分为问卷调查和个案访谈两种方式。抽样对象限定为江苏省泰州地区中小微家族企业。原因在于：一是江苏省泰州地区经济组成同全国地区一样，分为国营、民营、外资三种，其中民营占了半壁江山，民营中家族企业占比高达百分之八到百分之九。二是江苏省泰州地区家族企业，尤其是中小微家族企业中第一代企业主多半仍在位，正好与本书目标样本群相同。未来几年，将传至二代，本书的样本聚焦于中小微家族企业第一代创业主和第二代接班人（即创业主的子女）符合实际情况。三是大型家族企业，尤其是上市公司家族企业传承的研究，笔者作为高校的一名普通教师和江苏泰和律师事务所的执业律师，几乎无法直接接触或观察到家族企业主本人和他们的未来接班人，退而求其次地访问其亲信、企业内干部、家族其他非关键成员都很难等，研究工作难以继续。本书聚焦在中小微家族企业，至少可以保证研究工作顺利进行。

（二）分析可行性

因为地缘因素且时间和抽样成本的限制，选择江苏省泰州地区中小微家族企业为研究范围，采用简单随机抽样方法。本书在收集资料时共寄发200份问卷，回收142份（回收率71%），扣除回答不完全或数据不全之无效问卷21份，有效的问卷为121份；调查样本为江苏省泰州地区中小微企业。以3个月为期收集有效回函。时间为2022年1月2日起，2022年4月2日止。数据处理和统计分析采用SPSS20.0、EXCEL软件。

再者，在个案访谈上，计划性抽样采访两家企业接班人，采用质性研究。利用扎根理论等质性研究方法对江苏省泰州地区家族企业企业家精神培育与传承问题进行调查。

第六节　研究重点与研究难点

一、研究重点

企业家精神的培育与传承研究。企业家精神是一种与时俱进的精神，需要不断吸收新的思想、理念和观点，形成新的企业家精神构想。具体包括：新时代企业家精神的内涵和构成维度；当前制约企业家精神发挥作用的因素；优秀企业家精神的保护路径；创业者优秀企业家精神培育和接班人企业家精神培育的影响因素；接班人承继创业者企业家精神的影响因素；传承二代企业家精神培育的基本路径分析；企业家精神传承的动力与使命；家族企业企业家传承的策略与方式；企业家精神传承的关键成功因素；等等。

二、研究难点

企业家精神传承中的跨代创业、公司治理、代际冲突、"法治体检"；接班人承继家族企业企业家精神以后企业管理危机的化解、经济后果分析，以及怎样保持家族企业平稳快速发展，等等。

第七节　本章小结

本章为导论部分，介绍本书的基本概况，主要阐述家族企业发展现状、研究背景及意义，在此基础上提出研究目的与研究范围、关键概念界定与基本假定、研究思路与内容安排、研究方法与数据来源、研究重点与研究难点等内容，为后续章节的研究做了较为充分的铺垫。

第二章 文献综述与理论基础

第一节 文献综述

传承一直是家族企业研究的重点领域也是难点领域。从已有的文献来看,学者和企业家们重在以下五个方面的研究:家族企业传承什么,家族企业传承给谁,家族企业如何传承,哪些因素影响家族企业传承以及传承结果如何评价等。

(一)家族企业传承什么

家族企业传承的核心内容有哪些?有哪些关键的核心要素要转移?概括起来有权力继任、权威继任和资源继任三个方面,如表2-1所示。

表2-1 家族企业传承的内容

内容	含义
权力继任	家族企业继承的首要因素就是权力。家族企业权力包括企业所有权、经营管理权和财产权。前两项权力在家族企业继承中相互影响、相互作用。家族企业的灵魂是家族企业的经营管理权和所有权,所以家族企业所有权和经营管理权掌控在谁手中显得很关键。家族企业因为企业所有权和经营管理权控制在家族成员手中,才能称为家族企业
权威继任	家族企业权威可以用合法权威、领袖魅力权威、家族权威三个维度来度量,其中,合法权威基于家族企业所有权和经营管理权的控制,以及家族企业职位的授予。领袖魅力权威来源于家族企业领导人个人的人格特质和人格魅力以及管理风格等。企业员工发自内心地佩服尊敬领导人。家族权威基于亲缘、血缘、地缘关系,对整个家族成员都能产生巨大影响,家族权威者往往也是家规的制定者和执行者,表现为"尊尊原则"和"亲亲原则"
资源继任	家族企业的资源更侧重其家族性,包括人力资源、社会资源、管理结构资源、创业主的企业家精神,等等。家族企业中稀缺的、有价值的、难以复制和替代的独特资源和能力,比如创业主的企业家精神等隐性知识,可以使家族企业保持独特的竞争优势

资料来源:研究者自行整理

(二)家族企业传承给谁

家族企业与非家族企业选择接班人的依据有很大差异,家族企业具有家族特性,其接班人的来源有家族企业内部和外部职业经理人。我国中小微家族企业绝大部分都是从家族企业内部选取接班人。家族企业要经久不衰地顺利传承下去,必须选择合适的接班人。除了要考虑财务绩效等经济因素外,也要考虑很多非经济因素。譬如,能否为家族企业实现绩效目标,能否为家族企业增加社会情感财富等,这些都是学者和家族企业家们关注的热点和难点问题。

(三)家族企业如何传承

关于家族企业如何传承,国内外学者进行了深入探究,提出了很多理论模型。归纳以往文献可以大致分为微观和宏观两种类型。本书着重探究微观类型,比较典型的是 Churchill 和 Hatten 以"子承父业"为研究对象,从家族企业领导人生命周期视角,把家族企业代际传承分为创业主管理阶段、子女选拔与培养阶段、父子共同治理阶段、经营管理权移交阶段四个阶段,如表 2-2 所示。

表 2-2 家族企业代际传承的四个阶段

阶段	含义
创业主管理阶段	该阶段开始于家族企业成立,止于接班人完全接管经营管理权。该阶段创业主一直参与家族企业经营,并掌握着家族企业的控制权。家族企业创始人只有在接班人参与家族企业高层管理时,才会发生共同管理家族的情况
子女选拔与培养阶段	创业主子女进入家族企业并从基础岗位开始锻炼,逐步学习和企业相关的知识与技能,并不断在基层和中层岗位轮岗
父子共同治理阶段	接班人,即创业主子女对家族企业运作已十分熟悉,在家族企业中能独当一面,积累了足够的人脉和经营管理经验,对家族企业的战略规划与父辈共同讨论制定,日常对家族企业共同治理
经营管理权移交阶段	创业主逐渐退出企业经营管理舞台,并移交家族企业经营管理权。家族企业所有权一般不会移交,直到自己百年后才会移交,尤其是中小微家族企业这方面更加典型

资料来源:研究者自行整理

(四)哪些因素影响家族企业传承

影响家族企业传承的因素很多。学者和家族企业家们对该问题持续跟踪探究。比如,窦军生和贾生华研究认为,家族企业代际传承是多阶段过程,每个阶段受诸多因素影响,是不断动态演化的过程,并具体从个体、人际关系、组织和社会四个层面对家族企业代际传承的影响因素进行了系统分析评价。徐向前和洛建升以温州地区152户家族企业为调查对象。调查发现,传承前后企业绩效的差异变化是区分成功传承的主要标准,影响家族企业传承成功的几个关键因素有家族企业优越性的发挥、家族成员间的和谐关系以及接班人的综合素质等。黄锐总结出接班意愿、接班时机、传位人与接班人关系、接班人培养计划与实施等是影响代际传承成功的关键因素。王呈斌和伍成林从在任者视角出发,实证表明,组建家族委员会可以协调家族成员与家族企业之间的关系,促进其和谐发展。在任者文化程度和年龄影响家族企业传承接班人的安排,等等。王勇研究认为,可依据在任者与接任者的职能交替和发挥作用来进行划分,传承分为三个过程:第一阶段是下一代进入家族企业的前阶段,继任者向在任者学习有关企业运作的知识。第二阶段是进入阶段,拟定接班人深入家族企业具体业务当中。最后阶段是继任者晋升为企业管理者。在不同阶段,企业需要多样的战略来处理这些问题。传承效力如何?其影响因素有接班人是否被指定、家族企业是否健康运行、家族企业生存质量、家族成员和谐度等。窦丽等学者从在任者、可能继任者、企业层面、家庭层面四个维度出发,聚焦企业所有权、控制权、经营权,构建了成功接班模式,并对每个模式进行了分析。王少杰和刘善士研究发现,我国家族企业传承的家族文化因素、国家制度因素、伦理因素、家族成员个人因素都对家族企业长久发展产生重大影响。周辉和朱晓林认为家族企业代际传承影响因素有家族矛盾、企业成长、泛家族文化、核心人员关系、接班人引导机制、高管团队的稳定性、关系网络的异质性、政府的交往能力八个因素。关威研究发现,家族企业创业主的年龄、家族企业所处行业、创业主对家族企业的控制等对家族企业传承模式的选择有显著影响。林海波和任雪溶研究发现:家族企业的传承与企业的行业属性及伴随的绩效指标相关,即绩效指标越好的行业越容易为接班二代所接受;绩效指标越差的行业越容易让接班二代有产业更新的其他想法。张胤唯研究表明,家族企业传承与上市家族企业各高管在退休前选择的创新方式和盈余操作有直接关系。

(五)传承结果如何评价

家族企业传承结果的评价,也是学者和家族企业家们跟踪研究的重点问题。但目前呈现的文献还是比较少,只有几篇文献。

林海波和庄序莹对长江三角洲和珠江三角洲家族企业接班行为进行剖析。研究发现,接班人接班后家族企业的产出和利润增长不尽如人意,但是家族企业接班人也有积极的一面,比如有利于家族企业跨代创业转型、家族企业新产品开发等,这些都有利于家族企业的长足发展。家族企业接班人自身的进取意识、新观念以及与家族企业人员的沟通和知识共享学习，对家族企业发展也起到很好的正向推动作用。

方芳以广厦控股集团有限公司代际传承为例，对"子承父业"模式进行了效果评价探究。研究表明，家族企业代际传承成功与否的重要标准是企业绩效以及家族企业主要利益相关者的满意程度高低。只有在代际传承完成一段时间后，企业绩效以及家族企业主要利益相关者的满意程度稳定或提高到一定水平，代际传承才算成功。

刘浩淇以大禹节水"子承父业"为例，对案例企业在整个传承事件中的企业价值变化，包括短期业绩评价和长期财务与非财务业绩进行了评价。研究发现：一是整个家族企业传承效果好不好关键在于传承者、继任者和企业高管三方关系是否良好；二是传承者应该提前布局，制订企业传承计划，做到防患于未然，传承计划重在对接班人进行培养。

第二节　相关理论基础

（一）资源基础观理论

1. 资源基础观概述

资源基础观（Resource-based View）是一种强调企业内部分析的经济学思想，被管理学界广泛运用。不少学者对企业资源观提出了独到见解。下面列举部分观点：

（1）企业关键资源是依靠积累而不是在战略要素市场购买获得，一个企业资产位置是否具有持续性在于这些资产被替代或者模仿的难易程度。

（2）核心能力是企业竞争优势的来源，企业应该将其资源、技能整合成具有群体学习性质的核心能力。

（3）基于资源的观点聚焦于作为企业经济租金源泉的难以复制的特性。

（4）将对组织文化认知过程的管理视为产业企业竞争优势的重要资源。

（5）企业的资源和能力是企业制定战略要考虑的核心，企业要获得持续的竞争优势，就需要设计出能够最大程度挖掘其独特特征的战略，决定企业竞争优势持续性的资源和能力的特征，包括持久性、透明性、可转移性和可复制性。

（6）由于资源市场的不完全性和对于资源开发与配置管理决策的任意性，企业在对资源和能力的控制上存在差异，可以成为持续经济租金的来源。

(7) 识别了各种无形资源，这些无形资源使得企业拥有产生持续竞争优势的异质性能力。

(8) 企业资源由要素网络构成，要素网络包括要素之间和资源之间形成的关系，这种关系能够导致蕴含竞争优势资源特性的产生，这些战略要素资源关系包括网络类型、可获得的替代品和强有力的关系。

(9) 基于知识的企业理论，在企业获取竞争优势当中，基于知识的考虑要比基于机会主义的考虑重要。

(10) 企业竞争优势的源泉由企业自身卓越的管理与组织过程、特定资产构成的优势以及企业演化的路径依赖性共同构成，以及应变外部环境的动态能力，动态能力是企业在动态市场环境中获得竞争优势的源泉。

综合以上观点，资源观的内涵实质包括以下两点：一是企业内部的无形资源具有隐含性和异质性，别的企业不能轻易复制模仿；二是这些内部资源能够相互协调、促进，不断磨合后形成企业独特的能力，最终提高竞争力。

企业是各种资源的集合体，企业拥有的资源具有异质性，企业资源的异质性导致了企业之间绩效的差异。资源基础观理论有两个公理性原则：一是资源分布于各个企业之中，而且是不同质的；二是这些资源具有黏性，企业之间要转移这些知识增加了转移成本。由此可知，资源不是完全流动的，资源的异质性可以长期存在。企业的特质资源是企业竞争优势的来源，是企业实行战略管理的基础。

2. 资源基础观和企业家精神传承

较多学者基于资源观理论研究企业家精神问题。顺承资源观理论内涵可以推知：第一，家族企业企业家精神是企业内部的无形资源，属于隐性知识，具有隐性知识特性。每个家族企业所含企业家精神的丰富度和内涵性具有异质性，别的家族企业不能轻易复制模仿，比如创始人的个性特征和价值观的企业家精神、能力和知识层面的企业家精神等。第二，企业家精神通过家族价值观、家族企业文化等相互影响、相互渗透，家族成员与企业非家族成员员工之间相互协调、促进创始人的企业家精神的培育和传承，在培育和传承过程中，不断磨合后形成企业独特的能力，最终提高企业竞争力。

（二）知识转移理论

1. 知识转移理论概述

知识转移理论具有代表性的人物分别为野中郁次郎（Nonaka）、苏兰斯基（Szulanski）和吉尔伯特（Gilbert）。

（1）SECI 理论模型。

Nonaka 和 Takeuchi 创建了知识螺旋理论模型（SECI），具体如表 2-3 所示。

表 2-3　知识螺旋理论模型（SECI）四种形式

形式	含义
社会化	社会化是指隐性知识，比如企业家精神的自我转化过程，即接班人自我吸收消化企业家精神，就是社会化的体现。企业家精神等隐性知识具有隐匿性、复杂性、粘连性等特点，显著区别于家族规章等显性知识的转化。家族企业接班人很难通过语言获得家族企业创业主的企业家精神。必须通过观察、模仿和实践，潜移默化地转移。这是企业家精神等隐性知识转移的起步阶段。社会化的典型例子是接班人在家族企业中工作实践锻炼
外在化	外在化是指隐性知识，比如企业家精神的显性化过程。转化手段多样，比如隐喻、类比、概念和范例等。这是企业家精神知识创新过程中至关重要的环节
整合化	整合化是指显性知识，比如家族企业家族内部自我转化的过程。通过家族成员相互学习，口头或者书面的培训学习，将各种家族家规显性概念组合化和系统化的过程。整合化的典型例子就是工作流程标准化
内部化	内部化是指显性知识隐性化的过程。该过程将显性知识形象化和具体化，通过"汇总组合"产生新的显性知识被接受方吸收、消化，并升华成自己内在的隐性知识

资料来源：刘晖《基于隐性知识转移视角的家族企业代际传承研究》（浙江工商大学博士学位毕业论文，2017 年）

SECI 理论模型理论价值较高，是企业知识管理绩效的有效工具。但该理论模型有自身的局限性，解释了组织成员之间知识共享形成中的部分过程。因为该理论的设置前提是将组织看作一个封闭的系统，知识在这一封闭的系统中进行转化共享。实践中，组织不可能处于封闭状态，就拿家族企业来说，时时刻刻受到外部条件的影响，尤其是家族企业的竞争者和潜在竞争者的影响。家族企业组织外部的社会知识对家族企业组织知识的生产同样具有不同寻常的价值。家族企业成员必须善于快速学习社会知识、快速做出反应。

（2）知识转移的过程理论。

组织内部的知识转移过程不是一种一蹴而就的、短暂的行为，而是一个长期的系统工程。是知识供给方与知识接受方之间知识的交换过程。目前，比较公认的是两种模型：一种是四阶段模型，即初始阶段—执行阶段—扩散阶段—整合阶段；另一种是五阶段模型，即获取阶段—沟通阶段—应用阶段—接受阶段—同化阶段，如表 2-4 和表 2-5 所示。

表2-4 组织内部知识转移过程的四阶段模型

阶段	含义及要解决的关键问题
初始阶段	该阶段知识接受方发现自己有知识缺口并主动寻求转移知识的过程，也即知识供给方与知识接受方产生知识代沟，为了弥补这个知识缺口，必须加强知识转移。该阶段关键在于解决接受方如何识别所需的新知识以及如何识别谁是该知识的供给方。具体来说，知识供给方有转移意愿，知识接受方有接受新知识的积极主动性，这样才会在一定条件下发生知识转移
执行阶段	该阶段真正构建出知识供给方与接受方的转化过程。该阶段关键在于解决知识转移主体之间的信息交流是否畅通的问题。具体来说，知识供给方根据具体情境动态调整知识转移方式，保证知识接受方更容易消化吸收知识
扩散阶段	该阶段是接受方将知识内化于自己的过程。该阶段关键在于解决知识转移和预期目标是否一致的问题。具体来说，接受方对新知识进行甄别和筛选，根据自身的能力将其调整以适合新的情境并加以运用
整合阶段	该阶段是知识接受方根据转移的新知识在运用后的绩效，判断是否采用该新知识的过程。该阶段关键在于解决知识制度化后所产生的衍生问题。具体来说，如果对知识转移的绩效感到满意，则将转移的知识制度化，逐渐使之成为企业自身知识的组成部分

资料来源：研究者自行整理

表2-5 组织内部知识转移过程的五阶段模型

阶段	含义
获取阶段	早期组织行为会影响员工对未来知识的获取，如果组织内部重视知识共享，那么，组织员工就乐于主动从组织内部和组织外部挖掘知识，寻求新知识来应对企业的经营发展
沟通阶段	采用恰当的沟通方式，根据不同情景以及知识接受方和供给方的具体情况，不断调整沟通方式，借助网络、书面、口头或者面对面亲手示范等方式，直到健全沟通机制，尽快消除知识转移过程中出现的不利因素
应用阶段	知识共享的目的在于知识接受方对知识的应用，这是关键。只有应用，才有利于组织的发展成长，企业员工学习新知识的动力不在于知识本身，而在于对该知识的应用
接受阶段	接受方接受知识后，要对该知识应用的绩效进行评估，以便决定是否接受并同化
同化阶段	同化阶段是知识转移的关键时刻，转移的知识只有被同化，才能创造出新知识，才能真正提升知识接受方的能力

资料来源：研究者自行整理

组织内知识转移过程的通用模型，无论是四阶段模型，还是五阶段模型，都有共性：以时间序列为划分标准，将组织内员工知识转移划分为若干阶段，从动态的视角分析出每阶段的特征及要解决的关键问题，但也有局限性。比如，组织内部的知识受到组织外部的影响，知识转移具有情境依赖性。情境不同，知识转移发生的机制也可能不同，在不同情境下，如何顺利完成知识转移，通用模型没有涉及。又如，组织内部知识分为显性知识和隐性知识，隐性知识具有默会性，其转移中的难度远远大于显性知识的转移，该通用模型没有具体区分。鉴于上述问题，后来的学者大多基于某种特定的情境来研究隐性知识的转移过程。

2. 隐性知识转移与家族企业传承

隐性知识转移是目前学者和企业实践家们关注的焦点问题，因为隐性知识可以使家族企业获得核心竞争力。下面重点介绍三种模型。

（1）家族企业隐性知识转移与接班人发展模型。

Cabrera Suarez 从资源基础观和知识基础观视角，构建出家族企业隐性知识转移与接班人发展模型。该模型基于企业和家族的双重情境构建而成，如表2-6所示。

表2-6 家族企业隐性知识转移与接班人发展模型（双重情境）

情境	含义
企业情境	包括企业所处经济、文化、金融环境，以及内外部参与者的行为等
家族情境	包括家族成员的凝聚力、应变力，以及对企业的承诺等

资料来源：研究者自行整理

该模型主要从四个视角得出有用的结论，一是家族企业有自身独特的资产，即无形资产，比如企业家精神，这些无形资产属于隐性知识，其他企业很难把这些独特资产转移给自己使用，对家族企业自身来说，构成了很好的竞争优势。二是从家族企业隐性知识，比如家族企业创业主的企业家精神传承的视角来看，创业主必须对接班人抱有信心，多鼓励接班人，通过适当的途径传授相关的技能和诀窍。在家族企业共同治理阶段，这一视角显得尤为重要，因为企业家精神等隐性知识，必须通过企业管理的实践，才能很好地对接班人进行培育。三是从接班人接受创业主企业家精神的视角来看，接班人应该积极主动从创业主那里吸收企业家精神。四是在企业家精神等隐性知识转移过程中，情境因素相当重要，恰当的企业情境和家族情境才能更好地转移知识。

(2) 家族企业隐性知识传承的过程模型。

徐萌娜等从企业生命周期理论视角，探究了在"子承父业"传承模式下，家族企业隐性知识代际转移分阶段管理模型，如表2-7所示。该模型认为，隐性知识代际传承成功的重点在于处理好两个基本点：一是传承家族企业隐性知识时，要考虑家族企业自身所处的企业生命周期情境；二是传承家族企业隐性知识，要有足够的耐心，这是一项系统工程，要分阶段逐步渗透。隐性知识转移可以分为五个阶段，即企业初始阶段、子女培育前期、子女培育后期、继承前一阶段和继承后一阶段。每个阶段知识转移的方式方法以及侧重点都有所不同，而且隐性知识转移最佳起点不是在继承前一阶段，而是在企业初始阶段，所以在企业初始阶段就应该开始做好准备。

表2-7　家族企业隐性知识代际转移分阶段管理模型

阶段	隐性知识代际转移内容
企业初始阶段	知识的获取，构建组织文化与社会知识网络
子女培育前期	家庭内部知识的辐射，建立亲密的亲子关系
子女培育后期	假期兼职，行业、部门知识及员工信息获取
继承前一阶段	加强沟通交流，传授企业经营管理心得
继承后一阶段	作为顾问和监督者，进一步扩展和补充知识

资料来源：根据学者徐萌娜的研究整理

(3) 家族企业隐性知识传承的情境模型。

周鸣阳从路径依赖理论视角，构建出家族企业隐性知识传承情境模型。从个体、团体和企业三个层面来探究隐性知识传承的路径依赖，大大提高了知识传承的可操作性。

该模型强调转移对象、转移情境以及转移机制。一是转移对象必须区分该知识属于显性知识还是隐性知识，因为两者转移的方式、途径，以及对接受者的重要程度都差异很大，比如家族企业创业主的企业家精神就属于隐性知识；二是对转移情景的把控。家族企业知识的转移必须考虑企业情境和家族情境，企业情境包括企业面对的市场机会，家族企业治理结构，企业竞争对手以及潜在竞争对手的战略导向等；家族情境包括家族认同、家族氛围、家族文化等；三是转移机制依赖路径。转移的有效方式有多种，但最有效的路径是现代师徒制和知识共享机制。

隐性知识显性化和社会化是必然的过程,不过,隐性知识转移是一个系统工程,不是一蹴而就的,必须循序渐进地长期执行。学者徐萌娜等从企业生命周期理论视角构建的隐性知识传承分阶段模型也从另一视角佐证了该观点。

(三)企业生命周期理论

1. 企业生命周期理论概述

企业生命周期理论通过观察企业的动态轨迹,发现企业类似于生物生长周期,一般都会经历发展、成长、成熟、衰退等阶段。经历这些阶段后,企业通常会面临消亡、稳定以及转向三种结局。当然,实践中也有企业只经历发展、成长阶段就消亡的,甚至在发展阶段就消亡了,但这不属于本书探究的情况。

企业生命周期理论旨在清楚界定企业目前所处的生命周期阶段,分析该企业在该生命周期阶段对外面临的机会、威胁,对内自身的优势和劣势。怎样发挥自身优势、克服劣势,减少威胁,抓寻机会,找到处于不同生命周期阶段的企业与其特点相适应,并能不断促进其发展延续的特定组织结构形式,延长企业的生命周期,帮助企业实现可持续发展。

生命周期方法主要有产品/行业生命周期和顾客生命周期两种,如表 2-8 所示。

表 2-8 企业生命周期方法

种类	含义
产品/行业生命周期	产品/行业生命周期理论是一种传统的、"刻舟求剑"地看待市场发展的观点。但也是一种非常有用的方法,能够帮助企业根据行业是否处于成长、成熟、衰退或其他状态来制定适当的战略。这种方法假定,企业在生命周期的不同阶段,其竞争状况差异很大,产品销售策略也大相径庭,实践中,其实也不绝对,因为很多战略决策还是要随着竞争对手和潜在竞争对手的变化而变化,而不能只顾自己的战略,不管周围市场环境的变化。这种方法假定,事情必然会遵循一种既定的生命周期模式,因此,可能导致是可预测的而不是革新的、有创意的战略
顾客生命周期	顾客生命周期理论从市场反应视角,强调顾客的重要性,非常具有挑战性。重在产品的需求导向,有利于企业更好地优化现有产品和不断开发新产品,在不同的时期会有不同的产品/服务来满足这些需求。让企业一直随市场需求而动,与市场与时俱进,好处在于不会被无情的市场抛弃,也可以让竞争对手和潜在竞争对手一直追赶自己。但难点在于,人口统计特征的演变、经济发展环境的不确定、消费者偏好的演变等,导致顾客需求变化不好跟随,一旦判断失误,会给企业带来巨大损失

资料来源:研究者自行整理

2. 企业生命周期理论和企业家精神传承

有学者认为，引起企业成长和老化的原因，不是规模和时间，而是企业治理的可控性和灵活性。企业成长可以看作企业成长阶段，企业老化可以看作企业衰退阶段，这是对企业生命周期最简单的分类。随后，一些学者对企业生命周期各个阶段进行了划分，划分阶段方式有多种。

本书重在探究针对中国企业的生命周期的划分。比如，张俊杰和王养成从企业成长历程视角，将企业划分为初创、成长、成熟和老化四个阶段；李业从企业销售额视角来考察，把企业的生命周期划分为孕育期、出生期、成长期、成熟期和衰退期五个阶段。

本书采用学者们比较公认的四阶段划分法，即初创期、成长期、成熟期和衰退期。该种划分综合考虑了企业的成长规模、发展后劲、无形资产等因素。针对我国的家族企业，同样可以划分为初创期、成长期、成熟期和衰退期/蜕变期四个阶段，如表2-9所示。

表2-9　家族企业生命周期

阶段	含义
初创期	该阶段企业刚建立，建立的动因是家族企业创始人有企业家精神天赋，尤其是个体层次的企业家精神，比如凭市场嗅觉、创新创业魄力等，这些企业家精神促使创始人创建一个家族企业。但在初建创期，家族企业管理制度不健全，很多大大小小的事情都靠创始人一竿子插到底，随着家族企业的不断发展，创始人会感觉越来越吃力，这时就需要规范企业内部管理制度，靠制度管人而不是靠人管人。再有就是，家族目标与企业目标定位不清晰，甚至有时会有发生矛盾的情况，企业规章有时与家族规章相互矛盾等，家族治理与家族企业治理困扰着家族企业的创始人，怎样提高家族治理水平和家族企业治理水平，是创业者要解决的首要任务，只有这样家族企业才能在初创期活下来
成长期	该阶段，企业一直壮大，创业者很难把控家族企业究竟发展到多大规模才缩小规模，发展战略是采用集中化战略、成本领先战略还是差异化战略也困扰着创业者。企业实力提高，管理水平也随之提高，企业高速发展，家族企业利润与家族利润都增长相当快，这时要注重建立现代的公司管理体制，包括计划、开发、组织和控制等一系列的管理系统，完善相关政策，明确关键管理人员的职责，以及适当引入职业经理人。直至这一阶段，企业的组织形式才真正开始发挥它应有的作用
成熟期	这一阶段，家族企业利润达到最大化，产品销售和服务水平也达到最佳状态，家族管理与家族企业管理目标高度一致，管理风险也大大降低。但企业毕竟处在环境动态性、不确定性情境中，创业者这时很可能为了保持这种成功，而不跟随市场变化。市场瞬息万变，如果家族企业不能保持企业固有的活力，管理僵化，也可能让家族企业失去固有的市场份额和竞争优势。企业最理想的状态是一直保持在成熟期稳定发展下去，但是，成熟期对企业的要求非常高，只要企业稍不留神，就会进入衰退阶段

续表

阶段	含义
衰退期/蜕变期	这一阶段，企业的销售额和业务增长速度持续下降甚至停止，创造力和变革精神严重不足，鼓励变革的氛围不复存在。造成这种情况的原因有多种，比如家族企业面临的市场环境变化巨大，对该企业生产的产品产生巨大打击，创始人由于故步自封，不想改变原有发展战略，怕失去家族企业发展带来的利润导致企业家精神中的创新精神元素锐减。也有可能家族内部管理出现分歧，或者家族企业治理过程中家族成员与非家族成员之间矛盾分歧太大，又或者家族企业遇到法律风险不可避免，比如创始人违法犯罪或者家族企业违法犯罪等。其实，企业在成熟期一旦发现业务下滑，就应该考虑变革的事情了，比如对家族企业全面"法律体检"，规避法律风险；又如对家族企业管理岗位进行调整，不断增强管理活力。只有未雨绸缪，才能避免过早进入衰退期。进入衰退期，可以思考利用家族企业现有资源，进行第二次创业，让现有的家族企业得到蜕变。尤其是在传承阶段，接班人可以在创新创业中接班

资料来源：刘晖《基于隐性知识转移视角的家族企业代际传承研究》（浙江工商大学博士学位毕业论文，2017年）

（四）社会情感财富理论

1. 社会情感财富理论概述

社会情感财富（Socio-emotional Wealth），也称情感享赋（Affective Endowments），该理论是行为代理理论的扩展。实践中，决策者的个性决定了其对事情处理的风险偏好，风险保守型与风险冒进型，在面对企业发展战略制定时格局都不一样。家族企业创业者作为家族企业的领导人，是家族企业的最终决策者，其风险偏好取决于家族企业当前所处的内外部情境，风险会随家族企业治理环境的不同，而产生不同的结果。家族企业创业者作为决策者，要兼顾家族利益和企业利益，在这双重目标下保存自己在家族企业所积累起来的禀赋。

社会情感财富理论认为非家族企业与家族企业在利益的追求上有显著差异。比如前者把追求经济利益作为优先选项，注重经济利益。后者除了追求经济利益外，还把非经济因素的利益作为追求目标。比如身份归属、家族价值观的延续、创始人的企业家精神等，当家族企业无法达到非经济因素利益目标时，创始人就可能提高经济利益目标，增大经济风险，这些以家族为中心的非经济目标或情感禀赋统称为社会情感财富。

家族企业特有的研究理论——社会情感财富理论，能更好地解释家族企业的传承行为。更好地解释为什么家族企业必须考虑非经济目标。例如家族企业的姓氏和公司的名称是一致的，如"王致和""李锦记""张小泉"等，这些说明家族成员个人的自豪感与企业密切相关。

情感在家族企业管理方面的主导地位，包括情感资本、情感价值、情感所有权、情感回报和成本。代理理论、管家理论、利他主义、利益相关者理论以经济利益为主要目标，并以此为前提来解释家族企业的行为，所以，这些理论假设不能很好地契合家族企业的实际情况，甚至有时推导出来的结论或者观点与实际情况相矛盾。比如，代理理论有限定条件，人必须是经济人而且自私地去追求自身利益的最大化，需要制定约束和激励机制监控管理者的行为。但是，在家族企业中，家族管理者很多时候是利他主义导向，他们任劳任怨，不需要外部物质的激励和约束。

社会情感财富理论恰好能弥补这些理论的缺憾，侧重解释家族企业的异质性，既考虑家族企业的经济利益目标，也考虑其非经济利益目标。家族企业既具有家族性又具有企业性，双重性质决定了家族企业成员会从企业中获得社会情感享赋。如果家族企业只考虑经济利益，即以财务最大化作为企业发展目标，从短期看，家族企业利润会增加不少；但从长期看，有可能因为家族企业不注重社会责任，或者自私自利，而使很多忠实顾客离开，去选择自己竞争对手的产品或服务。换句话说，以财务最大化为目标来管理家族企业，会导致不同的结果。这一结果可能是正向的也可能是负向的，取决于家族企业经营的社会经济环境。

2. 社会情感财富的测量维度

很多学者对社会情感财富的测量维度进行了探究，如表2-10所示。

表2-10 社会情感财富的测量

作者	时间/年	社会情感财富理论的测量维度
Gomez-Mejia	2011	社会情感财富可以由情感、价值观和利他三个维度来度量。①情感。家族成员心理所有权在家族企业中得到体现，家族企业具有家族性也具有企业性，家族成员在企业中参与管理，所有权和财产权控制着家族企业，这提供了事业上的情感交流环境，区别于日常生活琐事的情感交流，家族企业成员心理所有权体现了他们视企业为家，与企业同甘共苦。②价值观。家族成员尤其是家族企业创始人通过控制企业将家族价值观深深植入企业经营管理理念中，同时家族企业创始人的企业家精神也根植于家族企业之中，并希望能世代传承下去，从而形成固有的惯例或文化。③利他。利他行为的基础在于互惠理论，家族企业有利于家族成员增加价值体验感，也增加了非家族企业成员的价值体验感。家族成员在采取利他行为时考虑的并非完全是自己能否获得收益，而是其他家族成员和企业员工能否也获益

续表

作者	时间/年	社会情感财富理论的测量维度
Berrone	2012	社会情感财富可以由家族控制和影响、家族成员对企业的认同、紧密的社会关系、家族成员的情感依恋和传承意愿五个维度来度量。① 家族控制和影响。重在家族企业所有权和经营管理权控制在家族成员手中。家族企业创始人是家族企业的领头人，只有这样，家族企业创始人的企业家精神、家族企业的价值观才能很好地贯彻于家族企业之中，直接或者间接影响家族企业的发展战略和经营策略。② 家族成员对企业的认同。这是家族成员在家族企业中拥有心理所有权的体现，把家族企业看成"自己"的一部分，特别珍惜家族企业的社会形象，以及自己在家族企业中的地位。③ 紧密的社会关系。家族成员内部基于血缘、婚缘、亲缘、地缘等关系建立互惠合作网络，直接扩大到家族企业非家族成员员工，以及家族企业所在地区的社区，相关的政府领导等外部关系网络。④ 家族成员的情感依恋。情感财富理论表明，家族成员把家族企业看作满足自己归属感、亲密性等情感诉求的场所，这种情感依恋的程度会随着家族企业的发展而增强。⑤ 传承意愿。家族成员希望接班人能顺利接过家族企业经营管理权，把家族企业世代传承下去

资料来源：研究者自行整理

3. 社会情感财富与家族企业接班人的选择

家族企业接班人的选择是社会财富理论应用的重要领域，因为社会财富理论在用来解释家族企业传承之前，必须研究家族企业接班人的问题。

在家族企业，尤其是中小微家族企业，要自由地选择潜在的接班人会受到很多制约，即使能在外部市场找到更好的对象，家族企业仍然会倾向于在家族内部选择继任者，最根本的原因是企业主想保留家族控制，也即认为家族对企业的涉入会导致他们产生保护和提升社会情感财富的意愿，进而会推动他们去影响企业不同的战略决策。

倾向于在内部选择继任者/接班人，这里的"内部"特指家族成员，而不是指在家族企业上班的人，因为在家族企业上班的人有些并不是家族成员。为什么倾向于在内部选择继任者呢？背后的深层次原因可能有以下几个方面。

（1）内部继任可以保证家族控制权不旁落。

社会情感理论最核心的部分在于保证家族控制权在家族成员手中，这种控制权不仅包括家族企业经营管理权，也包括家族企业的财产所有权。这也是家族企业世代传承下去的基本目标,假设家族成员没有了绝对控制权,也就是家族企业经营管理权或者财产所有权等被非家族企业成员所控制,那么家族成员的社会情感财富保存就很衰败了,最终会导致将家族企业拱手让于他人。

(2)内部继任者更容易传播社会情感财富。

内部继任者,尤其是创业主子女作为接班人,是直系血亲。对于父母辈创下的家业,接班人更想维持这种社会情感财富。一方面与外部职业经理人相比较,内部继任者是家族成员,对家族企业的企业家精神、企业价值观、企业文化、企业战略、企业异质性等更为认同;另一方面,针对家族企业本身来讲,内部继任者比外部职业经理人心理所有权感更强烈,会使家族价值观、家族企业创始人的企业家精神在企业中更好地贯彻执行,只有家族企业价值观与家族价值观高度契合时,才能很好地完成家族企业既有家族性又有企业性的双重目标。内部继任者做出偏离行为的概率要远远小于外部职业经理人。

(3)内部继任者有助于家族内部的稳定。

不言而喻,家族企业由家族内部成员接管和执行,肯定对家族成员有正向的情感财富依赖性。反之,家族企业由外部职业经理人掌管经营,家族成员有种失落感,有种企业不再是自己的感觉,心理所有权也大大降低,这更不利于社会情感财富的保存。

当然,选择内部继任者也存在弊端,比如,为了保存社会情感财富而选择内部继任者就可能会导致企业财务绩效下降,家族企业选择内部继任者就意味着它们选择了风险短视而将其长期导向化等。

(五)路径依赖理论

1. 路径依赖理论概述

路径依赖是指人们一旦选择了某个体制,由于规模经济、学习效应、协调效应以及适应性预期、既得利益约束(比如机会成本、沉没成本)等因素的存在,会导致该体制沿着既定的方向不断得以自我强化。一旦人们做了某种选择,就好比走上了一条不归路,惯性的力量会使这一选择不断自我强化,并使人轻易走不出去。

2. 路径依赖理论与隐性知识传承

周鸣阳从路径依赖理论视角,构建出家族企业隐性知识传承情境模型(如前文所述)。

第三节　本章小结

本章为文献综述和理论基础。首先，对企业家精神研究领域和范围进行文献梳理，重在五个方面的内容：一是家族企业代际传承的要素，即家族企业代际传承的内容；二是家族企业代际传承中继任者的选择，即家族企业代际传承的对象；三是家族企业代际传承的过程，即采用什么方式进行代际传承；四是家族企业代际传承的影响因素；五是家族企业代际传承的评价。其次，在企业家精神研究中，对主要需用到的五个理论进行了简单介绍，即资源基础观理论、知识转移理论、社会情感财富理论、企业生命周期理论和路径依赖理论。

第三章 企业家精神概述

家族企业企业家精神是引领新时代经济健康发展的关键因素,十九大报告明确提出要"激发和保护企业家精神",并以《中共中央 国务院关于营造企业家健康成长环境弘扬优秀企业家精神更好发挥企业家作用的意见》这一纲要形式,进一步确定了家族企业企业家精神的地位和社会价值的重要性。市场活力依靠社会企业,社会企业发展的活力来自企业家精神的践行。培育和传承新时代企业家精神也是践行社会主义核心价值观的重要体现。当前,在社会主义核心价值观引领下新时代企业家怎样培育和传承企业家精神,是值得我们深入探究的课题。

第一节 中国家族企业

一、家族企业特色

(一)家长式权威之集权领导

家长式权威领导是中国企业中最普遍存在的一种独特且尤为重要的领导行为。即以一种类似于父权的作风,在显现出严明的纪律与权威的同时,对部属展现出体谅和照顾并具有高度道德操守的行为方式。有学者认为,对讯息的掌握程度是该领导者最常使用的人事手段之一,领导者拥有掌控权,对于相关技术与讯息不轻易透露于下属,故在讯息传递方面易形成某领导者通过掌握大量资讯来巩固权威,建立起不可侵犯的威慑形象。也有学者认为,家族企业结构为高度集权的管理方式是受到中国传统观念的影响,重视地位、权力与阶层、企业上下级对领导人的命令必须遵从,呈现家长式领导风格。

(二)企业经营权与所有权同时由家族成员所控制

家族企业经营权与所有权合一现象是家族企业区别于其他企业形态的根

源。此特征可以使企业经营理念与企业战略目标高度一致,也降低了传统上的代理成本。但有学者认为,企业所有权与经营权相结合的结果,在家族企业的利益优于企业利益时,反而提供家族企业一个便利的利益输送渠道,导致外部股东的利益受到侵害。

(三)企业管理家族化,以家族关系为任用与升迁基准

传统中国文化很重视家庭关系,从血亲、姻亲到宗亲,有关系背景就顺理成章成为企业的一员,至于个人能力与成就如何则是次要考虑的因素。① 中国家族企业用人优先采用有血亲关系的家族成员,这区别于现代西方企业用人标准中注重经济效能、效益、效率的理性思维。此种重亲主义的家族化管理,可以增加家族成员对企业的认同感,并降低决策者间的交易成本。② 家族企业除了在任用上展现不相信外人的本质外,在升迁方面也充满家族关系的特色。家族只信任与其有血缘、亲缘关系的人,加上"才不如亲"的观念根深蒂固,家族企业在提拔人时会先以家族关系为优先考虑,因此真正有能力的非家族成员相对不容易出头,如此会降低非家族成员的向心力和忠诚度。相对地,家族成员因为受到企业保护加上家族关系,会有很高的忠诚度。③ 当然,家族企业也可能会聘用外部的专业人员,如果家族成员对外部人员能力极度欣赏,会给该外部专业人员一定的股份,让该专业人员的待遇随着企业的发展而发展,该外部人员也相当注重忠诚度。家族企业使专业人员家族化,使其成为家族企业的忠诚员工。

(四)家族规章

家族企业是中国传统的延伸,伦常关系以传子为主轴,即"家天下"的世袭继承观念很重。过去民间的家族事业都是父传子,子传孙,所以家族内"世代交替"是一直都存在的现象。① 传统中国如此钟情于家族企业也受到儒家学说和中国人宗族观念的密切影响,企业家们培养、确定继承人时,一般都"先儿女,后子孙""男女有别,以长为先"。② 家族所秉持的治家精神与企业的经营理念完全结合,无论是在正式的还是非正式的家族企业组织内,其价值观念皆为一致。因此,家族企业全体员工也会以家族规章为标杆,尤其在创业阶段,家族规章更能发挥其功能,将家族企业目标与家族目标相结合,促使企业全体员工共同为企业前途努力。

(五)多元的指挥系统

家族成员皆为家族企业的股东,各有不同的影响力,故家族企业里容易产生派系对立的情形,因此会造成冲突。家族企业中家族成员多居要职,在各项

决策中也握有相当权力，因此当家族成员对某个决策存在分歧，又不妥协时，往往令员工无所适从，而拖延决策的执行。

（六）人治大于法治，不重视专业分工

创业初期的中小微家族企业有一个共性，那就是创业主说了算，创始人拥有绝对权威，家族企业管理体制不健全，很多事情创业主"一竿子插到底"，企业组织管理杂乱无章，家族成员在企业中身兼数职，无法发挥应有的制衡功能。随着企业的发展，这种人治现象将削弱，企业更加注重依规管理，更加注重专业分工，只有这样，家族企业才能顺利步入成长期。

综上所述，家族企业具有六大特色：一是家长式权威之集权领导；二是企业经营权与所有权同时由家族成员控制；三是企业管理家族化，以家族关系为任用与升迁基准；四是家族规章；五是多元的指挥系统；六是人治大于法治，不重视专业分工。

二、家族企业成败与家族企业企业家精神优良与否密切相关

纵观世界家族企业兴衰史，我们不难发现，家族企业发展的成败与家族企业企业家精神优良与否密切相关。本书旨在探究中国家族企业的企业家精神。

第二节　企业家精神的内涵

企业家精神是一种稀缺资源，是市场经济发展的产物，是推动企业成长和健康发展的精神动力。企业家精神是企业家具备的"特殊技能"，是固化在企业家身上的无形要素，不仅体现为性格特征和精神品质，而且包含了对国家、对民族怀有的崇高使命感和强烈责任感。

企业家精神微观层面，不仅有助于家族企业对相关决策形成共识，避免分歧，有利于公司治理；更有助于家族企业得以拥有与其他企业的不同之处，比如品牌形象等。企业家精神宏观层面，要把企业发展同国家繁荣、民族兴盛、人民幸福紧密结合在一起，主动为国担当、为国分忧。

一、企业家精神的内涵因时而异，与时俱进

企业家精神受到诸多因素影响，比如当时的文化环境、政商环境等。因此，企业家精神应该是动态变化、因时而异、与时俱进的。企业家精神的内涵在近

几个世纪发生了重要的演变,如表3-1所示。

表3-1 企业家精神内涵的演变

时间	提出者	内涵
1755年	坎蒂隆	任何形式的自主创业,包括组织生产要素、交付产品以及市场需要的服务所承担的风险等
1890年	马歇尔	把企业家精神定义为生产要素之一
1921年	奈特	强调企业家精神风险承担的维度
1934年	熊彼特	把企业家精神的内涵扩大到创新这一理念,也即企业家就是创新者,企业家是实施创新的主体,创造性地破坏市场均衡,创新是企业家精神的灵魂,创新活动是企业家的典型特征
1985年	德鲁克	发展了熊彼特的观点,即发展了创新理论潜在事实,那就是企业家通过产生新事物的能力开发现有资源,即创业活动。他将创新与企业家精神视作一种实践,一门学科,且这种精神需要在实践中不断提升

资料来源:研究者自行整理

随着社会经济的发展,经济形式也转型升级了,家族企业管理模式也受到了挑战,传统的管理型经济模式逐步被创业创新型经济管理模式所替代。家族企业要永久发展传承下去,必须随时做出创新,鼓励跨代创业,只有这样企业的产品、服务质量才会得到有效提高,产品市场才能得到有效维护,才能更好地开拓新的市场,所有这些都是家族企业创始人企业家精神在家族企业中贯彻执行的体现。对企业家精神内涵演变的研究,在一定程度上对探究企业可持续发展有借鉴意义。

二、我国学者对企业家精神内涵进行了层次梳理

我国学者对企业家精神内涵及分类进行了丰富的文献梳理。比如,学者刘畅通过文献梳理发现,企业家精神分为个体层面的企业家精神、团队层面的企业家精神、组织层面的企业家精神、区域层面的企业家精神、国家层面的企业家精神以及跨层面的企业家精神。其中,个体层面企业家精神的研究主要围绕成为企业家所具备的特征以及企业家创业动机这两方面的问题展开。学者邢晓东系统分析了企业家精神的内涵和外延不断演化的过程。从个体特征、行为特征与环境相结合的角度来解释企业家精神的内涵;从个人层面、组织层面、社

会层面来解释企业家精神的外延。李海铭梳理国内外相关文献发现，企业家精神主要从微观和宏观层面展开研究。项凯标等基于企业家精神的三个层面（个体特征与价值观层面、行为特征与能力层面、社会责任意识层面）对中外文献进行了比较全面的总结和提炼。

鉴于以上学者对企业家精神的研究，本书为了明确研究范围，特别把"家族企业企业家精神"限定在个体层面的企业家精神。

三、我国企业家精神具有自身独特的品质，不能盲目借用西方现有的形态

现阶段，我国正处在大发展大变革大调整的关键时期，在各种重要场合，习近平总书记多次提起新时代下"企业家精神""企业家作用""企业家才能"等重要术语，深刻阐述企业家在众多社会角色中无法替代的作用。国家站在政治高度肯定新时代企业家对我国做出的巨大贡献，同时新时代企业家也是践行社会主义核心价值观的主要群体之一，面对意识形态领域的复杂斗争，同时在各类社会思潮利益诉求和社会心态的影响下，企业家面临着前所未有的调整，因此，企业家精神的内涵发展以及培养和传承就显得尤为重要。

在我国现有的制度和体制环境下，家族企业的企业家精神具有自身独特的品质，不能盲目借用西方现有的形态。

在新时代背景下，中国企业家精神表现为以创新为先导、以创业为具体实施路径的结构化变量。

企业家精神在我国家族企业与非家族企业还是有区别的，而且企业家精神是分层次的，具体分为个体层面、组织层面、社会层面、国家层面的企业家精神，传承企业家精神偏重的内容随着家族企业所处时期而不同。

四、考察中国情境下的家族企业企业家精神颇为必要

张芯蕊等通过国际家族企业研究三十年的可视化分析后在研究展望中提出，家族企业研究可以更多地融入中国情境因素。理由是，目前家族企业研究的成果主要基于西方的研究成果，国内研究忽视了一些独特的中国情景因素。比如，① 中国特有的计划生育政策，家族企业的企业主们很多都是独生子女，这有别于国外的情境；② 相对于西方基督教影响下形成的一夫一妻的核心家庭形式，中国的父权家长制文化延续千年，至今仍存在较强的影响力，这使得中西方在家族形式和文化上拥有较大差异；③ 中国人特有的"关系""面子文化"

和人际上的"差序格局",可能作用于中国家族成员的个体行为,进一步影响中国企业家的企业家精神,从而影响企业行为以及与利益相关者的关系和互动模式。李新春等基于家族企业理论发展的脉络展开研究发现,不同国家或地区的制度和文化情境蕴含着发展潜在的理论学说的空间和需要。他们在国内外家族企业研究现状回顾与评析的基础上,提出应该构建基于中国情境的家族企业理论,并在三个方面给出了研究展望,下面结合企业家精神的内涵,阐述企业家精神未来的理论研究方向。

(一)宗族网络与家族企业企业家精神理论创新

我国家族企业创立之初基本都是基于血缘、亲缘、婚缘、地缘的宗族文化而形成的独特的公司治理结构和管理组织,未来家族企业管理模式也永远离不开中国传统的宗族文化的影响。以血缘联系为基础,从家族伦理和人际关系而发展出来的宗族网络广泛参与到家族企业市场资源的竞争中,并获得独特竞争优势。宗族网络也可能通过中介变量或者调节变量的传递机制来影响家族企业的发展,比如家族企业创业主的企业家精神,也可作为中介变量或调节变量来分析其对家族企业经营管理的影响。

(二)基于中国传统管理思想构建家族企业企业家精神理论

中国中庸思想、阴阳观。儒家伦理、家族文化等古典哲学思想和管理思维,可以为研究中国家族企业企业家精神提供新的思考。中国家族企业企业家精神蕴含着深远的传统儒家文化基础,在诸多培育和践行家族企业企业家精神的行为中也表现出家族文化的历史烙印。值得一提的是,双元平衡思想构建企业家精神内涵将是家族企业企业家精神理论创新的另一个方向,也是家族企业企业家精神和非家族企业企业家精神构建的微妙区别所在。家族企业是家族和企业两个系统的结合,需要从双元平衡思想视角来综合考量。双元平衡思想与中国传统文化和哲学中的"中庸""和谐"理论有相似之处,都强调在处理两种看似矛盾的关系中如何保持其内外部的平衡。家族企业企业家精神构建、培育和传承将面临多重双元平衡与协调问题。

基于制度演进构建家族企业企业家精神理论。我国家族企业向现代企业制度演进的过程中,不仅受到正式制度与非正式制度因素的影响,而且面临着制度转型和全球化经济竞争带来的挑战。大范围、深层次的制度变迁,以及环境的不确定性(比如当前复杂的全球化环境),为考察我国家族企业企业家精神内涵的演进指明了方向。

其实,传统中国文化中"克绍箕裘""传子不传贤"等观念,与现代西方社会以企业最大利益为依据去选择接班人的做法完全不同。现代管理学是源自西方的社会科学，对社会现象与研究提供了一套系统的分析理论，自有其贡献之处。但在某些涉及文化含义的行为上，比如企业家精神，西方管理学也有其限制而无法充分解释的本土现象。

因此，本书着重研究中国情境下的家族企业企业家精神，以期为构建中国情境下的家族企业企业家精神相关理论尽一份绵薄之力。

第三节　中国企业家精神的测度

在不同的环境下，企业家精神呈现不同的结构特征。当前，中国企业家精神测度归纳起来主要有两种方法：一种是主观评测法，另一种是间接代理法。前者多运用在管理学研究中，后者多运用在经济学模型构建和计量分析中，具体如表3-2和表3-3所示。

表3-2　中国企业家精神的测度（主观评测法）

时间/年	维度	来源
2003	企业家精神至少包括创新和风险创业两大要素。具体表现在家族企业创业主的企业家能力上，比如对家族企业外部竞争对手的分析能力、对潜在竞争对手的预判能力、对顾客需求变化的捕捉能力，以及对创业风险的最大承受能力等，企业家个性特征则表现在对风险的偏好、重大决策的自我决断能力等方面	陈劲等
2009	民营企业家精神包括五个维度：① 创新精神；② 学习精神；③ 合作精神；④ 敬业精神；⑤ 责任精神。其中涉及创新精神的指标设计包括对新情况有敏锐的洞察力、敢于做出变革、有冒险精神和承担风险、决策果断、善于抓住机会	蔡华等
2011	创新性、主动性和冒险性。每个维度设计了三项问题，如创新性：富于创意、乐于用新方法解决问题、关注研发创新程度。该量表的原理和主要划分类别成为通过结构化问卷对企业家精神进行测评的主要依据，并得到广泛的运用	彭国红
2016	① 创新精神；② 开创精神；③ 冒险精神	毛良虎
2016	① 创新精神；② 冒险精神	李巍和丁超
2016	① 创新精神；② 冒险精神；③ 开拓精神；④ 敬业精神；⑤ 合作精神	何轩和马骏

续表

时间/年	维度	来源
2017	①创新精神；②机会敏锐性；③敬业精神；④进取精神	孙秀峰等
2019	创新、创业、担当、合作、进取、敬业、冒险、探索、学习和专业十种精神	李艳双等
2019	在管理学视域中的企业家精神测量研究综述发现，个人层次的企业家精神重在测量个人特质，而团队、组织层面的问卷则重在关注创新等组织行为和战略决策等	王金枝
2020	①增强爱国情怀；②勇于创新；③诚信守法；④承担社会责任；⑤拓展国际视野	2020年7月，习近平总书记在企业家座谈会上提出
2021	①自主性；②创新性；③风险性；④主动预应性	林春梅
2022	中国民营企业家精神必须具备四大要素：①爱国；②改革；③守法；④奉献	赵小鲁

资料来源：研究者自行整理

间接代理法是通过寻找企业家精神的代理变量（指标）进行相关的数理模型建构或经济计量分析。最常用到的有关企业家精神的计量实证研究，源于研究企业家精神与经济增长领域。

表3-3 中国企业家精神的测度（间接代理法）

时间/年	维度	来源
2004	把企业家精神变量引入企业家群体产品垂直创新的内生增长模型之中。研究发现，企业家群体的产品创新有利于经济增长，企业家精神与经济增长呈显著正相关关系	鲁传一和李子奈
2005	持续技术创新和模仿是企业家精神的本质反应，企业家是风险的承担者，是长期经济增长的微观组织机制。企业家精神是经济长期增长的动力和源泉	庄子银
2009	可以从企业家创业精神和企业家创新精神两个方面来度量企业家精神，其中，企业家创业精神可以用个体和私营企业所雇用的工人数和总就业人口的比率来评判；而企业家创新精神可以用专利申请量来衡量	李宏彬等
2015	企业家精神以每万人拥有的私营企业数量来评判；企业家精神与经济增长的相互关系用AK增长模型来衡量	罗曼予和朱念

续表

时间/年	维度	来源
2017	企业家精神是以私营企业投资者人数占就业人口比重作为企业家精神的测度指标	曾钺和李元旭
2017	企业家精神用"企业家创业精神"来评判,具体来说,用企业劳动力人数占总劳动力人数之比来测度企业家精神	马天明和吴昌南

资料来源:研究者自行整理

主观评测的测量方式主要是直接测评。要提高测量信度和效度,企业家精神问卷设计就显得尤为重要。

综上所述,当前企业家精神测度主要有两种方法,即根据各自研究的需要设计问卷或选择代理变量。但也有缺憾,如通常使用的变量不易达成较准确和较全面的现实解释力。

本书侧重从管理视角来探究家族企业企业家精神的培育和传承,故采用主观评测法。但通过以上文献回顾发现,企业家精神,尤其是民营企业家精神的测度不断演化。最近几年新增加了爱国、守法两个因素。这说明我国家族企业随着改革开放的深入,走出国门的概率越来越大,强调企业家爱国守法也是必要的。

从以往文献看,都强调"创新创业",部分学者认为创新创业里面包含了"冒险精神""机会识别"等。创新精神是企业家的核心精神。

第四节　新时代企业家精神的本质要求

学者张维迎说:"企业家精神可能比企业家更重要。"企业家精神的核心在于创新,是去做别人没有做过的事情。有这种精神的人去从事生产经营等经济活动,就是企业家。企业家精神本质上是指人类不安分的创造力。尽管每个人或多或少都具有这样的创造力,但能够真正发挥企业家精神的只是少数人。同时,只有极少数人知道企业家精神真正应用在哪里。

改革开放使中国建立起市场经济机制,激发了企业家精神,尤其是形成了有助于企业家成长的土壤。

《中共中央　国务院关于加快建设全国统一大市场的意见》于2022年4月11

日发布，为从全局和战略高度加快建设全国统一大市场，筑牢构建新发展新格局的根基提供了重要遵循。近年来，形成全国统一大市场和畅通国内大循环，受到高度重视，相关基础制度不断完善，市场设施加快联通，要素市场建设越来越完善，统一大市场规模效应越来越明显，更有利于激发企业家精神的培育与发展。

很多学者对我国新时代企业家精神的本质要求提出了各自观点，比较有代表性的观点如下：

孟德会认为，企业家精神是家族企业企业家们精神层面的特质，是一种特殊和重要的无形生产要素。随着时代的变化，企业家精神的内涵也会发生改变。程海水和徐莉认为，新时代中国企业家精神应该被赋予新的内涵，包括爱国情怀、勇于创新、诚信守法、社会责任、国际视野、工匠精神等多方面内容；并提出新时代企业家精神的形成会受到实体机构、社会制度、经济制度、民族文化以及企业家自身素质等诸多因素的影响。

第五节 本章小结

本章从家族企业概念的定义入手，归纳出家族企业具有六大特色：① 家长式权威之集权领导；② 企业经营权与所有权同时由家族成员所控制；③ 企业管理家族化，以家族关系为任用与升迁基准；④ 家族规章；⑤ 多元的指挥系统；⑥ 人治大于法治，不重视专业分工。并且家族企业成败与家族企业企业家精神密切相关。

在此基础上，对家族企业企业家精神的内涵演变进行了回顾，归纳出当前中国企业家精神测度主要有两种方法：一种是间接代理法，另一种是主观评测法。前者多运用在经济学模型构建和计量分析中，后者多运用在管理学研究中。

然后，进一步阐述企业家精神的测度以及新时代企业家精神的本质要求。新时代家族企业企业家精神必须具备五个维度。一是民族维度：立足华夏，彰显爱国精神；二是历史维度：扎根传统，弘扬优秀文化；三是现实维度：与时俱进，勇担时代使命；四是世界维度：胸怀天下，走向世界舞台；五是实践维度：聚力发展，坚持实践理性。

第四章　优秀企业家精神的培育

家族企业企业家精神是促进民营经济增长的主要原动力之一，是民营企业生存发展之本，更是企业永续发展的不竭动力。

党中央、国务院从新时期国家战略发展出发，2017年9月8日，出台《中共中央 国务院关于营造企业家健康成长环境弘扬优秀企业家精神更好发挥企业家作用的意见》（以下简称《意见》）中明确指出，要"树立和宣传企业家先进典型，弘扬优秀企业家精神，造就优秀企业家队伍，强化年轻一代企业家的培育，让优秀企业家精神代代传承"。在中国情境下，如何培育一个适应新时代经济社会发展的具有优秀企业家精神的企业家阶层，在这个阶层中深入贯彻落实好社会主义核心价值观，是当前学者和实践领域的热点话题。

当前我国市场经济应该加强对要素资源的合理配置。放眼全球，世界快速发展，正如我国著名企业家曹德旺所说，"最近一两年，全球的实体企业都不好过"。我国实体企业也不例外，很多产业处于全球产业链末端。企业家创新创业后劲不足，生产要素成本上升，传统的比较优势逐渐减弱，合理配置资源就显得尤为必要。

合理配置资源的方式方法有多种，比如，国家实行区块链和创新驱动、供给侧改革、人工智能、互联网+等战略；从微观上来说，企业家们应该积极培育企业家精神，达到优秀程度就能更好地实现对第四次工业革命和二次创业的准确把握。

合理配置资源亟须优秀企业家精神发挥作用，只有具有创新、冒险、敏锐产业嗅觉的企业家才会去创新创业，把握新机遇、开拓新市场，把我国实体经济推向前进。

当前，研究企业家精神的成果比较丰富，很多学者都认识到优秀企业家精神对经济发展的重要作用。最初，多数学者重在对企业家精神的含义进行界定，细分到国有企业企业家精神与民营企业企业家精神的差异；随后，重在对企业家精神测度进行探究。目前，很多学者把企业家精神作为一个中介变量或者调节变量来研究，比如，研究企业家精神对创新绩效的影响，企业家精神对经济增长的影响等。对企业家精神的培育与传承的研究也有，但很少。

多数学者把企业家精神作为变量来探究，鲜有学者对企业家精神培育与传承进行系统性研究。

本书拟系统研究家族企业优秀企业家精神的培育和传承，将培育优秀企业家精神的主体锁定在家族企业创业者和接班人。培育家族企业创业者的目的有二：一是阻止自身企业家精神的衰减；二是为了创业者把优秀的企业家精神更好地传承给接班人。而培育接班人的企业家精神，本身就是传承企业家精神的过程。因此，我们将在下一章探究企业家精神如何在企业成长的不同阶段进行传承。

通过本章企业家精神的培育和下一章企业家精神的传承，本书试图解决以下三个方面的问题，以弥补目前相关研究中的不足。

一是寻找企业家精神培育和传承的理论基础。家族企业企业家精神构成要素有哪些？企业家精神在培育和传承过程中会受到什么因素的影响？这些影响因素的内在机理是什么？外部环境如何影响企业家精神的培育和传承？

二是对企业家精神的培育和传承进行动态性研究。已有文献对动态性企业家精神培育和传承的研究很少。然而，家族企业创始人的企业家精神不是天生的，是随着家族企业的发展而逐渐成长起来的，中间有过很多失败的教训和成功的经验，最终提炼成创始人的企业家精神，家族企业创始人在企业家精神的指引下带领团队经营管理企业。每个企业有固定的生命发展周期，每个周期面对不同的竞争对手和潜在竞争对手，每个不同周期企业家精神如何培育？如何传承给接班人，侧重点是什么？这些都是动态的过程，需要深入研究。

三是探究中国情境下企业家精神的培育和传承。企业家精神置于中国背景下探究的文献不是很多，针对性地研究中小微家族企业的文献更少。即使在国家统一的经济发展战略背景下，不同地区，经济发展不同，企业家们的企业家精神空间差异也比较明显，只有适合本土情境的企业家精神，才能更好地促进本土家族企业健康快速发展。

如何开展家族企业传承二代企业家精神的研究，应该怎样培育和传承优秀的企业家精神，怎样使该研究适应新时代我国经济发展的特点和要求，是本章撰写的动机所在。

本章从"创业者企业家精神的培育"和"接班人企业家精神的培育"两个主体来分别探究，以期更完善地展现家族企业企业家精神。

第一节 家族企业接班人断层

家族企业创业主,考虑的问题有"什么时候退休""由谁来继承家族企业"以及"如何挑选和培养合格的接班人"。可以说,使家族企业健康有序发展,一直是创业主们焦虑的问题。企业二代接班不单关系到个人或家族的兴衰,背后还关系到整个产业和很多员工的就业机会,因此接班与传承在企业管理上是一个重要的议题。

企业二代接班当然不会是一件水到渠成的事情,上一代的经营者如果不考虑新一代接班人的想法、兴趣或思维,二代接班人往往就不能得到预期的结果。事实上,关于企业二代接班的学术研究越来越受到重视,其中一个研究重点在于了解过渡时期可能产生的问题。在理想状态下,家族企业交棒给第二代应该是一个渐进性的过程,家族企业的第二代往往就是众所周知的接班人。

近十余年来,我国家族企业面临着一个关键的转折时期,大量家族企业创始人因退休或接近退休而面临着事业传承问题。家族企业能否顺利传承是关系到成千上万家族企业生死存亡的大事,也会从整体上影响我国宏观经济的发展(李新春等)。在中国当代,家族企业传承存在着太多的失败案例,因而是家族企业发展中的一个"生死之劫"。第一批受计划生育政策影响的"80后"独生二代,使得中国家族企业在继任人的任命上缺少选择空间(赵晶等)。

一、中小型家族企业接班人面临断层危险

在家族企业中,绝大多数为中小型家族企业。本调查组主要采取访谈、文献分析方法,围绕两个关键问题进行考察,具体来说,一是中小型家族企业子女对"接班"的态度;二是中小型家族企业的创始人对家族企业接班人的态度。由于近年受新冠疫情影响,外出实地调研受限。本书把研究范围限定在江苏泰州地区,研究对象为江苏省泰州地区中小型家族企业。江苏综合经济实力在中国一直处于前列,江苏家族企业功不可没,而泰州属于江苏省的苏中地区,经济实力一直位居江苏十三个地级市的中间,选择泰州地区的家族企业为研究范围,还是具有一定的代表性和典型性。在调研企业选择上尽量兼顾家族企业所涉行业、规模、地区分布等。研究对象聚焦于家族企业的创办人和接班人。

（一）中小型家族企业的绝大部分创业者不乐意子女做接班人，培养接班人计划不明确

本调查组发现：91%的民营企业创始人不乐意子女回家继承企业，具体原因有多种，下面是访谈的示例。

"撇开二代接班人能力不说，比如不愿吃苦等，家族企业往往出于'家族'因素，最常见的是第一代不愿意完全退出经营，造成新旧经营团队彼此格格不入。"（20220411Z-1）

"我们创业成功，主要是抓住了改革开放的机遇，下一辈则主要靠自己，子女如果对父母的家族企业经营不感兴趣，完全可以凭自己的兴趣爱好去发展，当父母的会大力支持。"（20220411Z-2）

"最近几年，由于新冠疫情影响，对我们从事餐饮业、旅游业和保健业的中小型家族企业来说，打击非常大，好多同行都因此倒闭了。所以，我还是希望自己的子女将来最好有个稳定的有编制的正式工作，比如公务员、教师、医生等，不仅社会地位高，而且工作稳定性比较强。"（20220411Z-3）

"子女会有什么样的发展是他们自己的事情，不愿意因为自己而强迫他们。"（20220411Z-4）

本调查组深入调查发现：访谈的30家中小型家族企业的创始人，年龄大都在35～55岁。受教育程度都比较低，很多仅有初中文化，绝大部分是高中学历，当然，个别创始人也通过进修函授学习拿到了大专文凭。他们自身觉得受教育太少，尽管现在物质层面比较充足，但很多精神层面的东西难以享受。所以，很多企业主（创始人）最重视孩子的教育，也重视孩子以后的生活。这样一路走过来感觉自己太辛苦，不希望自己的孩子太苦太累，尤其是在自己仅有一个子女的情况下。比如，以下访谈对象能说明部分原因。

"企业主（创业者）说自己完全有能力在上海、杭州等为子女买房、买车，不需要孩子再辛苦赚钱。"（20220412H-1）

"企业主（创业者）担心第一代创业成功并不意味着第二代接班人也能成功，在孩子接班问题上更加理性和开朗。"（20220412H-2）

"企业主（创业者）希望自己的子女改换门庭后，能够扩展自己的家庭资源，改善自己做生意的环境，遇到一些生意上的问题也更容易解决。"（20220412H-3）

（二）中小型家族企业的子女很多不乐意回家承揽生意

本调查组发现：35%的"富二代"希望自己创立一番事业；43%的人认为，

自己目前不具备接班的各项素质，不愿意接受父辈的事业，怕把父母的事业搞砸了。相反，他们对现代企业制度很感兴趣，更乐意到经过"现代化"改造的企业中去工作。当然还有其他原因，以下是访谈的示例。

"尽管自己家里经营的是服装企业，年销售收入超过一千万元，父母也希望自己回家打理企业，但我拒绝了。原因之一是不愿做直接接受父母事业的'拿来主义'者，那样做，会让自己没有成就感。"（20220412F-1）

"我觉得'家族企业太压抑'，毕业后我曾经在父母的家族企业工作过两年，但由于经营理念、管理方式等认知差异，我在工作上与父亲发生了很多不愉快，家族企业里七大姑八大姨的关系，也让我在管理上无法顺利开展。"（20220412F-2）

二、中小型家族企业接班人断层的原因

尽管"富二代"们是否选择继承家族企业有各自不同的个人因素，但我国家族企业，尤其是近年来受新冠疫情等多种因素影响，"无信心"的传承，透视家族企业内忧外患。

（一）中小型家族企业往往经营艰难，环境不友好

泰州家族企业中的大部分是中小型企业，过低的存活率使"短命"的噩梦时刻萦绕着企业主们，尤其是最近三年来，受新冠疫情的影响，餐饮业、旅游业、教育培训业等中小型家族企业发展很艰难，很多企业主对自己的事业前景并不乐观，充满了危机感，整天忧心忡忡。这些企业主更希望子女能从事社会地位高、工作稳定性强的工作，最好能改换门庭，提升家族的社会地位。以泰州学院中有家族企业背景的当地学生为例，报考硕士研究生、考取教师编制、考取公务员编制是学生的三大职业选择，如果不行就到上海、杭州、无锡、苏州等比泰州市更发达的地区的企业就业，有回家继承家业意愿的学生很少。

（二）家族企业的子女有更高的追求，有自己更好的人生规划

家族企业子女是否愿意加入家族企业继承家族事业，主要取决于个人、商业、家族和市场四种因素。① 个人因素。比如个人性格特征、个人兴趣爱好、个人人生规划、个人价值观（包括对家族企业的价值观），以及个人与创业企业主之间的亲密程度、脾气匹配程度，等等。② 商业因素。比如家族企业生产的产品系列、市场布局、运营与战略规划等，家族企业的公司治理结构、家族企业的管理风格，能否允许或者鼓励子女提出建设性意见、能否允许或者鼓励子女在家族企业业务之外另行自主创业等。③ 家族因素。如家族中的亲属参与

企业经营的复杂程度,家族创业主的价值观导向等。④ 市场因素。比如家族企业外部对子女就业机会的吸引力,等等。

以江苏省泰州学院中有家族企业背景的当地学生为例,影响中小型家族企业接班的个人因素主要包括两个方面:一是回家接班没有成就感,感觉自己本事比父母大,会有更好的作为。二是在社会多元价值体系下特别是在家庭物质生活提高到一定程度后,家族企业子女不乐意接受家族企业的价值观和老一辈的生活方式,更希望有自己的爱好和理想。从商业因素来考量,目前泰州中小型家族企业的共同特征是:不严格执行现代企业管理制度,个人与企业财产混同现象很严重,即创业者家庭财产与企业资产没有严格的界限;创业者兼有企业经营者和所有者双重身份;家族企业大都集中在传统制造业和服务业等劳动密集型产业;公司规模较小,发展速度较慢。

三、化解接班人断层危机的策略

化解接班人断层危机的策略多种多样,视角不同,策略各异。提升接班人接班意愿的粗浅建议如下:

(一)建立和睦的家庭关系

家族企业接班人的接班意愿受到多方面的影响。首要影响因素是家庭关系,和睦的家庭关系会促进接班人对家族的情感。从小生活在和睦家庭环境中的接班人,家庭归属感更加深刻。当二代归属感越强时,主动承担起家庭责任的意愿就更加强烈。此外,正向的亲子关系也会使二代即使归属感不强也会服从长辈的权威接任企业。方太的茅忠群就是一个很好的例子。家庭关系是否有效体现在家庭凝聚力和家庭适应性两个方面。家庭凝聚力指的是家庭成员交流的密切程度,情感交流更多的家庭往往关系更加亲密。而家庭适应力指的是家庭整体在面对变化与困难时表现出来的灵活性以及决策正确性。适应性高或更开放的家庭具备平等领导、民主决策、严格执行等特点。因此,建立健康和谐的家庭关系可以通过增加交流以及民主决策等方式来实现。此外,良好的家风和家文化也会促进和睦的家庭关系,这就要求长辈从自身做起,言传身教。

(二)营造宽松的接班环境

前文已阐明很多高学历、经历丰富的二代的价值导向不可避免地与父辈产生分歧。这种由个人认知导致的低接班意愿不能通过打情感牌等途径强化。针对这类缺乏家庭归属感的接班人,家族企业在选择接班人时便不能只依据身份的合法性。首先,当接班人确定没有继承意愿时,家族企业主根据个人能力和兴趣给予继承人足够的空间去发展个人事业对个人、家庭以及企业来说都是明智之举。其次，在面临继承人不愿意接班时，家族掌握企业实际控制权和剩余索取权、选择能力突出的职业经理人管理企业、采用家族信托保护家族财富或许是另一种维持家族"基业长青"的方式。

（三）江苏省泰州地区家族企业接班人实例

江苏省泰州地区部分家族企业接班人情况如表 4-1 所示。

表 4-1　江苏省泰州地区部分家族企业接班人情况

家族企业	接班人	经历
A 集团	女儿接班	接受工商管理硕士教育，拜访企业家学习商业经验
B 集团	儿子接班	高职毕业，当兵，转业到派出所工作 5 年，随后辞职创办一家小公司，然后进入家族企业工作
C 企业	弟弟接班	从企业基层逐步升迁，在实践中成长
D 钢铁企业	儿子接班	本科毕业后，从公司基层做起，并在其他企业兼职
E 企业	儿子接班	硕士研究生毕业，与父亲二次创业并逐步接手企业
F 企业	儿子接班	创业，老员工辅佐
G 企业	儿子接班	本科毕业后，从公司基层做起

资料来源：研究者根据公开资料整理

第二节　中国发展需要弘扬优秀企业家精神

2020 年，面对全球新冠疫情，很多中小微家族企业或遭遇寒冬，或陷入冰点，成了这次黑天鹅事件中最大的一批"受害者"。以下十个行业的家族企业受影响最大：餐饮行业、旅游行业、电影行业、交通运输行业、房地产行业、线下零售业、制造业、农业生产行业、线下教育培训行业和银行业。与 2003 年相比，我国的经济总量早已不可同日而语，这意味着整个经济系统对抗风险以及应对重大灾害的能力远胜于以往。但当前，宏观经济也面临着新的挑战与冲击，一方面，我们处于经济新旧动能切换的档口，为了实现高质量发展，我们需要找到新的产业去承载新的发展动力。另一方面，在上一轮经济周期中，我国地产、汽车、基建、公路等行业的建设已经处于历史高位，基于投资拉动的链条，其全要素生产率也处于边际效用递减的区间。同时，面对疫情，中小企业受到的冲击明显大于国有企业和大型企业，需要更多的货币政策、财政政策，去平衡经济和企业运营的剧烈波动。银行为百业之母，实体经济的冲击必将折射到金融市场。房租、财务费用、税费、工资薪酬、库存，都是企业主不得不面对的现实。当企业的日子不好过时，欠银行的贷款和利息便会承压，银行的日子也会跟着企业而起伏。风雨共担，向光而行，疫情之下，各个行业环环相扣，谁也不能独善其身。企业是民生之本，背后是数以万计的家庭。

中小微家族企业要想在新冠疫情背景下存活下来，优秀的企业家精神将发挥重大作用。

改革开放以来，党中央、国务院和企业家们都一直高度重视企业家精神的培育。习近平总书记指出："我们全面深化改革，就要激发市场蕴藏的活力。市场活力来自人，特别是来自企业家，来自企业家精神。"为什么说来自"企业家精神"，因为企业家精神的核心在于创新，是去做别人没有做过的事情。有这种精神的人去从事生产经营等经济活动，就是企业家。习近平总书记的这段话，清楚地告诉我们，在社会主义发展和建设过程中，需要一大批具有核心竞争力的企业，需要众多的具有开拓精神、能发现机会、善于整合资源、勇于创新、敢于拼搏、爱国敬业的企业领导人、带头人。社会主义发展和建设过程中，既有公有企业，也有非公有企业，还有混合所有制企业，更有无数小微企业，所有这些企业都在朝着追求卓越、开拓市场的方向发展，为企业的建设贡献自己的力量，他们是参与经济活动的重要主体和少数关键。

第三节 当前制约企业家精神发挥作用的因素

企业家精神是家族企业最稀缺的资源之一，它已成为创造社会财富的第四要素，即除土地、资本、劳动力之外的"企业家才能"要素，它们分别对应着地租、利息、工资、利润四大报酬。我国经济的快速发展离不开企业家精神的作用。但是在现实社会中，存在诸多因素影响企业家精神发挥作用，导致企业家精神缺失，影响经济的发展。

程林顺（2020）从阻碍企业家精神培养视角进行研究，发现法治环境公正程度、市场经济规则公平性、舆论环境导向作用和政商关系互动效应四个方面制约着当前企业家精神发挥作用。

一、法治环境公正程度

法律制度及其对产权的保护力度对企业家精神发挥作用至关重要。企业家一心扑在创新创业等生产活动上,而不是花在非生产性寻租活动中,寻找靠山攀关系,干出企业财务数据造假、骗用国家投资优惠政策等破坏法治底线的事情。必须要有公正公开的法治环境,这样企业在经营管理遇到困难时,第一时间才能想到利用法律手段来解决问题,而不是紧盯政府,甚至通过拖欠工资、聚集闹事等违法手段来给政府施压,以期解决企业问题。

对企业家精神发挥作用的最大阻碍是不公正执法。在家族企业经营中,遇到政府工作人员不作为、吃拿卡要或故意刁难等行为,要大胆如实向有关部门举报,善于运用法律武器维护自身合法权益。同时,自身企业要守法经营。对自身最好的保护就是依法治企和依法维权。

二、市场经济规则公平性

良好的市场秩序依赖公平市场规则来维护。而企业家精神是否积极发挥作用取决于市场经济规则是否公平。

市场若处于无序、混乱状态,市场机制无法实现资源合理配置,无法实现优胜劣汰,甚至可能出现"劣币驱逐良币"——劣胜优汰的现象,进而滋生消极腐败。有些地方为局部利益,人为制造障碍、搞潜规则、暗箱操作和利益输送,这是对市场公平竞争规则的严重破坏,与企业家精神内涵完全背道而驰。遵守公平竞争规则的信仰和价值观才是企业家存在的根本。

我们必须建立和完善市场公平竞争的监督制度,运用经济的、法律的和必要的行政手段,大力精简行政审批手续,严厉打击破坏市场公平竞争规则的行为,加强对市场秩序的规范和管理。

三、舆论环境导向作用

绝大部分民营企业家都有爱国情怀和诚信守法的企业家精神,但也有少部分疏于自律、违法失信。甚至有少数人员在各种思潮和舆论环境中迷失方向,骗贷骗汇或以对外投资名义洗钱和转移资产,直接影响到国家经济领域的安全,导致民众对于一些民营企业存在偏见和误解。

我国舆论环境应该在监督失信违法的企业人士的同时,也要对绝大部分企业家遵纪守法、勇于担当社会责任的行为加强宣传,发挥舆论正面导向作用,塑造民营企业人士整体良好的社会形象。

四、政商关系互动效应

政商关系不清不白极大地制约了企业家精神发挥作用，少数官员的不作为、腐败行为等会增加企业家创业创新成本，阻碍企业发展壮大。政商关系不是勾肩搭背，不能搞封建官僚和"红顶商人"之间的那种寻租型关系。

新型政商关系是建立在"亲""清"基础上的良性互动。领导干部要深入企业调查，用心用力帮助企业协调解决一些困难和问题。民营企业要根据掌握的情况积极建言献策，讲真话，说实情，建诤言，增进政府对民营经济发展情况的了解，使政府与企业之间良性互动。

第四节　优秀企业家精神的保护路径——基于政府视角

党中央、国务院从新时期国家战略发展出发，出台《党中央　国务院关于营造企业家健康成长环境弘扬优秀企业家精神更好发挥企业家作用的意见》（以下简称《意见》），基于政府视角，保护优秀企业家精神有以下路径。

一、依法加强企业家财产保护

市场要有生气必须使社会有良好预期，而社会良好预期的形成与产权保护息息相关。《意见》就"营造依法保护企业家合法权益的法治环境"提出如下措施：①依法保护企业家财产权；②依法保护企业家创新权益；③依法保护企业家自主经营权。这三项措施必须实施到位。假设家族企业的产权不能得到法律的保护，家族企业企业主们就不可避免地造成预期紊乱，内心想着大赚一笔就把钱转到国外，不想在国内长久发展家族企业。创新创业荡然无存，更不用说企业家精神的发挥了。

依法保护企业家财产十分重要，只有使家族企业创始人们感到财产安全，才能安心发展家族企业，一心一意扑到家族企业的经营管理上，更好地实现家族利益。

对于政府而言，各地政府与当地家族企业签订的有关民事合同，不能以政府换届或换领导者等理由违约，不能将公权力凌驾于法治之上。让家族企业感觉到政商环境稳定,有了好的预期,当地家族企业才能一心一意产生动力和活力,创新发展自己的家族企业。这也是当地政府激发和保护企业投资的积极体现。

二、形成促进企业家公平竞争的市场环境

《意见》提出,为了保护和激发企业家精神,必须营造促进企业家公平竞争诚信经营的市场环境,促进各种所有制经济依法依规平等使用生产要素、公开公正参与市场竞争、同等受到法律保护。

市场经济讲究公平竞争,只有公平竞争才能激发家族企业企业家精神,企业家精神中蕴含的冒险精神、市场开拓精神、机会识别精神和拼搏精神等才能喷发出来,从而正面提升家族企业企业主们的才能、重组生产要素的能力等。

从政府视角,当前必须要完成的一项任务是,依法清理、废除一切妨碍统一大市场,影响市场公平竞争的各种规定和做法,国家和地方政府建设工程项目的招标投资应该进一步阳光化,让一切有条件的、够资格的家族企业都能参与竞争,并依法打击各种不公平竞争和腐败行为。这对中小型家族企业显得尤为重要。

三、健全企业家诚信经营激励约束机制

诚实守信不仅是《中华人民共和国民法典》的基本原则之一,更是家族企业企业家精神必须要求遵循的精神内涵。信用是交易者合法权益的尊重和保护。信用涉及的不仅是目前的交易,也涉及今后的交易。信用拓宽了经济生活范围和市场领域,并使交易得以持续,交易成本得以下降。

在市场经济中,交易者遵守信用,既是对交易双方合法权益的尊重和维护,也是对双方交易的继续推动。如果别人虚伪待你,你为了"自保"也只好虚伪待人,就会形成一种不正当的社会风气,甚至留给下一代。

家族企业要维护好、要持续发展,必须牢记法律和道德两条底线。法律底线不可逾越,守法也是企业家精神必须要遵循的要义。道德的底线同样不可越线,道德的遵循完全靠自律也不行。

各地政府必须加快落实《意见》提出的"健全企业家诚信经营激励约束机制,持续提高监管的公平性、规范性和简约性"。依靠信用监督和社会监督,对那些违背诚信的家族企业和个人必须给予抵制,使其受到惩罚。这样才能使市场经济的运行真正法治化和合法化,使交易者的合法权益得到合法

维护。

四、营造家族企业创新创业的良好氛围

《意见》提出，"营造尊重和激励企业家干事创业的社会氛围"。从政府视角，一是要完善对家族企业企业家的容错包容机制。尤其是对那些在新产品试制和新管理营销中踏实工作但走过弯路的，甚至有过挫折的家族企业的创新创业者要加强关注和支持力度，这样才能激发家族企业企业家精神的创新创业不服输的活力。二是要扩宽家族企业企业家参与国家政治生活和管理社会公共事业的渠道，这是企业家精神中社会责任的体现。参政议政能力强的家族企业代表，有机会参加政治活动，一定会把家族企业行业所了解的困境及时反馈给各级政府。政府也能够有针对性地为各地家族企业排忧解难。三是要加强对家族企业企业家的正面宣传。一些未经核实的负面消息使公众困惑，也打击了不少家族企业企业家的积极性，还可能导致接班人对舆论产生不信任感，从而转向消沉，不愿意接手家族企业。那么，家族企业的传承就是一件困难的事情了。

无论是加强对家族企业优秀企业家的社会激励、拓宽他们参与国家政治生活和管理社会公共事务的渠道，还是加强对家族企业企业家的正面宣传报道等，都是政府的制度建设问题。政商环境要改善，政府就应该加强在这方面的顶层制度设计，完善的制度建设，才能激发企业家发挥企业家精神的积极性和主动性。家族企业企业家一旦有了安全的制度保障，就会不断创新创业，给自己的家族企业带来无限生机。

五、案例实例

2022年7月，江苏省泰州市在全市重点领域、重点部门推行涉企法定职责、涉企执法行政指导、涉企轻罚不罚柔性执法、涉企公共法律服务"四项清单"，进一步提升法治化营商环境。

一是涉企法定职责清单。包含涉企经营许可事项清单、涉企行政处罚事项清单、涉企行政激励清单。旨在深化"证照分离"改革，着力推进照后减证和简化审批，推动行政执法精准化，提升行政处罚对企业规范经营的教育和指导作用，梳理涉及市场主体的各类奖补政策，形成涉企行政激励措施。

二是涉企执法行政指导清单。包含行政指导服务清单、行政检查事项清单、涉企执法普法清单。旨在推动事前引导和指导市场主体自觉遵法守法，事中依法依规指导督促自觉纠正，事后跟踪监督，规范涉企行政检查行为，解决涉企

检查随意任性和执法扰企等问题，落实"谁执法谁普法"普法责任制，加强涉企普法宣传。

三是涉企轻罚不罚柔性执法清单。包含行政裁量基准清单、行政处罚"轻罚不罚"清单。旨在全面贯彻落实新修订的《行政处罚法》，推行行政裁量基准制度，公布涉企轻微违法行为不予处罚和一般违法行为从轻减轻处罚事项"三张清单"，公布"轻罚不罚"典型案例，强化案例的指导和指引作用。

四是涉企公共法律服务清单。包含"法治讲堂"宣讲清单、"法治体检"事项清单。制定全市经济开发园区企业法治讲座课题总目录，统筹市级法律服务资源，组建市级企业法治讲师资源库，制定泰州市中小微企业法治体检操作指引，积极发挥中小微企业法治护航团作用，分类编制符合各地区、各行业产业特点的中小微企业"法治体检"项目清单。

第五节 创业者优秀企业家精神的培育

一、创业者优秀企业家精神培育的必要性

企业家精神优秀程度直接影响着家族企业的成长与发展。家族企业传承出现很多"富不过三代"现象，根源在于企业家精神出现了衰减。为什么会出现衰减，衰减背后的原理是什么，怎样克服企业家精神的衰减，是学者和企业家们一直思考的重点和难点问题。

陈寒松学者深入归纳分析了企业家精神衰减的缘由，从企业理论、复杂理论、资源观理论、心理契约理论以及生命周期理论五个视角解释了企业家精神衰减的诱因，如表4-2所示。

表4-2 家族企业企业家精神衰减诱因分析

解释视角	企业家精神衰减诱因
企业理论	企业规模是影响企业家精神的重要因素。科斯探究企业与市场相互关系时发现，企业规模越大，企业内部交易成本越高，企业家精神作用带来的收益也会相应锐减。并得到结论，一是企业不能盲目扩张，企业不是越大越好，必须结合自身的人力、物力、财力以及行业竞争对手情况，结合企业面对的内外部环境综合考虑，企业扩张存在一个合理临界点。二是当企业内部交易成本增加到一定程度时，企业领导人无法配置最佳资源给所在企业，企业在经营管理上出现的问题会越来越多

续表

解释视角	企业家精神衰减诱因
复杂理论	复杂理论主要解决环境变化与系统之间的关系。甘德安（2010）用复杂理论解释了家族企业的传承。研究发现，家族企业的成长是一个复杂的熵变过程。正向熵变对家族企业组织系统的稳定有序状态具有很强破坏力，具体表现在，当家族企业进入衰退期时，企业管理僵硬，缺乏灵活性和可控性，家族企业创始人的企业家精神也将衰退。负向熵变则有助于对家族企业组织系统产生良性反应，具体表现在，家族企业进入成长期，此时家族企业一片向好，经营管理方面如鱼得水，家族企业经营管理既灵活又可控，家族企业创始人的企业家精神处于积极向上的状态
资源观理论	资源观理论强调资源利用度的问题。资源在企业是一大特色。企业家精神也是资源的一部分，但并不是资源越多越好，有个度的问题。因为资源的获取也是要付出成本的，拥有富足的资源，利用资源的成本也不断增加。何轩基于资源诅咒理论来跟踪调查家族企业传承问题，研究表明，家族企业规模、经济实力与接班后的绩效之间并没有出现期望的正面效应，却出现了负面效应，这佐证了资源诅咒理论的"自然资源丰裕的经济体反而呈现出令人失望的经济发展绩效"观点。其实，企业家精神在规模小的企业中发挥作用显著，在较大规模企业中企业家精神往往会被弱化。可能的原因多种多样，比如家族企业创业主从创业初期到把家族企业发展到成熟期，一直打拼，不断尝试新机会的欲望已经不是很强烈了，即使预感到市场有新机会出现，有时也不是很积极主动地应对。又如，当家族企业人力资本足够多时，将大大减少激励频度。这些都会阻碍企业家精神带来的收益
心理契约理论	成员选择离开创业团队，将导致创业团队企业家精神退化。陈忠卫从心理契约视角，研究了团队企业家精神衰退的原因。随着企业规模的扩大，企业内部管理成本会越来越大，家族企业家族成员之间、非家族成员之间以及家族成员与非家族成员之间都会出现心理契约关系破裂现象，以失望、愤怒为特征的心理契约违背就会出现，从而导致创业团队之间矛盾增大，不想分享工作经验，也不想共同为家族企业做出贡献，情况严重时，有些团队成员就会选择离开家族企业，导致创新团队企业家精神的衰退
生命周期理论	爱迪思从生命周期理论视角进行研究，认为家族企业衰败的关键是家族企业创始人企业家精神中的创新因素衰减。家族企业创始人生理年龄、心理年龄、领导风格、家族企业规模、家族企业所处阶段、家族企业治理结构、家族企业家庭成员与非家族成员员工的和谐度、家族企业企业文化认同度等因素都会影响企业家精神中创新因素的发挥。郭武燕研究表明，企业处于生命周期的不同阶段，企业家精神应用的侧重点不同，比如，企业如果进入衰退期，这时企业家精神中的创新精神就显得尤为重要，不然难以让企业从衰退期走出来。企业进入初创期，创业者的企业家精神主要体现为个体企业家精神，因为企业运行制度还不是很健全，企业文化还没通过个体企业家精神的影响创建起来；企业进入成长期和成熟期，企业的经营管理大都体现在组织层面的企业家精神上。周长城和吴淑凤（2001）也研究表明，当家族企业从发展的初创期向成熟期转变时，家族企业创始人的创业能力，以及发掘市场机会并抓住机遇的愿望都会减弱

资料来源：根据陈寒松学者的研究整理

综上所述，受创业者（家族企业第一代企业家）的心理年龄增加，企业规模扩大，以及企业资源丰富等因素影响，企业家精神会发生衰减，创业者自身必须加强企业家精神的培育完善，这样才能成长为优秀企业家精神。

创业者保持优秀企业家精神的目的主要有二：一是更有利于家族企业自身健康快速发展；二是有利于更好地把自身的优秀企业家精神培育并传承给接班人（即自己的子女）。因此，创业者优秀企业家精神的培育非常有必要。

二、新时代创业者企业家精神培育存在的问题

（一）思想认识站位不高

思想认识站位要高，不能局限于微观的各个家族企业，应该站在家族企业对政府做出贡献的高度来培育企业家们的企业家精神。企业家精神目前处于自发零散状态，企业家精神所需要的个人素质、理论修养、人格魅力和工作能力，在家族企业经营管理的实践中逐步养成，政府没有组织这些企业家们深度培育企业家精神。比如企业家精神表现出的爱国情怀、社会责任担当等。

（二）创新创业精神保守

当家族企业处于初创期和成长期时，家族企业创始人具有雄心勃勃的创新创业精神；但当家族企业处于成熟期时，家族企业创始人取得了阶段性成功，家族企业规模中等、产品得到顾客的认可、企业利润可观，此时家族企业的企业目标和家族目标都实现了，家族企业创始人因"求稳"心态固守地盘，不愿意觉察新情形、新问题中所隐藏的机会，在企业重大战略决策上常常优柔寡断、患得患失，与更大的成功失之交臂。这反而会加速家族企业进入衰退期。

（三）社会责任精神缺失

虽然家族企业既有家族利益目标又有企业利益目标，但很多家族企业创业主缺乏远见，格局小，一味追逐利润最大化目标，坑害消费者利益，甚至造成环境污染，以此来获得一时的企业利益，忘记了家族利益中的非经济利益目标，比如，社会责任感和可持续发展理念等，这些都是家族价值观中应该体现出来的内容。这种饮鸩止渴、短视的做法，导致消费者对家族企业产生信任危机，家族企业失去市场的危险就会加大。要想家族企业持久发展，必须拥有社会

责任。

三、创业者企业家精神培育路径

家族企业与非家族企业的领导牵头人,在制定企业重大战略决策时,比如在扩大企业规模、对外长期投资、企业治理结构等方面有重大区别。家族企业基于社会情感财富,即家族成员从家族企业中获得的荣誉、地位及声望,而做出不同于非家族企业的决策。因为家族企业承载着家族成员的社会情感,而非家族企业则没有,家族企业在进行决策时,会在一定程度上优先考虑满足家族成员在社会情感方面的诉求。家族成员的社会情感通过家族企业的发展和家族企业在当地影响力的提升来增强。因此,在其他条件相同的情况下,家族企业更希望通过增加固定资产投资、扩大企业规模等方式,提升家族企业的影响力。但如前所示,当家族企业规模扩大到一定程度时,家族企业企业家精神就会衰减,更不用说把这种企业家精神传承给接班人了。因此,需要加强创业者优秀企业家精神的培育,只有家族企业创业者企业家精神一直保持优秀,才能更好地把该精神传承给接班人。我们可以从以下方面做出努力:

(一)建设企业家精神的激励机制

企业家精神先天就具备着一定的市场属性,只有在市场机制下,企业家精神才能更好地发挥。建设企业家精神培育的激励机制当然离不开政府的行为。政府应该打造更加完善的市场氛围来促进市场的公平竞争环境,同时也要建立创业失败的评估机制,因为企业家要创新,而创新就会有失败的风险。政府也应该增强全社会对企业家的认可,努力提高企业家的社会地位,满足企业家的表达诉求,增强企业家精神的培育与传承。

(二)引导家族企业创业者树立崇高理想信念

企业文化的宗旨是什么?最重要的是培育家族认同感、非家族员工对企业的认同感,增强企业员工的凝聚力。从企业家、企业高管到每个普通工人,都要有社会责任感以及自身企业形象感。这种社会责任感和自身企业形象感,是家族企业最宝贵的财富。那么,如第一章所述,企业家精神的培育是开展企业文化建设的前提,只有创业者树立崇高的理想信念,才能激发优秀的企业家精神,创业者才能把这种优秀的企业家精神带入顶层企业文化建设工作中。

（三）强化创业者培育接班人企业家精神的决心

社会上流行这样几句话："第一代家族企业企业家是名副其实创业的一代、开拓进取的一代；第二代可能是守成的一代；而到了第三代，却有可能只是享受的一代、衰落的一代，甚至败尽家产的一代。"很多家族企业企业家们意识到了这一点。正如古训所言："儿孙胜于我，要钱做什么？儿孙不如我，要钱做什么？"因此，必须加强创业者对接班人企业家精神培育的决心。要把创业一代企业家精神中体现的开拓精神、创新创业精神传承下去。政府也应该重视对年轻一代企业家的教育、引导和帮助，年轻一代一旦顺利接班，就可能是继续拼搏的一代。

（四）加强党对家族企业企业家队伍建设的领导

家族企业企业家队伍建设相当重要，尤其是家族企业创始人作为领头人，必须强化党性教育，企业家精神的重要维度之一就是爱国，有社会责任。只有加强家族企业党建工作，才能更好地培育企业家精神，家族企业企业家们才能更好地发展企业，家族企业也才能走得更远。

四、从企业生命周期视角来看创业者企业家精神的培育

家族企业自身的企业生命周期所处阶段不同，创业者企业家精神培育的侧重点也应该有所差异，毕竟企业家精神内涵比较丰富。在具体企业所处的特殊情景下，所需要的某方面的企业家精神会放大。

虽然企业各阶段面临的主要问题与企业所处的环境有关，但不同时间、不同地域会有所差别。市场、技术、资金、人才、能力、经验等因素对各阶段都有影响，但各阶段影响程度不同。

（一）家族企业创业期

创业期是最辛苦的时期，万事开头难。创始人光有热情、干劲还不行，必须有企业管理的大局思维。最关键的是新建企业所涉行业、规模、产权、家族人员与非家族人员的匹配、当地税收优惠政策、资金的筹措、原材料的供给等基础性决策必须定夺，这些都会决定"企业"未来寿命的长短。该阶段，这些基础性决策决定了家族企业成长的方向。可以这么说，家族企业成长方向应该在创业期就有一个大致轮廓。

（二）家族企业成长期

家族企业在创立后生存下来，并获得相应发展，就自然进入成长期。扩大规模是该阶段企业发展的必经之路。家族企业成长期的关键任务是企业开发的

产品继续开拓新市场和维护已有市场,不断扩大产品市场占有率,扩张市场覆盖面,以及产品资金回笼情况良好等。但这背后也有潜在危机,比如应该随时观察行业动态、消费者对家族企业产品的反应,只有这样才能延续家族企业的高速发展。在继续推进技术产品、市场创新的同时,针对不同领域设立专门业务单位,将家族企业运作制度化,提高家族企业"控制力",作为家族企业成长动力协调管理的重点。

(三)家族企业成熟期

家族企业进入成熟期的特征在于:成长速度减慢,企业产品市场达到高点,顾客也相当认可家族企业产品。家族企业创始人这时应该从两方面着手:一是努力维持企业发展速度,想办法把家族企业成熟期延长,企业内部管理机制健全,爱惜家族企业创下的良好声誉以及加强客户对企业产品的忠诚度。因为维持和延长是企业寿命管理的重点。二是寻找家族企业新的发展方向,比如跨行创业、多元化经营、开发新产品等,为家族企业进入衰退期后转向新领域做好准备。

(四)家族企业衰退期

该阶段家族企业要杀出重围,必须培育家族企业新的"增长点"。跨代创业是唯一的出路。怎么找到新的"增长点",怎么实现"跨代创业",开拓家族企业新的市场方向,关键是分清楚当前家族企业本质上出现的问题——是技术周期波动、企业具体经营策略出现偏差还是整体行业的衰败等,再分析竞争对手情况。只有看清本质,才能加速培育新的后续业务及市场。

综上所述,优秀企业家精神对家族企业发展相当重要,我们必须明白,家族企业领导人企业家精神是"养成"的。所谓的养成,就是培育且成长而成。这个过程是漫长的,是需要持续培育、逐渐成长的。因此,家族企业领导人企业家精神的养成,其实有三层含义:培养、成长、成就。

第一层含义,培养。家族企业领导人企业家精神来自家族企业员工的日常工作实践。因此,家族企业领导人企业家精神的养成,首先是通过家族文化体现出来。而家族文化则是通过制定家规家训、家族宪法等制度文化,教育和培养家族成员的共同价值观和日常行为准则。这仅仅是家族企业领导人企业家精神"养成"的开始。

第二层含义,成长。养成首先是一个过程,培养是开始,然后是成长。家族企业领导人企业家精神是一个长期性的工程,家族企业企业家精神的形成需要数代家族成员持续不断地发展,一定要有家族代代相续、始终如一的坚守,而且要不断地反思、锤炼、完善,最终才能修成"正果"。

第三层含义,成就。养成不仅是过程,也是结果。家族企业领导人企业家精神经过培养和成长,最终成就的是家族精神,是家族的"魂"。家族企业领导人企业家精神的"魂"不仅要镌刻在每一代、每一个家族成员的脑子里,而且要成为每一个家族成员的自然反应与习惯。这样家族企业领导人企业家精神才能真正实现一脉相"成"。

家族企业领导人企业家精神养成的目的是提升家族力,实现家族企业保护、管理与传承。因此,在家族企业领导人企业家精神养成的过程中,家庭成员的同欲与共识非常重要,所谓"上下同欲者胜,同舟共济者兴"。通过家族内部、外部的交流与学习,促使家庭内部培育、引导、发现并固化家族成员关于家族企业领导人企业家精神的内涵、载体、未来等方面的基本共识,积少成多,由浅入深,这是家族企业领导人企业家精神养成过程的重要基础。

家族企业领导人的企业家精神养成不是一蹴而就的,它既是过程也是结果,过程与结果同样重要。在企业家精神形成过程中,家族成员必须充分沟通,充分沟通才能相互理解,充分沟通才能澄清差异,充分沟通才能达成共识。在这个过程中,不仅要关注非正式沟通,也要强调正式沟通,甚至要彰显沟通的"仪式感"。

换句话说,家族企业领导人企业家精神的"养成"过程是家族企业企业家精神的重要内容,即"过程为先"。过程如果培育得好,成长得好,成就的结果就是水到渠成。

家族企业领导人的企业家精神不是设计出来的,而是一种共识下的家族产物,但是家族企业领导人企业家精神的规划是不可或缺的,而且家族企业领导人的企业家精神很多时候始于"有形"处的彰显,而后期逐步形成内化于心、外化于行的家族精神。

家族企业领导人的企业家精神能够提升家族两代人之间、家族成员之间以及家族成员与非成员之间的凝聚力,使大家达成共识,这也是我国家族文化的重要内容。

家族企业领导人企业家精神的持续养成才是企业家精神最好的传承模式。

第六节 接班人企业家精神的培育

一、接班人企业家精神培育研究的必要性

目前，研究家族企业承继的成果较多，研究企业家精神的成果也较多，研究大多集中在企业家精神的测量上，以及将企业家精神作为调节或者中介变量来研究创新绩效、战略转型、经济增长等内容，但研究家族企业传承中"传承二代"企业家精神培育的成果却不多见。截至笔者2022年4月30日行文时，通过中国知网（CNKI）题目输入"企业家精神培育（或培养）"，或者"企业家队伍建设"呈现的文献仅有4篇。宿慧爽等从政府行为探究企业家精神的培育。闫泽涛运用系统分析方法，构建企业家精神健康成长的环境体系，提出政府应该从法治、市场、政策环境方面来构建企业家精神培养环境体系。娄兆锋基于问卷调查与访谈分析发现，优秀企业家精神的培育要在学习研究、政策环境、市场环境、社会环境、企业家自身素养等方面下功夫。江海林和尹寿兵对家族企业代际传承研究进展进行了评析，研究发现，传承内容分两个阶段，第一阶段重在企业所有权与管理权；第二阶段重在企业家精神、社会资本等隐性知识。

现有的研究具有以下特征：① 关注了家族企业承继的各个方面，如创新、资金、治理结构等，但很少关注到接班人的企业家精神培育问题，没有认识到接班人企业家精神的培育是解决家族企业传承中众多问题的根本策略；② 没有认识到接班人企业家精神的培育，既是对父辈企业家精神的承继，又是新环境下的超越，是承继与异化的复合。

因此，在现有研究的基础上，如何实现我国家族企业"传承二代"企业家精神的承继和异化，影响到我国家族企业的健康发展和我国经济运行的稳定性，具有现实的研究价值和意义。习近平总书记提出的"激发和保护企业家精神，鼓励更多的社会主体投身创新创业，建设知识型、技能型、创新型劳动者大军"，为"传承二代"企业家精神的培育指明了方向。

二、接班人企业家精神培育是应对传承危机的关键举措

目前，我国内资民营经济市场主体已超过1亿家。这些民营企业绝大部分是家族企业或具有家族企业性质。近十余年来，我国家族企业面临着一个关键的转折时期，大量家族企业创始人因退休或接近退休而面临着事业传承问题。

家族企业能否顺利传承是关系到成千上万家族企业生死存亡的大事，也会从整体上影响我国宏观经济的发展（李新春等）。陈刚研究发现，独生子女在竞争精神、风险容忍、信任等个性特征表现上比非独生子女差，而这些个性特征都显著地提高了居民的创业概率和意愿，是造成独生子女比非独生子女更缺乏企业家精神的重要根源。因此，"传承二代"企业家精神的培育是应对家族企业传承危机的关键举措。

三、企业家精神培育的根本目标是促进家族企业的可持续发展

W. J. Baumol（2016）研究了企业家精神在家族企业传承中的作用；刘小元、林嵩（2017）研究了企业家精神对家族企业长期发展的影响；周敏慧、Jean-Louis Arcand 研究了企业家精神的代际转移问题；李艳双等研究发现，企业家的创新、创业、合作、进取、冒险、探索、学习和专业精神驱动了家族企业产品转型的实现，创新、创业、合作、冒险和探索精神驱动了家族企业产业转型的实现，创业、担当、合作、进取、探索、学习和专业精神驱动了家族企业地域转型的实现。杨红燕分析了企业家精神在知识主体价值创造中的作用，研究发现，企业家精神的冒险精神、创业精神和创新精神结合才能共同促进价值创造。王立夏和宋子昭以尚品宅配为例，分析了动态演化视角下企业家精神对商业模式创新的影响。

四、家族企业企业家精神的构成要素

资源基础理论告诉我们，企业竞争优势的获取源于异质性资源。"家族性资源"为家族企业的异质性资源。企业家精神作为异质的家族性资源，在企业经营中起着至关重要的作用，它难以被复制，可以避免抄袭和被竞争对手模仿，企业家精神的传承可以保证家族企业的生存和发展。

但作为隐性知识的企业家精神，其本身义包括多种要素，要研究家族企业代际传承过程中企业家精神的传承机制，就必须先厘清家族企业企业家精神的构成要素。

根据项凯标等学者的观点，中国情境下优秀企业家精神分为三个层面：个体特征和价值层面、行为特征和能力层面、社会责任意识层面。学者陈寒松也认为中国企业家精神应该分为三个层面，即价值层面、行为与能力层面、活动层面。由于两位学者的研究时间跨越了 10 年时间，中国家族企业发展了 10 年，企业家精神也与时俱进了 10 年。项凯标等学者在回顾中国情境下企业家精神

培育机制的研究综述上，归纳出的三个层面，实际上是对学者陈寒松对中国企业家精神分层的进一步丰富和深化，两者并不矛盾。因此，本研究采用项凯标等学者的观点，并结合中国企业家精神的测度（主观评测法）（见第三章表3-2）进行分析，得出中国家族企业企业家精神（见表4-3）。

表4-3 家族企业企业家精神三层次

层面	具体内容
企业家的个体特征和价值层面	以创新创业为基础的做事与思考方式，以及创业者的独特特征，比如冒风险的倾向、对失败的容忍、内控能力强（诚实守信、遵纪守法、爱国情怀等）、自我效能高（社会责任感强、勤劳持家、艰苦创业等品质）
企业家的行为特征和能力层面	包括机会认知能力、机会把握能力、市场资源的获取和整合能力，企业家的专业知识水平、管理技能、实现创新创业的能力、对内部人际关系的处理能力以及对外部社会关系资源的动用能力等，包括在企业从事独立和完整的创新创业活动（比如战略更新活动、公司创业活动等）、与其他企业的合作精神等
企业家的社会责任意识层面	根据企业家精神带来的不同效益，将企业家精神视为企业家个人或企业整体的社会责任，主要体现在经济责任、法律责任、伦理责任和公益责任等方面。①经济责任。主要体现在企业家精神对经济增长的作用上，是不断推动企业发展和促进我国经济繁荣的关键因素。②法律责任。具体说来就是企业家个人及家族企业遵纪守法和有契约精神。③伦理责任。它要求负责任的企业不能只具有消极被动的责任意识，更应该具有"预防性的责任"或"前瞻性的责任"意识，以一种事先责任的精神，以未来要做的事情为导向，在确定行为的目的、手段、结果都无害之后，才去从事追求盈利的生产经营活动。④公益责任。又称慈善责任，主要体现在为社会提供更多的就业岗位、参与社会公益和慈善事业等，在履行责任的过程中彰显出优秀的企业家精神

资料来源：根据项凯标学者的研究整理

（一）企业家的个体特征和价值层面

家族企业企业家精神的形成初期，创业者通过个人价值观和心理意识得以体现，是促进家族企业白手起家不断发展的原始动力。

我们在访谈创业主（企业家）时，他们做出如下回答：

"创办企业，主要是不满足于现状，努力追求实现自身价值，顽强的进取心和强烈的成功欲望。"（20220411G-1）

"经济、技术领域能体现企业家精神，其实家族企业创业者（企业家）的

文化和心理上也能体现企业家精神，企业家精神是企业家与一般经理人区别的关键特征。"（20220411G-2）

"企业家精神是在追求自身效用最大化的过程中体现出的诚信、敬业的道德品质、行为偏好和成功欲望，是由文化决定的企业家群体所具有的价值观取向，是内在品质和理念的综合表现。"（20220411G-3）

"企业家的人格特质之一是企业家精神，它是驱动和激发企业家经营创新能力及其他能力的内在心理意识，是企业家的灵魂；是对旧的均衡体系进行创造性破坏的创新精神。"（20220411G-4）

"企业家精神是在企业成长过程中，企业家所体现的激情、理念和行为方式及其相应的精神品质。"（20220411G-5）

"企业家精神是对市场机会不断开发和利用的一种精神特质。"（20220411G-6）

综合以上访谈可知，企业家精神在形成初期表现为内在的价值观和心理意识。企业家精神可以视为个体的心理意识和价值观体现，具体包括：以创新创业为基础的做事与思考方式；创业者的独特特征，比如顽强的进取心、强烈的成功欲望、冒风险的倾向、对失败的容忍、内控能力强（诚信敬业、遵纪守法、爱国情怀等）、自我效能高（社会责任感强、勤劳持家、艰苦创业等品质）、对市场机会的开发和利用；等等。

（二）企业家的行为特征和能力层面

随着社会经济和历史的变迁，企业家精神的内涵也在发生变化。企业家们试图从自身的行为特征与能力去捕捉和衡量企业家精神。

我们在访谈创业主（企业家）时，他们做出如下回答：

"企业家精神是能发现、追求新的机会，并以任何新的方法去重新整合资源，并将之转换成新产品或新的服务方式。"（20220411X-1）

"企业家精神是一种行为方式，它是个人按照固定价格购买不同价格的商品并且出售这些商品的经济行为，是公司为达到创新、积极进取、冒险所付出努力的总和，是企业家组织建立和经营管理企业的综合才能的表述方式。"（20220411X-2）

"企业家精神是驱动市场发展的竞争行为，是导致市场变化的新经济活动的行动指南。"（20220411X-3）

"企业家精神是一种为追求利润，在市场的不确定中敏锐地发现套利机会，并勇于承担风险，通过创业或创新重新组织资源或生产要素的特殊才能。"

（20220411X-4）

"企业家精神是一种能力，它是发现机会、捕捉机会并创造利润的能力；是对稀缺资源进行整合与协调时的判断性决策能力；是企业家承担不确定性冒险精神和进行各种经济决策的应变能力。"（20220411X-5）

综合以上访谈可知，企业家的行为特征与能力是企业家精神的重要体现，是连接企业家的价值观与社会责任的桥梁。企业家通过竞争、冒险和创新等行为，主动承担起创造财富的重任，推动经济增长。企业家精神视为个体的创新、冒险、开拓、诚信和契约、科学素养和产业嗅觉等行为特征与能力体现。

企业家的能力具体包括机会认知能力，机会把握能力，市场资源的获取和整合能力，企业家的专业知识水平、管理技能、实现创新创业的能力，对内部人际关系的处理能力以及对外部社会关系资源的动用能力，在企业从事独立和完整的创新创业活动（比如战略更新活动、公司创业活动等）的能力以及与其他企业的合作精神等。

（三）企业家的社会责任意识层面

根据企业家精神带来的不同效益，将企业家精神视为企业家个人或企业整体的社会责任，主要体现在经济责任、法律责任、伦理责任和公益责任等方面。① 经济责任主要体现在企业家精神对经济增长的作用上，是不断推动企业发展和促进我国经济繁荣的关键因素。② 法律责任具体来说就是企业家个人及家族企业遵纪守法和有契约精神。③ 伦理责任要求负责任的企业不能只具有消极被动的责任意识，更应该具有"预防性的责任"或"前瞻性的责任"意识，以一种事先责任的精神，以未来要做的事情为导向，在确定行为的目的、手段、结果都无害之后，才去从事追求盈利的生产经营活动。④ 公益责任又称为慈善责任，主要体现在为社会提供更多的就业岗位、参与社会公益和慈善事业等，在履行责任的过程中彰显出优秀的企业家精神。

我们在访谈创业主（企业家）时，他们做出如下回答：

"企业家精神离不开社会责任和家国情怀。一个家族要想兴旺发达，真的需要一个有能力的、有大爱的人来引领。我们家族，我二叔就是一个非常有能力和魅力的人，带领着后辈们一起做生意。我二叔出生于（20世纪）60年代，因为家里穷，父母又体弱多病，他是家族70年代唯一的中专生，考上了农校。中专毕业在单位干了几年后，他辞职下海，从跑业务起步，非常能吃苦，后来机缘巧合之下跟几个朋友合伙进入了房地产行业，挣了不少钱。我们家族后生，出门的时候，找不到门路，都会去找他，他会安排工作。我二叔每年重阳节，都会特意赶回老家，请村里60岁以上的老人聚在一起吃一顿饭，饭后还会给每人发红包和油、米或者面条。年前也会给村里老人发红包。"（20220411S-1）

"企业家社会责任与企业绩效呈正相关关系，且有利于企业长期持续经营。比如，新冠疫情期间，鸿星尔克受到消费者'野蛮消费'，就是因为他们敢于承担企业社会责任。"（20220411S-2）

"企业家社会责任感的日益强大，丰富了企业家精神的内涵，也使中国的企业家精神有了坚实的伦理基础。"（20220411S-4）

"企业家社会责任包括经济、法律、伦理和公益（慈善）责任四个方面。"（20220411S-5）

综合以上访谈可知，企业家的社会责任是企业家精神的必然体现，企业家精神对家族企业组织效益的提升有一定作用。

特别要说明的是，一是企业家精神内涵的三个层面没有绝对的界限，它们之间可能有交叉，比如在爱国情怀、诚实守信、遵纪守法等层面都有体现，只是在每个层面的侧重点不同而已。把企业家精神大致划为三个层面，是为了研究需要，但每个层面强调企业家精神所含要素的侧重点不同。二是企业家精神虽然属于隐性知识，具有粘连性，很难转移，但企业家精神内涵丰富，也分为浅度、中度和深度隐匿三个层次。浅度企业家精神主要在企业家的个体特征和价值层面；中度企业家精神主要体现在企业家的行为特征与能力层面；深度企业家精神主要体现在企业家的社会责任意识层面。每个层次具体内容如前所述，此处不再赘述。

五、生命周期理论视角下企业家精神内涵培育路径分析

本书从企业生命周期理论视角探究企业家精神内涵培育路径。分析之前，有以下几个问题要厘清：① 以"子承父业"这种传承模式为研究前提，如果采用引入职业经理人模式不属于本书研究范围。② 关于每个企业家精神层面在企业生命周期各阶段中需要培育的要素，并非指该要素只会在这个阶段培育，而是指该要素的培育主要会发生在这个阶段，例如，本书认为企业家精神的行为特征与能力层面的要素主要发生在企业成长期，但是也有可能在企业发展期已经开始，在企业成熟期也在贯彻，只是在数量上和内容上相比企业发展期和成熟期相当少而已。③ 关于培育主体的界定，本书将培育优秀企

业家精神的主体锁定在家族企业创业者（第一代企业家/前任）和接班人（传承二代）上。培育双方的主体为家族企业创业者和接任者（接班人/继任者/传承二代），前任为知识发送方，继任者为知识接受方，主要是个体向个体转移的过程。④ 不考虑前任或者继任者在传承过程中发生不可抗力的意外状况，例如死亡或重病。

企业家精神的内涵分为三个层次，即"个体特征与价值观"→"行为特征与能力"→"社会责任意识"的转变过程，企业家精神不同层级的内涵会出现在企业不同的阶段，而企业发展的不同阶段企业家精神发挥作用有所侧重。而一般企业都会经历发展期、成长期、成熟期和衰退期四个阶段。

基于企业生命周期和企业家精神的多层次概念，家族企业企业家精神的培育存在培育与传承的时间、时机选择问题，因而就形成了不同的路径。

（一）家族企业发展期重在企业家精神中个体特征与价值观的培育

在企业发展期，创业者对接班人要注重个体特征和价值观的培育。创业者对接班人企业家精神教育启动越早，越有利于企业家精神传承。因为企业家精神的形成不仅与企业的发展历程有关，也与创业者（企业家）的性格特征（个体特征）以及价值观的教育密切相关。

创业者最好采用"润物细无声"的方式向接班人灌输、示范这方面的理念。其内容包括：创业者对创业机会的识别和评估以及做出创业决策等活动，创业者强烈的创业动机以及积极的价值取向成为此阶段培育的关键因素。

因为当这种个性特征与价值层面的企业家精神一旦形成，往往成为家族企业经营的哲学，作为家族企业发展的基因而存在。而要延续这种经营哲学，遗传这种基因，就需要对接班人从小培养和灌输这种哲学和价值。目前，我国经历代际成功转换的家族企业，大都从小培养子女的创业意识与创业精神，使他们从小热爱创业，热爱父辈创办的企业，为将来的接班打下良好基础。

"我作为创业者深知创业的不易，为了守住这份名特小吃家业，我从小不仅给儿子小张传授企业经营知识，更重要的是教儿子尊重企业员工。对外来说，就是强调'顾客是我们小吃店的上帝'的理念，重视顾客对我们小吃的评价、满意度、忠诚度以及服务补救等经营哲学。

"小张不仅遵守我制定的经营哲学，而且通过自身努力融会贯通。意识到推动小吃店运转的要素并非金钱而是自己完成出色工作的自豪感和成就感。"（20220411C-4）

从以上访谈进一步得出，与创业者性格特征相关的价值层面的企业家精神的传承和创业者对接班人的早期企业家精神的培育关系很大。

（二）家族企业成长期重在企业家精神中行为特征与能力的培育

在企业成长期，创业者对接班人要注重企业家精神中行为特征与能力的培育。

处于成长期的企业，其特征主要表现在以下方面：一是产品市场占有率不高，需要逐步扩大，开发市场与维护市场同步进行；二是企业投入比较大，产品性能不稳定，企业抗风险能力不足。

此时，创业者对接班人要注重企业家精神中行为特征与能力的培育。其内容具体包括：① 企业规模扩大、企业产品市场占有率提高，这需要创始人的创新精神、冒险精神和开拓精神。② 捕捉市场机遇，将其转化为可营利的成果，这需要创始人具有敏锐的产业嗅觉。还需要运用敏锐的产业嗅觉和科学素养来捕捉市场机遇，并将其转化为可营利的成果。③ 与他人合作，壮大自己的社会网络关系，这需要创始人的诚信和契约精神。这些都需要在创业实践中才能完成。

行为特征与能力层面的企业家精神的形成必须在创业实践活动中实现。创业创新是通过在"干中学，学中做"实现的。单纯靠说教无法真正实现企业家精神的培养和传承。

因此，随着企业进入成长期，接班人也逐渐成长起来，并进入高中，有些直至大学或者硕士研究生学习阶段。这时可适时让接班人直接、间接参加创业创新活动，如利用假期、闲暇时间参与企业的生产经营活动，或者独立从事某项具体的活动，锻炼和培养创业技能和创新能力，砥砺接班人养成创业导向而非资源导向的行为方式。在这些实践中，培养识别机会与把握机会的能力。接班人参与的创业活动越多，越有利于创业知识的积累，也越有利于创业思维的形成，并且有利于家族的事业以及企业家精神的传承。

（三）家族企业成熟期重在企业家精神中社会责任意识的培育

在企业成长期，创业者对接班人要注重企业家精神中社会责任意识的培育。

处于成熟期的企业，其典型特征表现在以下几个方面：一是产品市场占有率快达到最高点。成长速度趋缓，甚至出现停止发展的现象，但是利润在增加。二是产品逐步向多样化方向发展，并形成特色产品；有很多同类产品进入市场，市场竞争激烈。三是企业进入了一个相对平稳的阶段，不稳定的因素减少，业务规则与业务标准已形成体系。四是组织机构与人员出现僵化现象，同时企业规模达到成长期所没有的程度。

这个阶段家族企业利润迎来"高光时刻"，创业者注重培育接班人对区域经济和国家发展的社会责任意识，通过提供就业机会参与公益活动、慈善事业等，为社会创造财富和促进国家发展，在实现自身价值的同时回报社会。

当然，也要居安思危，思考企业进入衰退期应如何应对。这时应该让接班人真正进入家族企业的日常管理决策之中。在成熟阶段，各种规范、制度不断健全和完善，但创业者的企业家精神开始步入衰减阶段。这时就需要将更大的创业责任交托给子女（接班人），变革和创新企业家精神，通过公司创业、战略更新、战略创业等方式，不断培养企业家精神，保持家族企业DNA——企业家精神，实现家族企业企业家精神的传承，并发展出适合新形势、新环境的企业家精神。其实，家族企业接班人的创业能力、战略更新能力与战略创业能力和水平越强，就越容易实现企业家精神的传承与创新。

（四）家族企业衰退期重在企业家精神中行为特征与能力的培育

在企业衰退期，创业者对接班人要注重企业家精神内涵中的第二层级，即企业家精神中行为特征与能力的培育。其原因是：在衰退期，企业的产品渐渐不适应市场需求，产品市场占有率大幅下滑。这里面的深层次原因有很多，可能是外部宏观环境变化突然来袭，比如近年来新冠疫情来袭，造成从事旅游业、餐饮业、住宿业、保健业的中小型家族企业突然进入衰退期，很多是断崖式地进入衰退期，即不管之前你创办的家族企业处于发展期、成长期，还是成熟期，都直接进入了衰退期。又如，原来从事课外教育培训的家族企业，由于教育部"双减"政策的落实，让该类型的家族企业突然进入衰退期。中央落实"住房不是用来炒的，而是用来住的"，让从事房产中介的中小微家族企业步入衰退期。

当然也可能是企业自身原因，比如设备、管理机制落后，尤其是企业家的思想僵化，严重缺乏创新意识，企业人心浮动，等等。

在此阶段需要再次培育企业家精神内涵中的第二层级，即成长期中的内容，但更重在创新精神、冒险精神和开拓精神的培育，进一步发现市场中蕴藏的无限商机，促进企业家的二次成长，推动企业的再次创业和持续发展。

六、推动接班人企业家精神培育的因素

企业家精神培育的路径多种多样,在我国家族企业环境下,主要考虑导师指导、家族文化、制度转型、创业导向、政治资本代际转移对企业家精神培育的影响。

(一)导师指导对接班人企业家精神培育的作用

将家族企业创业主的企业家精神所蕴含的价值、知识、技能、社会资源等成功传承给接班人,导师指导是一个好的方式。家族企业接班人在成长过程中,导师将扮演重要的角色。

导师指导广泛应用于一般的职场指导,应用于家族企业接班人培育方面的文献很少。但不能因此忽视导师指导对家族企业接班人企业家精神的培育。已有中文文献仅1篇,李生校和张恒以越商为例,研究了导师指导对家族企业接班人成长的作用。本书对该研究成果进行阐述。

导师指导包括家族内部导师指导和非家族企业导师指导两种类型。指导内容也包括两方面:一是职业方面的成长,比如产业知识、业务技巧和管理能力。二是企业家精神方面的成长,包括组织承诺、自我控制能力和成就指导三方面。① 组织承诺。可以从认同感的培养和亲情的支撑两个视角度量。比如,有意识地培养小孩的接班意愿,让孩子在潜意识里认识到自己是接班人,这就是认同感的培养;又如,让接班人认识到孝顺,孝不如顺,父母想干的事情你去帮他完成,这是最大的孝顺,这是接班人亲情的支撑。② 自我控制能力。导师指导接班人在处理家族企业业务上,注重控制法律风险,不干违法乱纪的事情;在社会责任上,有企业担当;等等。③ 成就指导。比如,导师的为人处世在潜移默化中影响接班人的价值观。家族企业创业者低调为人和吃苦耐劳的企业家精神深深影响到接班人价值观的形成,更有利于家族企业接班人树立正确的家族企业成就观。

(二)家族文化对接班人企业家精神培育的作用

家族文化(或称为"家文化")是中国家族中所呈现的一种独特的文化,是儒家文化的一部分,主要特征是遵从孝道,包括家族涉入、家族控制、家族血缘等,"家族文化"作为一种重要的非正式制度潜移默化地影响着家族企业的形成、选择、管理和发展,对二代企业家精神的培育与传承也存在着重要影响。如果对"家族文化"有效地进行挖掘、梳理和利用,做到与时俱进,就非常有助于传承二代企业家精神的培育。构建好优秀的家文化,家风家教也就建

设好了。良好的家文化可以增强接班人的家族认同感和家族企业组织承诺感，增强接班人的接班意愿，使其顺利传承家族企业企业家精神，提升家族治理能力，使企业健康顺利发展。

但我们必须厘清以下几点，才有利于二代企业家精神的培育与传承。

（1）家族精神是家族文化的内核，而家族精神的内核是家族企业领导人的企业家精神。但是我们不能说家族文化就是家族精神。家族文化是家族成员在实践中形成的一种基本精神和凝聚力，是全体家族成员共同的价值观念和行为准则。家族文化就像一个个同心圆，由表及里有三个层次：外层的"形文化"，中间层的"法文化"，内层的"魂文化"。准确地讲，家族精神就是家族文化的内核——"魂文化"。

（2）很多人认为家族文化是精神层面的，是只可意会不可言传的东西，是"虚"的。其实，家族文化外层和中间层的文化内容还是有形的、可识别的，是可以触摸到的，甚至是物质形态的。所以，家族文化有物质的，也有精神的。

（3）家族的"形文化"，比如祠堂，是我国古代家族制度中最重要的外在表现形式，是家族文化的重要载体。祠堂不只是一个历史建筑，更是我国古代家族传承最好的历史见证。宗祠是宗族血脉所系，也是宗族盛衰的标志。祠堂一般都有自己的堂号。堂号代表着某一家族的特有内涵，一般以慎终追远、团结血亲、敦宗睦族为内容，比如"叙伦堂"中的"叙伦"，就是教育后人要"明伦倡序，知书达礼"。因此，家族的"形文化"虽然更多地呈现在物质层面，但其承载的是家族共同的价值观，是有着丰富内涵的有形载体。

（4）家规家训，是家庭或家庭内部父祖辈对子孙后代的训诫与教化。严格地讲，它就是家族文化中的"法文化"。家规家训作为我国宗家文化的重要载体，都是家族文化的关键所在。一个家庭或者家族的思想、观念、精神、风气等需要通过家规家训这个载体，养成家族独特的文化和气质，并传承与发展。

（5）家族的祠堂其实是一种有形的载体，承载着无形的精神，影响着家族成员的行为，这就是家族精神，也是家族文化的内涵——"魂文化"。家族精神是家族在长期的生活实践中形成的共同价值观，并随着历史的发展，得到不断的认同、传承和发展。这种精神融入"形文化"和"法文化"之中，不断形成、追溯和传承，是家族顶层规划的重要内容，通过它可以解决家族传承过程中最难解决的问题。

（6）家族精神的核心在于家族企业领导人的企业家精神。企业家精神有定海神针的作用。

（7）家族企业的"形文化"与"法文化"是"魂文化"的外化形式和载体，"魂文化"是家族文化的内涵。

（三）家族企业价值观对接班人企业家精神培育的作用

家族企业价值观是指个体对家族、家庭、企业、"家族–企业"关系、经营理念、愿景的总的认知，在有些场合被称为"心智模式"，是企业家精神的要素之一。"传承二代"在社会化过程中，不仅会塑造自身的价值观，也会塑造对家族与企业的重新认知。

企业家精神的有效代际传承，是家族企业实现长青的关键，但很多学者过分强调家族企业传承企业家精神的代际一致性，却忽略企业家精神的代际差异性，其实正是有适当范围内的企业家精神的代际差异性，企业家精神的内涵才能有所创新，家族企业才会发生战略性变革。

（四）家族企业传承中制度转型对接班人企业家精神培育的作用

家族企业在传承中一般会发生程度不同的制度转型，从而引发接班人企业家精神的变革与异化。尽管家族企业是全世界常见的组织类型，存在于各个行业，但在企业目标、战略规划、战略执行、职业化、组织绩效等方面千差万别。中国家族企业存在着自己独特的制度转型方式，对接班人企业家精神的塑造也存在着独特的影响。

（五）家族企业传承中创业导向对接班人企业家精神培育的作用

在家族企业传承中，一般伴随着新的创业导向的出现，对接班人企业家精神产生新的驱动。创业导向是一种旨在增加企业应对挑战和外部管理环境不确定性的能力的战略，体现于企业的决策风格、决策方法以及具体行为的创业特征。家族企业具有家族性和创业性的双重特征，具有独特的创业导向情境。

（六）政治资本代际转移对接班人企业家精神培育的作用

企业政治资本是家族企业的独特资源，是企业拥有的能够通过政治过程影响政府决策进而提升企业绩效的各种要素组合。企业家参政是当前我国家族企业积累政治资本的重要途径，也是代际传承的一项关键要素。在传承过程中，接班人会形成新的政治倾向，从而产生不同的企业家精神特质。

第七节　企业家精神视角下的接班人培育

一、接班意愿是家族企业接班人选择和培养的前提

本书对"培养"和"培育"不做区分。截至 2022 年 6 月 17 日，研究组通过中国知网（CNKI）选择"题目"输入"家族企业"和"培育"或者输入"家族企业"和"培养"呈现出来的文献很少，一共有 30 多篇。再输入"企业家精神"和"培育"或者"企业家精神"和"培养"呈现的文献更少，仅有 5 篇。这说明家族企业接班人的培养这一方面的研究还不是很丰富。本书希望能够丰富这方面的理论。

二、文献回顾与评析

（一）国外相关文献回顾

管理权移交是一个漫长的过程。接班人的培育必须从小抓起，这已得到家族企业界和学者的公认。整个管理权移交有两个关键时刻：一是接班人全面参与家族企业工作时；二是接班人全面接管家族企业经营权时。家族企业之外获取工作经验是培养接班人的有效方式。家族外部工作经验可以帮助接班人形成对自己的全面认识并且为接班人处理组织中可能出现的各种问题奠定基础。Lansberg 研究表明，家族企业业务往来对象，比如客户、供货商、当地政府官员等与家族企业创始人建立的业务关系，夹杂着私人情感在里面。当接班人接管家族企业经营管理权之后，家族企业创始人所接触的业务往来对象是否一贯支持接班人的业务往来是个实际问题。

Longenecker 和 Schoen 将接班人接管家族企业经营管理权看作一项系统工程，是一个社会化过程。接班人在接管家族企业经营管理权的过程中，不断扮演各种角色，以获得所需要的知识、技能及职位。Longenecker 和 Schoen 构建了一个七阶段接班培育模型，如表 4-4 所示。

表 4-4　七阶段接班培育模型

阶段	内容
1. 认知期（Pre-business）	通过家族成员的引导，接班人开始知觉到企业的存在，但此时家族对于接班人的引导是随机、被动、未经计划的

续表

阶段	内容
2. 接触期（Introductory）	接班人开始接触该企业的行业、企业成员以及其他相关人物和团体，但尚未进入企业工作。在此期间，创始人主动、有意地引导接班人，让其认识与经营企业有关的人、事、物
3. 介入前期（Introductory Functional）	接班人进入家族企业内兼职或在其他企业工作，在此期间接班人完成正式的学校教育
4. 介入期（Functional）	接班人进入家族企业担任全职工作，此阶段包括接班人担任过的所有非管理工作
5. 管理介入期（Advanced Functional）	接班人开始担任管理工作，一直到接任该企业的总裁为止。在此阶段接班人可能担任多项管理职务
6. 传承初期（Early Succession）	接班人接任该企业总裁，一直到成为企业真正的负责人为止
7. 传承成熟期（Mature Succession）	接班人成为该企业实际的领导人，能够完全主导该企业的营运

资料来源：根据 Longenecker 和 Schoen 的研究整理

从表 4-4 可知，在认知期和接触期两个阶段，接班人认知到家里有家族企业，并逐渐接触家族企业中的家族成员和非家族成员，但并未实质性进入家族企业中工作。从旁观者视角思考自己与家族企业之间未来的角色定位问题，甚至预判在定位上所有的其他可能性。而从介入前期直至完全接管家族企业经营管理权，接班人已经进入家族企业工作，当然最初可能以兼职身份进入，但很快就以专职身份进入，并在家族企业主要岗位进行轮岗实践，最终逐步开始接班。

Barach 等学者研究认为，家族企业传承是一个取得正当性和合法性的过程，即接班人得到绝大多数家族企业成员的认可，并在法律层面具有合法性。接班人要获得正当性和合法性的前提条件是，接班人要获得家族企业员工的信任，尤其是家族企业中家族成员员工的信任，并且有带领家族企业发展的能力和信心。当家族企业成员认为接班人的家族价值观、企业家精神与家族企业的企业文化兼容时，自然能将接班人视为家族企业成员的一分子，也即获得了家族企业的接受。另外，接班人在完全接管家族企业经营管理权之前，要在家族企业创始人的支持下，创建自己的管理团队，并且带领自己的管理团队为家族企业某个部门（比如产品销售或者新产品开发等）做出过比较大的贡献，获得家族企业创始人为首的家族成员的认可,证明其具有使家族企业发展壮大的能力,也即取得以家族企业创始人为首的家族成员的信任。如果接班人能被家族企业接受并获得家族成员尤其是家族企业创始人的信任,家族企业创始人才会一步一步将家族企业经营管理权移交给接班人,直到完全把家族企业经营权移交给接班人为止。

在此对应七阶段接班培育模型,近似管理介入期、传承初期和传承成熟期。而被接受和取得信任的过程,则近似认知期、接触期、介入前期和介入期。

Birley进一步研究得出,家族企业接班人,欲被家族企业成员接受和获得家族成员(尤其创始人)的信任,有两种进入企业的模式:低阶进入和延迟进入。低阶进入模式是指接班人进入家族企业后从基层做起,延迟进入模式是指接班人先在外面磨炼一段时间之后再返回家族企业。两种进入模式的优缺点及内容如表4-5所示。

表4-5 两种进入模式的优缺点及内容

进入模式	比较	优缺点及其内容
低阶进入	优点	1. 熟悉企业和员工的习性; 2. 培养企业所需的专业技能; 3. 被企业成员接受和取得企业成员的信任; 4. 与员工建立良好的关系
低阶进入	缺点	1. 当上一代无法胜任教导第二代的工作,或难以下放权时,将产生两代冲突; 2. 接班人在工作上的一般错误将被视为能力不足; 3. 对外在环境了解不够
高阶进入	优点	1. 对接班人的能力有客观的评估标准,接班人可在家族之外成长及建立自信; 2. 在外界成功的工作经验可作为有能力的表征,有助于接班人建立其合法性; 3. 拓宽接班人对大环境的视野
高阶进入	缺点	1. 在外界获得的技能可能并非本企业所需要的,曾经工作的企业的企业文化,可能与家族企业内的企业文化不同; 2. 做事方式可能与家族企业不同; 3. 接班人空降可能引起员工的反感

资料来源:Sue Birley(1994):*Succession in the Family firm:The Inheritor's View*(Journal of Small Business Management,July)

综上可知,家族企业传承是一项系统性、阶段性过程,整个过程受到诸多因素影响,尤其是对突发事件的应急处置相当关键。家族企业后代企业家传承,比一般生涯选择的过程更为复杂,除了接班人个人的兴趣、能力等之外,还受许多环境中的客观条件影响，要不断调整自己。接班人只有正确面对问题、接受历练，才能一步一步走向成功传承。因此，个人意愿并不一定等于生涯结果，即使从小受到栽培的接班人，成长在有利的条件中，也必须要在企业内部和外部的环境、经济、社会和文化事件中学习、应变、抉择、再出发，从而到达目标。

Churchill 从家族企业企业生命周期视角，探究家族企业创始人在企业经营管理过程中如何培养接班人，并把家族企业划分为四个阶段。第一个阶段是家族企业创始人独自管理时期，创始人是整个企业的唯一领导，直接参与家族管理；第二个阶段是家族企业创始人对接班人的培养时期，接班人学习家族企业经营事务；第三个阶段是家族企业创始人和接班人共同参与时期；最后一个阶段是家族企业经营管理权的移交。Lansberg 认为，对于竞争较为激烈的行业，接班人在进入家族企业前到家族企业外工作几年，接受锻炼后，将对以后正式接手家族企业有积极意义。兰德尔·S.卡洛斯和约翰·L.沃德（2002）在《家族企业战略计划》专著中，拟制了接班人职业生涯发展时间线，为家族企业内部接班人的培养提出了阶段性的发展目标。

如表 4-6 所示，接班人在 25～30 岁进入家族企业开始工作，在今后的几年中获得职能方面的专长，积累做决策的经验。在这个过程中，企业接班人的角色逐渐明确。为了掌握一般的管理技能，接班人将承担一两个利润中心的责任，当然，接班人必须开始探索外部资源，这样才可继续提高自己的职业能力，直到全部接管家族企业经营管理权。

表 4-6 家族企业接班人职业生涯发展时间线

接班人角色	家里的孩子：逐渐成长	长大成人：在家族企业外学习	职业管理者：在家族企业内部接受教育	接班人：正式指定接班，由高级管理人员或董事会成员指导	领导者：CEO 或者高级管理者团队成员	董事会主席：领导董事会并支持 CEO
年龄	0～18 岁	18～28 岁	25～35 岁	30～40 岁	35～65 岁	55～70 岁
发展目标	对企业的积极态度，基础教育，技能的培养和积极的工作习惯	高等教育基础知识和组织技能培养，开始事业探索	发展职能专长，培养决策和解决问题的技能	熟悉一般管理的全部流程，培养其负责利润中心的能力	管理技能培养，增强自我意识，并接受继续教育	开发其他兴趣和机会

资料来源：兰德尔·S.卡洛斯，约翰·L.沃德《家族企业战略计划》（北京：中信出版社，2002 年）

家族企业创始人在长期的企业管理实践中积累了丰富的经验，尤其是企业家精神等隐性知识，当把自己手中的权杖交给接班人后，并不是完全不管，颐养天年，而是要"扶上马，再送一程"。接班人从形式上领导一个企业到最后完全能驾驭它，需要一个过程，需要家族企业创始人给予指导和支持。在接班后的初期，家族企业创始人可以逐渐退出前台，从前台的总指挥转变为后台的总参谋长，但这"送一程"时间不能太长，不然会影响家族企业的发展。

当然，这是目标而不是实际情况，接班人的培养不一定完全遵循这样一个顺利的过程。对有的接班人而言，父母的突然去世、残疾或退休加快了他们的成长。

（二）国内相关文献回顾

对于家族企业接班人的培养过程，国内学者将研究重点放在接班人的培养上，并对培养的历程分阶段来进行研究。研究对象限定于第一代和第二代的家族企业领导人。

下面是国内学者对于培养过程的相关研究。甘德安通过案例访谈，把家族企业接班人的培育成长归纳为七种模式，并对每种模式进行了阐述，分析各种模式的适应情况和注意事项。这七种模式为亲近教育型、委托教育型、海外留学型、独立开业型、行业交流型、临时接班型、经营研讨班与学院教育型。仲理峰则侧重于影响家族企业接班人能力培养的因素，研究发现，自信、自主、学习、指挥、主动性、权威导向、捕捉机遇、信息寻求、组织意识、仁慈关怀、自我控制、影响他人等都是影响接班人能力培养的主要因素。陈万思和姚圣娟则以接班人是否进入家族企业从事工作为划分阶段，把接班人培养划分为进入家族企业之前与进入家族企业工作两个阶段，他们认为这两个阶段培养的内容是有显著差异的。比如，"进入前培养"重在显性知识的培养，包括家族企业基本的管理知识、战略思维等，以及对家族价值观的认同、对家族企业所在行业的了解等。"进入后培养"的内容包括基层锻炼、适应角色、组建团队和积累权威等。王晓凯把家族企业接班人培养方式划分为教育培养、社会历练和企业内培养三个模块，并对每个模块进行了分析。研究得出，教育培养侧重于家族成员关系质量，以及接班人企业家精神的培养。社会历练重在接班人外部工作机会、在任者和接班人关系质量等。企业内培养重在接班人职业发展特征、家族成员意愿、在任者离任意愿、在任者和接班人关系质量等。范扬富研究表明，家族企业关于接班人人选严格遵循"差序格局"，首选家族成员，在家族成员中又优先考虑子女。但在培育接班人之前培育对象范围比较广，主要考虑培育对象的品德和管理能力。而在真正继承发生时，家族企业创始人会考虑接班人的亲属关系、品德、管理能力、与员工的关系等内容。林坤池研究认为，企业家创始人对接班人子女的培育是一项系统工程，培养内容包括培育的目标选择、培育的障碍、教育程度的培育方式和接班人的接班策略与历程期等。徐庆云则把家族企业创始人栽培接班人分为四个阶段，而且认为这四个阶段的把控都相当重要，一是接班人人选原则的确定；二是学校教育阶段；三是进入家族企业前的经历；四是进入家族企业后的经历。顾娜娜通过调查访谈，得出如下结论：不同能力的养成依赖于家族企业创始人对接班人不同阶段的培训，培训计划的贯彻执行越彻底越有利于交接班的完成。

以上研究中提到的接班人培养过程所包括的环节，尽管对接班人培养过程的阶段描述各有特点，但其实质上都是相同的，基本类似于如下模式：进入企业之前家庭教育、学校教育和社会的磨炼、进入企业之后从基层做起、轮调历练、累积权威后的交接班。

（三）国内外文献回顾评析

综上所述，国内外学者都公认，接班人培养的过程关系到家族企业的延续，且培养并非短时间能够完成，必须对企业进行长期规划。所以本书就江苏省泰州地区中小微家族企业创业者对于第二代的培养过程做深入探讨，以剖析其培养过程。

目前，国内对家族企业代际传承的研究一般局限于定性研究，同时由于中国现代家族企业的发展历史不长，对这一问题的研究尚未形成支撑性的理论，而且现有的研究较少深入讨论中国传统文化对中国家族企业企业家精神培育的影响。

本书拟对中小微家族企业进行调查，以创业者和未来接班人为访谈对象，再结合国内外已有的成果，探究家族企业企业家精神代际培育的问题。

三、传统文化对企业家精神培育的影响

在漫长的历史进程中，中国形成了独具特色的家族文化，并与儒家文化融合在一起，具有很强的稳定性。

（一）浓厚的家族观念

浓厚的家族观念是中国人区别于西方人最重要的一点，中国家族观念具有家庭利益至上、大家庭和大家族观念、重家族信任和泛家族主义四大特征，如表4-7所示。

表4-7 中国的家族观念四大特征

特点	含义
家庭利益至上	家庭利益至上是个人以家庭为出发点,家庭重于个人。该理念让人产生对家庭的崇拜,激励家族成员为家庭努力工作,也从家庭中寻找归属感。努力工作、勤俭耐劳、教育子女等,都是为了光宗耀祖。振奋家风是一种荣耀,而败坏家业是一种罪恶,这是中国人做人的基本要义
大家庭和大家族观念	子孙满堂和多子多福的观念是有经济根源的。在农业社会,农民生养孩子主要在于盼着为自己养老送终。家族成员之间应该相互帮衬,相互救济,有能力的家族成员不帮助家族成员中比较差的人员,久而久之,这部分人员就会脱离家族,人丁就不再兴旺,从而造成家族瓦解
重家族信任	我国是一个重情感的国度,在人际交往中特别强调感情和关系。家族关系因为有血缘关系为纽带,更加重视感情的培养。为了维护家族利益,家族形成了一个坚实的壁垒。家族内部相互合作,有一点"兄弟阋于墙,外御其侮"的感觉。家族信任感也是"差序格局"的体现
泛家族主义	由于亲缘、血缘、地缘关系,家族发展和家族延伸必然出现,当进入家族以外的团体时,必须将这些团体予以角色关系的家族化,或者参照家族内的角色关系看待,这就是所谓的泛家族主义

资料来源:研究者自行整理

(二)统分结合的家族伦理

家族伦理,是规范家族成员之间相互关系的道德准则,具体表现在三个方面,如表4-8所示。

表4-8 中国的家族伦理

视角	含义
父子关系是家族关系的核心	我国是一个以父系制血缘家族为主体的社会,强调家族永续绵延,父子关系是家族关系的核心。当前社会提倡男女平等,而且实践中好多家族企业接班人是独生子女,所以接班人选没太大选择空间,独生子女是接班人的首选。可见,父子关系中的"子"可以广泛理解为包括女儿这一情况
家长制是家族凝聚力的来源	父家长权威至高无上,父家长全权掌管家族事务。不仅拥有家族财产,而且安排生产和管理财产
互相帮忙是家族成员的责任	在我国传统农业社会,家庭是唯一的保障,不仅要求家庭内成员相互帮助,而且要求家族内的成员相互帮助,有能力而不尽义务者将会受到惩罚。在家族内部,不仅有亲友彼此接济的方式,而且有族田、义由、学田、义家等方式。以资助族内的老弱贫病、婚丧喜庆、求学者等。由此,形成族内相互帮助的浓厚意识,帮助直系亲属更是义不容辞。即使在家族组织瓦解的当代中国,家族成员之间仍然保持深厚的情谊,家庭的相互帮助功能依然存在。当父母子女分家之后,虽然在户籍管理上是彼此独立的,但这些家庭间仍保持密切联系,结成网络家庭,相互关照

资料来源:研究者自行整理

第八节 接班人企业家精神培育与家族企业可持续发展

接班人企业家精神培育的根本作用是确保家族企业的可持续发展，在中国现有的环境下，主要体现于对公司治理、银企关系、战略趋同–偏离、企业动态能力等方面的影响。

（一）接班人企业家精神培育对家族企业公司治理的影响

家族企业公司治理是一种独特的模式，既不是欧美模式，也不是德日模式，与国有企业公司治理也大相径庭，但与东南亚华人家族企业有些相近。在现代经济环境下，公司治理在一定程度上决定着企业的命运走向。二代企业家精神对董事会、监事会、经理层、职业经理人、独立董事聘任、股东大会、信息披露、企业社会责任等方面均存在着影响，进而影响到企业的未来发展。

（二）接班人企业家精神培育对家族企业银企关系的影响

家族企业的代际传承打破了创始人关系网络所建立的关系型格局，继而影响到银企关系。在这个过程中，传承二代的企业家精神特质将会发生明显的作用。现有的研究表明，家族企业承继之后，银企关系密切度会下降，进而对企业长远发展带来不利。因此，如何维护银企传统、重建银企信任、重塑银企关系，是二代企业家精神培育的内在要求。

（三）接班人企业家精神对家族企业战略趋同–偏离的影响

战略趋同–偏离是指一个企业相对于同行业其他企业在战略发展方向上的变化，即企业的发展战略是否与行业惯例或竞争者的一般战略相一致。在家族企业传承中，由于传承二代企业家精神特质及其他因素的影响，家族企业往往会产生程度不等的战略趋同–偏离现象，进而影响到企业的长远竞争优势。

（四）接班人企业家精神对家族企业动态能力的影响

在西方家族企业，二代的企业家精神对企业动态能力存在着深刻的影响，而这种效应在我国家族企业尚不知悉。动态能力分为战略动态能力和运营动态能力两类，前者表现为企业对战略的快速调整能力，即企业根据内外部环境的变化及时调整和改变预定战略的能力；而后者表现为企业对战略的快速执行能力，即通过有效组织和精心管理将调整后的战略迅速付诸实践的能力。

第九节 本章小结

本章针对我国家族企业接班人断层的危机，提出我国急需弘扬优秀企业家精神，在此基础上，剖析目前家族企业企业家精神成长过程中的制约因素。基于政府视角分析优秀企业家精神的保护路径，分别从创业者、接班人主体探究企业家精神的培育，并重点分析企业家精神视角下的接班人培育问题，以及接班人企业家精神培育对家族企业可持续发展的影响。

第五章　企业家精神的传承

所谓传承，是传宗接代、继续之意。在国内有将传承分为接班与继承的说法，本书为统一起见，以"传承"表示经营权的继承，而且因本书是针对家族企业进行研究，故不讨论所有权的继承分配问题，仅就传承的模式，权力转移的方式、时机与培养方式做分析。本书所称的继承、接班、传承均指经营权，接班人、继承人即经营管理权的继承与接班，以免混淆。

再者，传承时间的起讫问题，也没有明确划分的时点，为便于研究说明起见，将传承的起始点定于企业主决定接班人选起，并置于一级主管职位时，直到权力完全转移，企业主除在股东会上发表意见外，其余时间不再干预企业运作，并到除去企业内具体实权的职位止，称为传承作业的完成，否则以"培养"视之。

代际传承在家族企业发展中起着重要的作用。关于代际传承，学界和企业界将研究焦点集中于家族企业如何在两代之间进行传递。代际传承的内容包括企业领导权、企业所有权、企业管理权或管理控制权从一代人向下一代人传递。

本书中"家族企业代际传承"特指一个家族企业的创始人将家族企业经营管理权，而不是家族企业资本所有权转移给子女的过程，不包括向家族企业女婿、媳妇转移等情况。

（一）家族企业传承研究

家族企业是民营经济的重要组成部分，也是我国经济系统中不可忽视的要素。近年来，家族企业传承问题已经成为家族企业发展中一项备受关注的问题，不仅引起家族企业的重视，也引起我国社会的关注。家族企业的传承要素体现在多个方面，对传承成败或传承效果均存在着直接或间接的影响，包括慈善精神传承（邹立凯和宋丽红）、创新思维传承（吴炯和戚阳阳）、政治关联传承（陈建林和贺恺艳）、风险控制能力传承（许永斌）、创新投入及决策模式传承（严若森和吴梦茜）、社会资本传承（鲍树琛）、深谋远虑思维传承（祝振铎）等。当然，家族企业传承在西方也面临着各种问题，对家族企业创新精神传承、研发投入及决策传承、组织结构变革思维传承、人力资源管理模式传承等，同样影响到家族企业传承的效果。

其实针对家族企业来说，代际传承的内容很多。包括：① 家族企业管理领导人的接替。② 家族企业领导权从创业主向接班人的传承。③ 家族企业所有权从创业主向接班人的传承。④ 家族企业经营管理权从创业主向接班人的传承。⑤ 家族企业法定代表人从创业主向接班人的变更等。

可见，家族企业传承的成功，在一定程度上依赖于创业者的精神、思维模式、管理能力、经营理念的传承，而不仅仅是机器、厂房、资金等有形资产的传承。也就是说，隐性知识传承的成败是家族企业传承成败的重要决定因素。是否具有代际传承意愿是家族企业与非家族企业区别的根本之处，家族企业具有代际传承意愿。而家族企业的延续性，必须要求家族企业能根据经济形式、市场需求、政府宏观政策导向等因素的变化审时度势不断进行变革。

（二）家族企业隐性知识传承研究

从知识的视角来看，家族企业传承在本质上是知识资本的传承，即创始人的知识资本传承到接班子女。由于隐性知识是知识资本的主体，因此，知识传承的成功与否主要取决于隐性知识传承效果和质量的好坏。知识理论是管理理论的一个重要分支，对当今的管理学产生了重大的影响。英国思想家 Polany 最早提出了知识资本的理念，将知识资本分为显性知识和隐性知识两个部分，并认为隐性知识是知识资本的主体，约占知识资本总量的 90%，而显性知识只是"冰山之一角"。管理学大师彼得·德鲁克为知识资本赋予了翔实的内涵，认为显性知识是可以用语言、文字、数字、图像来表示的知识，而隐性知识是"只可意会、不可言传"的知识，并将知识资本理论引入管理学领域。日本学者 Nonaka 提出了著名的知识转化 SECI 模型，认为知识转化分为知识社会化、知识内隐性、知识外显化、知识组合化四个循环往复的流程，其中，知识社会化、知识内隐化、知识外显化属于隐性知识转化的范畴，知识组合化属于显性知识转化的范畴，其中，知识社会化是指隐性知识向隐性知识的转化、知识外显化是指隐性知识向显性知识的转化、知识内隐化是指显性知识向隐性知识的转化。Nonaka 的知识转化 SECI 模型奠定了知识管理发展史上一座新的里程碑。家族企业隐性知识的传承一直引起国内外业界的关注。L. Glyptis 和 E. Hadjielias 认为，在知识经济时代，家族企业传承的核心是知识传承，尤其是隐性知识传承。N. Kammerlander 认为家族企业隐性知识传承可以分多个阶段推进。周任重构建了家族企业隐性知识代际传承模型，认为隐性知识传承是家族企业传承的核心要素。冯宝军和刘音认为，隐性知识传承是家族企业创业者帮扶继承者的有效方式。然而，我国家族企业知识资本传承的效果一直并不理想。孙秀峰和宋泉昆认为家族企业隐性知识传承可以提高继任二代的企业家精神，但家族企业普遍缺乏隐性知识的传承能力。周立新认为，我国家族企业隐性知识传承的薄弱是导致部分家族企业传承失败的重要原因。在家族企业隐性知识传承研究中，知识转化 SECI 模型发挥了重要的作用。A. Calabrò 和 H. Frank 认为，家族企业知识资本的传承，就是指创业者向继任者的知识转化过程，包括知识社会化、知识外显化、知识内隐化、知识组合化四种基本的模式，其中，前三种模式是隐性知识的传承。

（三）企业家精神的传承研究

目前，研究家族企业企业家精神的成果比较丰富，但大都热衷于企业家精神内涵与外延的界定、企业家精神的实证测量、企业家精神培育（或培养）以及将企业家精神作为中介变量、调节变量或者前因变量来探究企业家精神对自身企业创新绩效、战略转型等的影响，但研究传承家族企业企业家精神的文献却很少呈现。对于与企业家精神传承（或承继）相关性最高的企业家精神培育（或培养）有学者进行了探究，但两者研究重点区别很大，企业家精神的培育（或培养）聚焦在家族企业的创业者身上，而不是传承二代——接班人身上。截至笔者 2022 年 4 月 30 日行文时，通过中国知网（CNKI）选择"题目"，输入"企业家精神传承（或承继）"呈现的文献仅有 7 篇，比如陈寒松研究认为家族企业企业家精神教育启动越早，越有利于企业家精神的传承。冯思宁和李智认为创业者应该编制共同愿景，注重家族核心价值观、创新、与时俱进学习、社会责任的担当等企业家精神的传承。王新爱和王微认为企业家精神传承是一个系统工程，不能一蹴而就，在这个过程中必须注重对接班人的培养，更要注重企业家精神的创新和升级。孟德会以荣氏家族企业集团为例，探究了以荣氏兄弟为发端的企业家精神的传承，研究发现，荣氏兄弟能成功地对企业家精神进行代际传承，关键在于在传承方式上注重古今兼蓄、中西合璧、言传身教、言行合一、形式多样、因材施教等。张源原研究了新时代背景下企业家精神的传承，研究得出，企业家精神的核心在于创新，根本在于在获取自身企业利益的同时怎样促使社会整体利益的增加。陈刚从接班人企业家精神现状调查着手，研究发现，独生子女比非独生子女企业家精神更欠缺，这严重影响到家族企业的后续发展。深入分析这一状况，可以发现其背后原因是，独生子女在信任度、竞争意识和风险容忍度上比非独生子女低很多，这严重影响了家族企业创新创业的发展，而目前世界经济氛围要求企业必须创新，不然很容易被竞争对手迎头赶上，使家庭企业处于不利的境地。李兰等学者研究发现，我国家族企业与非家族企业企业家精神在传承给二代接班人上还是有很大差异，非家族企业更想传承的企业家精神是"乐于奉献（42.3%）"，而家族企业更期盼传承的企业家精神包括"敬业（73.3%）""渴望成功（12.3%）"以及"与众不同（9.6%）"。当然，也要看家族企业所处时期，比如处在成熟期的家族企业，创业者更偏重把企业家精神中的诚信、敬业传递给二代接班人；而处在衰退期的家族企业，创业者更偏好传递企业家精神中的"勤俭节约（41.6%）"。

综上所述，企业家精神在我国家族企业与非家族企业中还是有区别的，而且企业家精神是分层次的，分为个体层面、组织层面、社会层面、国家层面的企业家精神，即传承企业家精神的偏重内容随着家族企业所处时期而不同，很少探究怎样传承企业家精神，即传承企业家精神的方式与策略。这里面的"黑箱"路径究竟是什么？本书试图打开这个黑箱，以期为家族企业历久弥坚、永续传承拓宽思路。

家族企业传承实际上在回答传什么、传给谁以及如何传这三个问题。在近些年的实践中，学者和企业家们的研究焦点逐步从财富传承、权杖交接、文化相继这三条线出发去观察和分析家族企业传承问题，也就是从这三条线出发回答传什么、传给谁以及如何传的问题。

财富传承、权杖交接、文化相继这三者的难度实际上是依次提升的，权杖交接的难度大于财富传承，文化相继的难度高于权杖交接。中国家族传承的难点，从短期来看应当是权杖交接，而从长期来看更大的难点是文化相继。因此，本章探究文化相继中的企业家精神的传承就显得很有必要。因为家族财富保护、管理与传承的目标是：实现当下及未来家族成员内心的安宁、生存的尊严与行为的从容。

近年来，从家族企业的传承实践来看，似乎都忽略了另外一个同样关键的问题：接班人如何实现家族企业的稳定和发展。

我们简单回顾了一下对家族传承等问题的思考、实践以及研究的演进路径，实际上这一切来源于家族实践活动的持续推进，这肯定也是一个不断提升，甚至是异化的过程。

从大量的交接班实践中，我们很清楚地看到，接班人认识和理解家族治理、家族企业治理、家族传承路径与家族财富传承目标等概念，是接班人思考并选择接班后"做什么"与"如何做"的前提。

第一节 家族企业传承模式及影响因素

一、我国中小微家族企业传承模式

家族企业接班人不是来源于外部就是内部。外部接班人又分为企业人和外来人，企业人是指企业内部的非家族成员，外来人是指那些未被企业雇佣过的人；而内部接班人则特指家族成员，该成员不一定在家族企业就职。

谈到传承模式，目前我国中小微家族企业有子承父业模式、内部培养模式和外部空降模式三种，各自优缺点如表5-1所示。

表5-1 中国家族企业传承模式的比较分析

传承模式	优点	缺点
子承父业	1. 忠诚度高，家族成员凝聚力强，稳定度高； 2. 委托代理成本较低； 3. 企业文化不易流失； 4. 经营权与管理权合一； 5. 最关键的是家族得以延续	1. 候选人员范围较小； 2. 兴趣与能力不尽然相称； 3. 需处理好家庭成员间的冲突
内部培养	1. 对潜在接班人员注重能力的识别，尤其是品德、忠诚度对企业尤其重要； 2. 对高层人员起到激励作用，提升团队的凝聚力； 3. 绩效提升	1. 人选比子承父业多； 2. 内部复杂人脉关系和习惯势力带来约束； 3. 有包袱压力； 4. 有可能做出不利于家族的事； 5. 有时会引起高层间的激烈竞争
外部空降	1. 人选范围广泛； 2. 满足对接班人的能力要求； 3. 没有历史的包袱； 4. 习惯势力约束较少； 5. 为企业带来活力	1. 融入企业文化的时间短； 2. 忠诚度较低； 3. 文化的差异； 4. 水土不服； 5. 降低内部高层的向心力

资料来源：研究者自行整理

（一）子承父业模式

子承父业模式有深厚的历史渊源。我国古代皇位的更迭，在很多方面与家族企业传承有相似之处，比如对继承者的选择与培养。西周时期周公创制的嫡长子继承制,是周公"制礼作乐"的核心内容,"立嫡以长,不以贤"的规定,避免了大量的继承纠纷,该继承原则表现在五个方面:一是不论其贤与否,天生有继承权。二是不管老幼与否,非嫡非正均皆无分。三是不论父亲喜爱与否嫡长子皆必继承。四是嫡长子死亡,则立嫡长孙,代代推延,总以嫡长为中心。五是若无嫡长,方可另外选立。以此铁则,对当时的血缘继承带来了便利,更加安定了社会,演变至今仍有部分观念被延用。

演变至今,《中华人民共和国民法典》里对继承的解释为:继承从被继承人生理死亡或者被宣告死亡时开始。宣告死亡日期的确定如下:被宣告死亡的人,人民法院宣告死亡的判决做出之日视为其死亡的日期;因意外事件下落不明宣告死亡的,意外事件发生之日视为其死亡的日期。换句话说,法律上"继承"的发生必须是被继承人死亡或被继承人被宣告死亡的情形,家族企业创业主对家族企业财产权和所有权的处分,由于创业主在世也不可能被宣告死亡,这种情况把家族企业所有权和财产权转移给接班人,在法律上应该被认定为"赠予",而不是"继承"。但经济学界,将家族企业创始人把财产所有权和财产权转移给接班人称为"继承"或"承继"或"传承"。这点要注意区分。

(二)内部培养模式

家族外部人又分为企业人和外来人。在家族内部没有合适的接班人时,在任者通常会从家族外部人中进行选择。企业人特指在家族企业里面工作的非家族企业人员。这些人与家族企业成员一起为家族企业打拼,对家族企业价值观、企业文化、治理结构等都有认同。家族企业创业主与非家族企业人员比较熟悉和亲密,比外来人有先入为主的信任和委任。外来人是活生生从家族企业外进来的人,家族企业创始人及家族人员要费精力去了解外来人的工作能力与工作风格等。总体来说,企业人与外来人都有人选时,企业人有优先选择权。

而家族企业创业主通过对内部潜在继承者候选人的接触和观察,也能比较准确地决定继承者的人选。

(三)外部空降模式

外部空降模式在中小微家族企业中很少出现,主要原因在于中小微家族企业几乎都不是上市企业,家族企业所有权和财产权、经营管理权都被家族成员控制,家族企业所占股份高度集中在家族成员手中,这有利于将家族企业传承给家族成员。再有,家族色彩浓厚,也是不采用外部空降模式的重要原因。除非该家族企业股票上市且所有权、管理权分离，以专业化管理方式经营。

实践中，当家族企业创业主没有子女或子女太年幼时，暂时采用外部空降模式，委托外人经营，当时机一到，专业经理人仍需还政于家族成员。

二、家族企业传承模式的影响因素

家族企业的传承模式在很大程度上受产权结构、组织特征、企业内部治理模式、企业发展阶段和规模等因素的影响。

（一）产权结构

家族企业产权结构相当重要，家族企业要想让家族内部成员传承下去，必须要控制家族企业的经营管理权和财产所有权，那么必须要求家族企业的股权结构集中。股权分散的家族企业，往往考虑由非家族成员接管企业。

（二）组织特征

家族企业是一个总系统，分为企业、家族、创业者三个子系统，每个子系统都有各自的生命周期、运作原则和追求目标。创业者在总系统中具有关键性作用。

（三）企业内部治理模式

家族企业治理模式（或者说公司治理模式）目前有三种情况：契约型治理模式、利益相关者治理模式和关系型治理模式。

我国的家族企业更多的为关系型治理模式，关系型治理模式的家族企业更倾向于选择"子承父业"的内部继承模式。本书也只分析这种治理模式。

（四）企业发展阶段和规模

家族企业有自身的生命周期，一般会经历初创期—成长期—成熟期—衰退期，这些时期都与家族企业发展规模息息相关。家族企业创始人决定家族企业发展到哪个时期、规模多大时开始将家族企业经营管理权转移给接班人，是一个实践难题。首先纠结于接班人的选择问题，其次是担心家族企业资本所有权与经营管理权是否统一的问题。在家族企业发展初期，也就是初创期，企业规模较小，家族企业创始人自然一手掌控家族企业的资本所有权和家族企业的经营管理权。在这个时期，家族企业的传承大多数为"子承父业"的继承模式。随着企业的发展，规模逐渐扩大，管理日益复杂，加上激烈的市场竞争，使家族极其希望引进经营管理人才。这个阶段的家族企业会选择引进职业经理人。规模庞大的家族企业也有可能选择职业经理人继承。

职业经理人制度在我国上市公司比较完善,在中小微家族企业并不完善。受我国传统文化影响,家族企业选择接班人,家族内部人员是首选。退而求其次,才会考虑职业经理人。家族企业在考虑接班人人选顺序时,惯性思维是儿女第一。相较于把家族企业传给外部接班人,"子承父业"可能是现阶段国内家族企业成本最小的权力交接方式。

家族企业代际传承具有时间黏性和惯性,在"子承父业"的不同阶段都相当重要,每个阶段传承过程中投资策略采取不当,都会影响整个"子承父业"的进程。下面分别介绍接班人在家族企业所处的不同阶段:参与管理阶段—共同管理阶段—接收管理阶段,所应采取的相应投资策略,如表5-2所示。

表5-2 家族企业接班人在不同阶段应采取的相应投资策略

阶段	投资策略
参与管理阶段	接班人——家族企业创始人子女刚参与企业经营管理,创始人心理契约会受到一定的破坏,家族企业风险会增加,创始人会考虑这些风险,加之接班人社会关系网络少,在家族企业管理中权威有限,难以发挥优势。创始人积极扩张的投资行为会所有收敛,但对资本投资的影响不会太大
共同管理阶段	创始人与接班人共同管理家族企业的阶段是矛盾最多的阶段,比如家族成员与非家族成员之间、创始人组建的管理团队与接班人组建的团队之间、创始人与接班人各自在家族企业中的威望、家族企业元老与接班人之间的关系等,这还仅仅是人际关系方面;而业务方面的矛盾,有家族企业内外部环境、供应链上下游关系等。创始人应该正视这些矛盾,把这些矛盾发展成建设性矛盾,并在家族企业建设中得以体现。比如,为了延续家族企业社会情感财富,帮助接班人树立权威,使其令人信服,家族企业规避公司特有风险的动机更为强烈,更加关注这一阶段的短期利益,将采取更加保守和谨慎的战略决策,放弃净现值为正的高风险项目,降低长期投资规模,也更倾向于减少投资特别是研发支出来操纵财务利润,使投资变得更稳健
接收管理阶段	接班人接收管理家族企业之后,拥有了自己的管理团队,创始人退出管理岗位,接班人带领家族企业度过不稳定阶段。接班人应该重新塑造家族企业文化,企业共同价值观趋于一致,关注家族企业长远规划,比如扩大投资、推动研发新产品,接班人社会网络关系也越来越稳定。促进家族企业做出有利于企业可持续发展的长期投资决策

(五)外部市场

提高家族企业传承接班人是职业经理人的比例的前提是什么?不言而喻,

关键是让家族企业创始人信任职业经理人，能通过家族企业市场价值来判断其绩效的优劣。然后是降低家族企业创始人对优秀职业经理人的搜寻成本和代理成本。要满足这些条件，政府必须健全市场环境，尤其是营商环境，以及经理市场的信用机制和声誉机制。

三、家族企业子承父业的现实原因

我国中小微家族企业现实传承模式大都是"子承父业"。我国传统儒家文化提倡血缘继承。即家族企业传承时，家族内部成员是首选，尤其是家族企业创始人的子女。尽管调查发现，部分家族企业子女不愿意继承家族企业，部分中小微家族企业创始人也不愿意子女继承自己创下的家族企业。但现实中，到了关键时刻，绝大部分家庭企业还是实行子承父业模式。基于江苏省泰州地区中小微家族企业访谈发现，他们的家族使命，或者家族企业创业主根据子女兴趣为其寻找到与家族企业合力的关键点，是他们选择继承家族企业的原因。深层原因还有以下几点：

（一）职业经理人市场不健全

职业经理人市场不健全，是家族企业采用"子承父业"模式的客观原因之一。从法律制度视角，政府应该加强职业经理人市场的法律法规建设，特别是信用制度建设，目前这些方面还不是很完备，使企业所有者和经营者之间委托代理成本变得更高，所以往往选择家族成员来管理企业。

家族企业采用"子承父业"模式的主观原因之一是有些家族企业创业者无法相信没有血缘关系的人。当然这也不绝对。

（二）产权属性的结果

内外有别是人性决定的，家族企业产权归属决定了家族企业创始人很难做到用人不疑，疑人不用。担心自己辛苦创下的家族企业赚来的钱落入非家族成员手中，不愿意将自己千辛万苦打下的"江山"交给"外人（职业经理人）"去经营。

家族企业对家族成员与非家族成员很难做到同等对待，尤其在重大事项决策上，即使职业经理人在家族企业高级管理岗位上，也很难真正参与家族企业重大事项的最终决策。职业经理人很难找到归属感、主人翁感和心理所有权感。

（三）子承父业的传统文化基础

家族企业与非家族企业最大的区别在于：家族企业具有家族性和企业性两重特性。家族具有重要作用，家族企业受"家天下"社会管理思想的影响，是一个更大的家，正是在家本位的传统文化下，才有了"子承父业"。

我国人与人之间的信任度是随着血缘关系的不同而区别开来的，遵循一定的"差序格局"。其特点是由无数私人关系搭建的网络构成的社会。这个网络像蜘蛛网，以自己为中心，和别人联系成的社会关系就像水纹一样，一圈圈推出去，越推越远，越推越薄。

同时，我国家庭结构是以父子关系为主，家族企业的组织成员结构则是父系父权关系的延续。权力转移的原则是：直系子女优先，姻亲女婿次之，旁族旁系再次之，随着总规模的扩大，组织沿着血缘、姻缘、地缘、业缘的方向，由近及远，由亲及疏地呈现平面延展的差序关系，如亲人、族人、姻亲、近亲、远亲、同宗、同乡、同学等。

《中华人民共和国民法典》第一千一百二十七条，规定了法定继承人的范围及继承顺序。遗产按照下列顺序继承：第一顺序为配偶、子女、父母；第二顺序为兄弟姐妹、祖父母、外祖父母。继承开始后，由第一顺序继承人继承，第二顺序继承人不继承；没有第一顺序继承人继承的，由第二顺序继承人继承。本书所称子女，包括婚生子女、非婚生子女、养子女和有抚养关系的继子女。本书所称父母，包括生父母、养父母和有抚养关系的继父母。本书所称兄弟姐妹，包括同父母的兄弟姐妹、养父母的兄弟姐妹、有抚养关系的继兄弟姐妹。该法条也佐证了我国一直遵循"差序格局"。

因此，家族企业的传承是以"子承父业"为主，以"差序格局"外推来进行。

（四）主要在于处理"人"的问题

家族企业传承过程中，都围绕着处理好"人"的问题展开，包括接班人选择来源、接班人的培养、培养出的接班人素质，以及如何进入家族企业接班等方方面面。

由此看来，我国家族企业绝大部分选择"子承父业"，这并不单单是感情上的偏向所致，而是由传统伦理、市场环境、产权属性等多种因素决定的。

"子承父业"比较符合我国传统伦理和现实情况，是一种比较现实和能够接受的选择方式。许多家族企业创始人创立家族企业的最初动力就是要让自己和自己的后代能够有一份丰厚的家产，如今创业成功了，让自己的后代继承自己的产业便成了天经地义的事。创业者的后代有着前辈打下的很好的基础，只要在前期有"智囊团"加以辅佐，还是有很大可能成为成功的接班人的，况且我国自古就有"内举不避亲"的明训。

基于我国文化背景、当前职业经理人市场还有待进一步发展完善的现实环境以及家族企业本身发展的特点，我国家族企业在继任过程中不宜过急考虑实现所有权与经营权分离。

（五）"子承父业"模式的潜在风险

家族企业从某种角度可以定义为"家族的企业"，家族成员在选择接班人时会产生内部选择偏见，这符合其心理与情感需求，也可降低企业管理成本。家族成员，尤其是子女，是家族企业接班人的首要人选，家族化传承是中小微家族企业的主流传承方式。

但是，近亲传承容易产生才能萎缩，导致企业管理能力不足，尤其是在我国特有的人口政策下。大部分创业主仅有一个子女，不能像多子女家族企业一样择优选取接班人，这增加了家族企业经营风险。尤其是随着家族企业的发展壮大，在愈发复杂、动态、不确定性的环境中，这一问题更加突出。

四、泰州地区家族企业代际传承实例

在江苏省泰州地区家族企业创业主的抽样调查中，有91%都选择"子承父业"的传承形式，另有5%和4%的人选择"女承父业"与"由女儿和女婿共同继承"。但不论采取何种形式，企业创始人最终还是期望将自己创下的家业传于家族的后代。

正如费孝通先生所说，中国社会是一种以自己为中心，以血缘为纽带，层层外推的同心圆波纹，这称为"差序格局"。在家族企业里也是一样，最中心的便是直系亲属，信任感最强，最易托付，而血缘关系越推向外圈，则信任感越弱。因此，家族企业一般都由某个家族牢牢控制，因为他们认为只有自己家族的人才会最珍惜自己创下的基业。同样，泰州家族企业主在选择接班人的时候，首选的是自己的儿子，也只有在儿子没有能力继承或不愿继承的时候，才会去选择其他适合的家庭成员，更少会考虑家庭成员以外的成员。对父母来说，将他们的希望和梦想永续的最好方式，就是将他们一生所从事和建立的事业传递给他们的子孙，并代代相传，这是人类的天性。

可见，"子承父业"传承模式无论是现在，还是未来，都将是我国家族企业，尤其是中小微家族企业传承的主流，大致可分三种类型，如表 5-3 所示。

表 5-3 我国家族企业传承主流类型

类型	内容
子女	这要看创业主子女人数的多寡,人数少易安排,若子女多,则需妥善安排,以减少冲突与纷争。在泰州通常企业主将子女分派到不同子公司或同企业的不同单位任职,如泰州"卤肉一绝"企业,长女负责管理泰州海陵区"卤肉一绝"两家门店,次女负责管理泰州姜堰区"卤肉一绝"一家门店
亲戚	泛指血亲与姻亲关系,如堂兄弟、叔伯、女婿、甥舅等,而企业主选择亲戚的原因,主要是这些亲戚或其父辈与企业主一起创业经营,或是企业主本身缺乏足够或足以胜任的子女等
独立创业	接班人中,也有靠自己力量创业的;独立创业的特点是充满年轻的活力与气魄,而在上一代的刻意培育下,几乎也都具有专业的经营管理能力

五、调研启示

(一)选择合适的传承模式

当前,我国家族企业仍以中小微企业为主,"子承父业"的传承模式较为普遍。家族企业内缺乏明确的规章制度和完善的监督激励机制。在企业的经营管理中,很多家族企业虽然引进了职业经理人,但实际上家族仍控制着企业的重大决策。

但不能一概而论,企业在借鉴传承模式时,要结合自己企业的现状,选择适合自己企业的传承模式。

(二)完善外部市场

职业经理人之所以很难接管家族企业,关键在于职业经理人不是家族成员;其次在于不管是外部市场还是家族企业内部,都没有彻底地监督制约职业经理人的机制,导致职业经理人在家族企业中始终扮演不被充分信任的角色,重大事项决策权都在家族成员手中。只有在法律法规明细上完善资本市场和经理市场,才能有效监督家族企业职业经理人,才有助于家族企业传承模式多样化,并保持良好发展。

(三)明确产权结构

产权清晰不但有利于企业通过赠予股权的方式激励和约束职业经理人,也有利于增加企业的融资能力,并避免企业规模扩大之后因产权主体之间的矛盾而影响企业的发展。完善的契约制度才能保证职业经理人在家族企业中发挥自己的作用。

(四)制订家族企业传承计划

缺乏继承计划是许多家族企业不能持续发展的一个重要原因。完善的传承计划有利于管理权的平稳移交。从家族企业之外获得工作经验被认为是接班人培养的一种有效方式。适当引入外来人才加上企业内部的老员工对接班人进行辅导和帮助，这也很符合现阶段的中国家族企业。

在解决家族企业的承继问题时，应由传承双方共同做出努力。从企业主的角度来看，要特别注意以下两个方面。

一是接班人培养要趁早着手。培养接班人是一个长期过程，花费时间长达几年甚至几十年，不可能几个月一蹴而就。家族企业创业者必须趁早开始培养接班人，在接班人很小的时候，就应灌输企业家精神，家国情怀、公益爱心等可以通过学校的显性知识获得，也可以通过家族企业创始人的言传身教获得，比如可以让未来接班人多参加家族企业开展的社会担当类的活动。此外，可以让未来接班人从学校毕业后，到家族企业基层、中层岗位锻炼，或者到外部企业工作，在实践中培育企业家精神。

二是适当放权给拟定接班人。为了让家族企业顺利健康地传承下去，拟定接班人必须参加全方位训练。家族企业创业者可以通过压担子的方式，让拟定接班人多承担一些家族企业任务，最好是单独带领家族企业某一较独立的项目或者部门，让拟定接班人有机会熟悉业务。所有这些必须通过家族企业创业者适当放权给拟定接班人来实现。

当然，接班人自己更应该主动解决在家族企业中遇到的问题，为自己能真正承继家族企业做好准备。一是在家族企业中树立权威。家族企业创始人一手创建了家族企业，在家族企业员工中得到了忠实的拥护，除了因为自己是家族企业领导人外，还在于自身具有的人格魅力。接班人要不断提升自己的人格魅力和领导能力，获得家族企业创始人、家族企业元老以及家族企业非家族成员的大量认可，这样才能树立很好的权威。二是构建自己的团队。其前提是家族企业创始人必须支持接班人组建自己的团队，这可以避免因家族企业元老级员工的离职而使家族企业发生动荡。三是家族企业文化认同。由于家族企业创始人与接班人毕竟是不同个体，展现出来的领导风格、人格魅力都有差异，接班人接管家族企业经营管理权后，应该重建家族企业文化。家族企业文化是家族企业的灵魂，只有得到家族企业员工的认同，家族企业才会得到很好的发展。

因此，如何有规划地将家族企业内部人员培养成一名合格的接班人，一直是中小微家族企业创业主面临和思考的关键课题。比如哪些因素会影响我国家族企业接班人培养方式的选择，如何确定家族企业家庭成员的接班人选，如何培育第二代成员，采用何种培育形态和训练方式以及何种接班模式，等等。

家族企业的代际传承过程涵盖"教育历程""接班方式"以及"传承类型"。

在这一过程中，家族企业创始人的角色很重要，创始人担负着对接班人培育和指导的重任，当接班人接管家族企业经营管理权后，又要学会放手、支持接班人的工作。因为家族企业传承的不仅是职位和财产，即权力继承和财产继承，更要传承其企业家精神，培养其领袖格局，即权威继承。

第二节　代际转移企业家精神的影响因素

如第一章所述，本书"代际转移企业家精神"特指家族企业创业主与接班人之间个体层面的企业家精神转移。企业家精神属于隐性知识，企业家隐性知识的转移具有"黏性"。这种"黏性"知识，是高度个人化、难以形式化、显性化，难以与他人共享的知识，它根植于个人的行为、经验、观念、价值、情感等之中，镶嵌于实践活动之中，在行动中展现，被觉察、被意会。这种知识很难通过书本或者培训获得。而家族企业的创业主——父辈与子女——接班人的血脉亲情使得企业经营与企业家精神的传授浑然一体，这种知识的迁移顺理成章、毫无保留。探究哪些因素会影响以及如何影响家族企业企业家精神在两代人之间的有效转移显得尤为重要。综合梳理相关文献，归纳为以下六个方面。

一、企业家精神的识别问题

在代际转移家族企业创业主企业家精神的第一步，要识别创业主企业家精神的内涵以及创业主具备企业家精神的哪方面知识。在这一点上，在任创业主并没有直接感知到自己的知识是什么，在任创业主不得不反思自己的行为和决策所体现出的企业家精神，以便于筛选对接班人具有重要意义的企业家知识。此外，为了避免接班人知识与创业主转移的知识无法有效沟通，阻碍代际间企业家精神知识的转移，接班人应该发挥主观能动性，主动了解、分析和获取创业主的企业家精神。

如果接班人对家族企业知识储备充足，可能减少因相关企业家精神的识别和转移所引发的问题。从年少开始和家族成员一起生活，并经常到家族企业工作能够使接班人感受接班人的心路历程、想法和经验，这些经历可以使接班人的相关企业家精神逐步被曝光、识别，有利于家族企业传承过程中企业家精神在代际顺利、高效转移。

二、接班人的能力和动机

在接管家族企业所需的众多能力当中,接班人吸收创业主的企业家精神对于企业家精神成功转移非常重要。吸收能力特指接班人识别家族企业创业主的企业家精神并内化于自身,然后把内化的企业家精神应用于家族企业中的能力。创业主的企业家精神属于隐性知识,是含蓄的,需要经过经验沉淀,许多需要事先交换,常见的社会化和先天的理解与信任都可以提升接班人的吸收能力。当接班人初步具备家族企业的知识时,在一定程度上有助于其接受创业主转移的企业家精神。反之,如果接班人自身没有一定的家族企业的知识储备,那么就不能很好地理解和吸收新的知识,更不可能对创业主所拥有的隐性知识——企业家精神进行重构和编码,最终形成自己的知识体系。

当然,除了家族企业接班人的吸收能力有利于其对企业家精神的接受,家族企业创业主优异的知识传递能力也是提高知识转移效率和质量的重要前提。知识转移能力是知识发送者能够根据隐性知识的特性,选择合适的传递渠道,并以适合的理解和吸收方式传递知识。创业主在创建家族企业过程中积累大量的隐性知识——企业家精神具有默会性、专有性,往往难以表达和编码,所以创业主必须提高自身的知识转移能力,与接班人建立良好的关系,赢得接班人的信任,从而有助于企业家精神这一隐性知识的转移。

三、企业家代际信任关系

企业家精神的转移发生在亲密的两代人之间,基于两代人之间的信任关系。企业家精神能否有效传递的前提是在任的创业主必须明确接班人是否值得信任,两代人缺乏信任是影响家族企业企业家精神传承的重要因素之一。必要的信任在于创业主适当放权给接班人。在家族企业传承中,两代企业家相互信任的程度影响企业家精神的转移过程。嵌入家庭的这个信任不同于企业内的信任,家庭信任起源于家庭,它的发展不同于非家族企业。两个个体关系的强度不同决定了感受到的信任级别与企业家精神的发送和接收者的亲密程度具有差异。因此,创业主和接班人的关键特征是必须要有积极的共同感受和成熟的沟通,这样两代人的关系就会变得越发成熟,这种成熟更倾向于工作职场关系。两代人之间要有积极的共同感受和成熟的沟通必须要求调和两代人的期望。在家族企业工作时,接班人应该接受创业主的某个策略,即使自己内心不同意。同样地,创业主也应该力图适应接班人的某些发展需要。

在实践中，家族企业创业主往往以导师制和督导制的形式参与到接班人承继企业家精神的培养中，两代人紧密的互动是企业家精神这一隐性知识传递的较优形式。这种学习方法促进接班人对企业家精神这一隐性知识的吸收。

创业主与接班人两代人关系越好，越具有理解、互助、尊重、开放、诚实和成熟沟通的特征，那双方就有可能表达自己真实的愿景和期望，越有利于接班人接受创业主优秀的企业家精神，从而实现企业家精神的代际转移，促进家族企业健康持续发展。

四、家族情景

家族情景如果具有和谐、价值观一致、信任满满等特征更可能培养出高质量的家族成员关系，从而促进企业家精神这一隐性知识的转移。家族情景主要体现在家族成员间的关系上。

在家族成员内，促进企业家精神这一隐性知识交换的特征表现为他们的承诺、信心、信任、名誉和强烈的身份认同。家族成员面对面交流，更多成员和谐地工作在一起，彼此帮助来创造、分享和转移他们的知识，成员越团结越拉近彼此身体的距离，知识越容易转移，这是因为将有更多的非正式接触的机会。在非正式的接触中将获得更多的知识，无意识地传输知识，特别是企业家精神这一隐性知识。

五、接班人性别

有学者研究表明，男女接班人在获取企业知识时是有差异的，所以，接班人的性别差异在家族企业传承企业家精神的过程中是有差异的。有学者认为，比起父子间关系质量可能受到性别的影响，父女之间通常具有更多的互补性以及更少出现争议。总之，每个家庭父子或父女关系不同，在传承企业家精神时要考虑到性别因素的影响。

六、裙带关系

裙带关系分为互惠裙带和权力裙带两种类型。互惠裙带与三个家族情况有关（互相依赖、交流程度、对家族成员的法定扶养义务）。这些情况在企业内家庭成员之间导致广义的社会交换关系。这种社会关系有助于企业家精神这一隐性知识的转移，最终保持或改善家族企业的竞争优势。与此相反，权力裙带不考虑家族情况发生的变化，限制企业内家族成员内的社会交换，最终忽视与家族关系有关的潜在利益等。

第三节　企业家精神的传承过程

家族企业传承不仅要传其职位、财富，更要传其企业家精神，并培养其领袖格局。而且传承是一个过程，而不是一个特定时点，因此接班过程的质量越高，对企业发展越有利。家族企业传承过程可分为五个阶段：传承计划、培养、指导、放手及支持。如果两代人之间终止或延缓这个过程，在每个阶段都可能产生矛盾及并阻碍家族企业发展。

一、权力移转视角的传承模式

家族企业传承完毕与否的标志在于权力转移是否完成。在家族企业权力完全转移前，传承并没有完成。而且传承不是一个时间点，而是一个时间段，这个时间段是一个比较长的过程，是一边交接一边培养的过程。换句话说，传承和培养在时间上大多是重叠的。企业家精神的传承和培养大多也是重叠的。

传承模式最常见的有两种：一种是接班人从基层做起，权力逐渐转移。这种模式有利于对接班人企业家精神的历练。这需要家族企业创办者具有大格局以及长远的眼光与规划，逐步完成最后传承，这段时间可能长达十多年。例如，泰州某玻璃厂老板，先让儿子在基层锻炼，当其升任上一级主管后才将权力转移给儿子，目的是让他在不同层级岗位上锻炼业务处理能力以及沟通能力，这有利于他在不同层级岗位上提升企业家精神，因为不同层级岗位强调的企业家精神内涵不同。越是基层岗位越强调战术层面的企业家精神，越是高层岗位越强调战略层次的企业家精神。该模式具体到家族企业管理上的优点在于接班人能积累各个不同层级岗位上的工作经验，吸收到各方面的管理技能，更能体会基层员工的需求，对以后掌握大局成为家族企业掌舵人时有很大帮助，且容易被重要员工和老员工肯定。其缺点是时间长，接班人能力或个性上的弱点易被下属掌握。

另一种是接班人由高层主管做起，权力逐渐转移。该模式一开始就安排拟定接班人从部门经理、副总经理或总经理特别助理等职位做起，边做边学。该模式有的具有实权，有的不具有实权，前者大多是因为家族企业主突逢变故，拟定接班人通常年纪较小、经验不足；后者由家族企业主亲自监督培养，教其自如进退并接触与业务有关的人，传承人际关系，待时机成熟给予其重任。这两种方式对拟定接班人企业家精神都有不同程度的锻炼。

二、家族企业创始人与接班人的影响力

（一）两个系统的共同目标

家族企业具有家族性和企业性双重特性，既有家族性目标，又有企业性目标。家族性目标重在家族利益，家族利益不仅仅强调经济利益，还强调非经济利益，比如社会责任等，企业性目标多半强调经济利益。这两个目标系统的交叉处，就是一个主要目标。这个主要目标是选定接班人，并制订系统的接班人培育指导计划，尤其是隐性知识，比如家族企业创始人企业家精神的传承等。接班人选择得好和培育得好，是家族企业能够长久传承下去的根本。

（二）创业型家族企业创始人的影响力

创业型家族企业创始人在家族中影响巨大，是家族规则的坚定执行者，家族以创始人为荣。创始人在家族企业中也是领导人，人格魅力影响巨大。企业员工（包括家族成员和非家族成员）对创始人的人格魅力和领导能力给予高度认可。创始人的企业家精神也不折不扣地在家族价值观和企业文化中得到体现。其具体表现在通过创办企业，给家族成员和非家族成员都带来了可观的利润。当然，这种威信的前提在于控制着家族企业的资产所有权和经营管理权。

（三）接班型家族企业企业主的影响力

创业难，守业更难，家族企业接班人就是带着这种使命在家族企业中工作。接班人在完全接管家族企业经营管理权之后，家族企业创始人应该学会放手，不要再干预家族企业重特大事项的决策，疑人不用，用人不疑。假设在家族企业管理过程中，重特大事项还是家族企业创始人定板，则不利于家族企业接班人树立权威。当然，家族企业创始人在家族成员中权威最高，家族企业接班人永远不可超越，但在企业这个系统中，家族企业接班人应该尽早超过家族企业创始人的权威，超过的方式有很多种，比如通过实际企业绩效，让家族企业中的家族成员和非家族成员发自内心地佩服自己的经营管理能力等。

（四）影响力的此消彼长

随着接班人完全接管家族企业经营管理权，即使家族企业所有权仍然在家族企业创始人手中，家族企业创始人与接班人在家族和企业两个系统中的权威也发生了变化。对家族而言，接班人在家族中的地位、威信在攀升，但是还不能超越家族企业创始人，无论从尊老爱幼角度，还是从为家族做出贡献的角度来讲，家族企业创始人的地位、权威一直都在接班人之上。但对家族企业而言，接班人的地位、权威应该尽快超越创始人，这样才有利于家族企业在接班人接

管后，健康快速发展。通常创始人对家族的影响力大于企业的影响力，而接班人对企业的影响力大于对家族的影响力。

第四节　企业家精神的传承机制

企业家精神根据其隐匿性、专用性和转移的难易程度，划分为难、较难和较易三类并以此作为纵坐标，同时根据隐性知识——企业家精神自身的性质，分为企业家个体特征和价值层面企业家精神、企业家行为和能力层面企业家精神、企业家的社会责任意识层面企业家精神，并以此作为横坐标，构建了隐性知识——企业家精神要素的分类矩阵，如表5-4所示。

表5-4　家族企业代际培育与传承企业家精神分类矩阵

难易程度	具体内容
难	企业家的社会责任意识层面企业家精神：根据企业家精神带来的不同效益，将企业家精神视为企业家个人或公司整体的社会责任，其主要体现在经济责任、法律责任、伦理责任和公益责任等方面。① 经济责任主要体现在企业家精神对经济增长的作用上，是不断推动企业发展和促进我国经济繁荣的关键因素。② 法律责任具体来说就是企业家个人及家族企业遵纪守法和契约精神。③ 伦理责任。它要求负责任的企业不能只具有消极被动的责任意识，更应该具有"预防性的责任"或"前瞻性的责任"意识，以一种事先责任的精神，以未来要做的事情为导向，在确定行为的目的、手段、结果都无害之后，才去从事追求盈利的生产经营活动。④ 公益责任又称为慈善责任，主要体现在为社会提供更多的就业岗位、参与社会公益和慈善事业等，在履行责任的过程中彰显出优秀的企业家精神
较难	企业家行为和能力层面企业家精神：包括机会认知能力、机会把握能力、市场资源的获取和整合能力，企业家的专业知识水平、管理技能、实现创新创业的能力，对内部人际关系的处理能力以及对外部社会关系资源的动用能力等，包括在企业从事独立和完整的创新创业活动（如战略更新活动、公司创业活动等）、与其他企业的合作精神等
较易	企业家个体特征和价值层面企业家精神：以创新创业为基础的做事与思考方式，以及创业者的独特特征，比如冒风险的倾向、对失败的容忍、内控能力强（诚实守信、遵纪守法、爱国情怀等）、自我效能高（社会责任感强、勤劳持家、艰苦创业等品质）

资料来源：研究者自行整理

一、企业家精神培育与传承的四阶段分析

家族企业传承过程中在对拟定接班人的培育与传承时间上往往是重叠的，

那么对拟定接班人企业家精神的培育与传承也是重叠的，而且家族企业接班人企业家精神的培育与传承过程和家族企业接班人的培育与传承过程也是重叠的。

企业家精神的培育与传承是家族企业接班人通过不同学习情景、工作情景、途径和方法，获取家族企业创始人的核心竞争力，经过消化吸收后贯彻执行于家族企业的可持续发展之中。这个过程也是家族企业的传承过程。针对家族企业代际传承阶段不同，企业家精神传承的侧重点也会有所差异。因此，家族企业代际传承企业家精神的转移机理，需要根据家族传承的各个阶段来确定企业家精神的转移阶段。

本书借鉴刘晖学者撰写的博士学位毕业论文《基于隐性知识转移视角的家族企业代际传承研究》，将家族企业的传承阶段分为传承准备期—实施期—准完成期—完成期四个阶段，并对应地将企业家精神的转移阶段分为初始—执行—整合—植入四个阶段，以此构建家族企业传承过程中企业家精神转移机理的理论框架，并确定企业家精神的各个转移阶段需要传承的要素和转移的途径。

（一）初始阶段家族企业企业家精神转移机理分析

1. 初始阶段家族企业企业家精神转移的背景

企业家精神转移的初始阶段对应的是家族企业传承的准备阶段，这一阶段偏重于企业家精神个体特征和价值层面的培养，包括以创新创业为基础的做事与思考方式，以及创业者的独特特征，比如冒风险的倾向、对失败的容忍、内控能力强（诚实守信、遵纪守法、爱国情怀等）、自我效能高（社会责任感强、勤劳持家、艰苦创业等品质），等等。

家族企业创始人开始制订传承计划，其实在传承计划中主要内容应该是创始人企业家精神的传承。由于创始人的孩子绝大部分都是独生子女，独生子女自然就成了接班人的候选人。但接班人怎么吸收创始人的企业家精神是家族企业传承计划中必须要思考的重要问题。

首先，要弄清楚创始人企业家精神包括哪些要素，这些要素在家族企业经营管理、发展壮大过程中发挥了什么样的作用，家族企业创始人自身要进行归纳总结。其次，要根据接班人——家族企业创始人子女的具体情况，有针对性地选择合适的时间段、方式以及渠道把企业家精神的传承融入传承计划之中，让自己的子女能进入家族企业，最终接班，并为之做好充分的准备。

家庭企业创始人在子女尚未进入家族企业甚至在子女成长期间就开始灌输和本家族企业相关的内容。而其子女此时正处于青年期，大多在外求学或者在其他企业历练,以求得更好的人生体验,拓展自身的学识、视野和社会经验,此时也是学习和接受能力最强的时期。这个阶段也可以认为是子女培养的初始阶段,主要目标是使其提升基础素质,增强自身的接班信心和意愿。

初始阶段接班人长期生长在家族环境之中,除了在学校学知识之外,家庭和家族就成了接班人知识的另一大主要来源。当然不仅仅指书本知识,还包括很多实践知识。此期间也是家族企业创业主对接班人有意识的培养过程,通过适当的言传身教就会让接班人耳濡目染并接触大量和家族相关的企业家精神。例如,在茶余饭后讲述家族企业在经营过程中遇到的困难,通过哪些方法解决了这些困难,最终又是如何获得成功的,这些不经意间面对面的沟通与交流,在无形中会帮助接班人逐步了解家族企业的相关情况,甚至可能会使继任者对接受家族企业产生兴趣,进而产生自豪感和使命感。同时,这也培养了接班人以创新创业为基础的做事与思考方式。

家族成员特别是创始人企业家精神深深地影响着家族企业文化的建设,创始人的企业价值观,对企业面对国内外环境、同行竞争者等所具有的思维应对方式,以及对人对事的方式尤其是企业应该承担的社会责任等方面,都会潜移默化地影响接班人对家族企业的认知。同时,接班人长时间在学校学习,在学校所学的通用知识以及自身在成长过程中无意识地接受的基础性家族企业知识也会在接班人身上留下深深的"烙印",不会随着接班人后期真正加入家族企业管理或者时间的流逝而消失,这是接班人接受正式的企业家精神转移的基础。其实,企业家精神的转移在代际传承尚未开始时的培育过程中就悄悄发生了。

2. 初始阶段家族企业企业家精神转移的过程

本阶段主要转移的企业家精神为企业基础管理经验和诀窍中体现出来的精神。该阶段就接任者自身的知识储备来说,主要包括在学校学到的部分通用性知识和自身在成长过程中无意识接受的基础性家族企业知识。在学校学到的通用性知识多为显性知识,而部分基础性家族知识则为隐性知识。

该阶段接班人尚未进入家族企业,自身处于求学期或者身处社会之中,对知识的获取呈现多元化,渠道呈现多样化。学校的显性知识,基于渠道的正式性和规范性,其转移相对通畅和简单,难以转移的只是接班人不感兴趣的那些显性知识。而影响企业基础管理经验和诀窍的隐性知识——企业家精神的转移因素却很多,下面主要从五个方面来阐述。

(1) 企业家精神知识特性。

此阶段偏重于培养企业家精神个体特征和价值层面的知识。其包括以创新创业为基础的做事与思考方式，以及创业者的独特特征，比如冒风险的倾向、对失败的容忍、内控能力强（诚实守信、遵纪守法、爱国情怀等）、自我效能高（社会责任感强、勤劳持家、艰苦创业等品质），等等。虽然企业家精神属于隐性知识，但企业家精神个体特征和价值层面的知识隐性程度比较低，家族企业创业主与接班人之间沟通出现的障碍很容易通过身边发生的实例解决。

（2）家族企业创业主的意愿。

家族企业创业主是否想转移企业家精神，以及转移哪些企业家精神，主要取决于创业主对接班人的看法，这种看法包括接班人对隐性知识——企业家精神的接受度如何。创业主担心转移太多或者太心急，接班人会产生抵触情绪，这样反而不利于企业家精神的转移。这就需要家族企业创业主与接班人多进行情感方面的沟通，减少认知型冲突和情感型冲突。创业主应表达希望接班人加盟家族企业的愿望。基于我国家族企业"子承父业"的传统以及对社会情感财富的考量，即使接班人能力不足，创业主也会放弃一部分企业绩效来换取社会情感财富的保存。因为家族企业不同于非家族企业，它不仅有企业自身发展目标，还有家族发展目标，是双目标综合体。

（3）接班人的意愿。

在这个阶段，接班人接受企业家精神的意愿比较容易受自身因素和周边环境的影响。接班人意愿强烈与否取决于接班人对自身能力的评估和对自己未来身份的认同程度。表5–5是初始阶段家族企业企业家精神转移接班人意愿影响因素。

表5–5 初始阶段家族企业企业家精神转移接班人意愿影响因素

影响因素	含义	具体事例
对自身能力的评估	接班人对家族企业是否独立接管的信心	比如，接班人在学业上遇到重大挫折，或者在恋爱过程中遭遇对方抛弃等，自己对事业无精打采，对接管家族企业没有一点兴趣，而且认为自己不能胜任
对自己未来身份的认同	接班人的职业规划，对未来身份的明确认知。当然这与接班人个人兴趣爱好和自信心都有一定的关系	① 家族企业创始人以家族的名义赋予接班人太多家族使命和责任，对接班人充满希望，结果有可能适得其反。接班人承受不了这个压力，本来接管家族企业的自信心和能力就缺乏，这样更是雪上加霜。② 家族企业接班人有自己的兴趣爱好，想做自己喜欢的行业，甚至想跨代创业。但基于家族中的权威，自己被动接管家族企业

资料来源：根据刘晖学者的研究整理

(4)家族氛围。

家族氛围对该阶段企业家精神的转移影响很大,如果接班人处在比较融洽的家族氛围之中,而不是处在争吵不断的家族氛围之中,不管是基于家族琐事还是家族企业利益吵架,都会潜在地影响接班人的接班意愿。如果父母从小多陪伴孩子,付出努力和成本对孩子进行培养,家族企业成员对接班人也很友好,并支持接班人将来接管家族企业,则接班人与家族企业创始人沟通就会很通畅。同时,接班人也很欣赏家族企业创始人的才干、孝顺父母、尊重家族其他成员的利益,更愿意和家族企业创始人交流自己的想法,会使接班意愿得到加强,为此阶段企业家精神的转移提供良好的背景。

(5)双方的物理距离。

由于两代人的成长环境、社会背景、接受教育等不同,导致思维观念的差异客观存在,但双方的物理距离也是造成企业家精神转移的阻碍之一。

物理距离是指因地理空间上的距离引起的时间、交流的花费以及两者面对面交流所存在的困难,二者之间的物理距离与知识转移显显著负相关关系。双方的物理距离使得该阶段的企业家精神较难转移。

创业主的子女在外求学或者不在本家族企业历练,创业主与子女之间面对面沟通时间很少,企业家精神等知识的转移只能通过电话、视频等渠道间接进行。转移的速度和频率将大打折扣,接班人接受的效果很难得到保障。尽管企业家精神个体特征与价值观层面属于浅层次的隐性知识,比如企业基础管理经验和诀窍就属于企业家精神个体特征与价值观层面的业务内容。从接受难易程度上讲,属于很容易的范畴,但由于创业主与接班人的物理距离增加了接受难度,要想提高接班人的接受度,必须靠接班人自我领悟。

在转移过程中,创业主要善于识别,在这个阶段重点转移哪些企业家精神,并明确把转移列入知识转移计划之中,知识转移计划的基础是让接班人保持强烈的知识接受欲望。

创业主应该同时鼓励接班人在学校主修或者选修企业家精神个体特征与价值观方面的知识,在具体业务上主修企业经营管理方面的知识。如果已经在外工作,也可在工作之余学习这些知识。创业主要经常与接班人沟通,给予接班人足够的动力和信心。

创业主不应该把家族企业的经营压力代入家庭之中,长期这样会对家庭氛围造成负面影响,接班人在无意中对接管家族企业产生抵触,接班人的家族企业心理所有权就会降低。创业主应该以此训为戒,主动调整情绪和心态,多与接班人分享企业经营的成功和喜悦，或者遇到经营困难怎样克服，并得到圆满解决的成功经验，营造和谐幸福的家庭氛围。

创业主更要从家族和企业命运共同体的高度来培养接班人对家族企业重要性的认知，尊重接班人的真实职业需求和真实兴趣爱好，把接班人的真实需求、真实爱好巧妙地融入家族企业规划之中，尽可能为接班人创造展现和锻炼的机会，帮助接班人在家族企业中找到家庭和事业的双重归属感。

综上所述，在这个阶段，创业主首先应明确自身对企业家精神的转移动机和意愿，制订较为完善的企业家精神转移计划，除了考虑转移哪些企业家精神和转移的时间段之外，还应当将对接班人的情感维护也考虑进去，进而提升其接受意愿。

再有，接班人在这个阶段尚未进入家族企业，接班动机和意愿不够坚定；同时，接班人接班意愿受家族企业组织情景的影响，这些成为本阶段企业家精神转移最不确定的因素。

从转移的内容来看，本阶段主要转移的是浅层次的企业家精神，即企业家精神个体特征和价值层面的知识。具体企业管理业务是企业基础管理经验和诀窍，转移的方式由于受到空间的限制而采用非正式渠道的沟通。

3. 初始阶段家族企业企业家精神转移效果分析

初始阶段企业家精神转移结束后，其转移的效果可以从以下三个方面进行衡量。

（1）资源耗费视角。

该阶段接班人尚未进入家族企业，转移企业家精神偏向于个体特征和价值层面的知识，具体企业管理业务为基本的家族企业管理经验和诀窍等，属于浅层次的隐性知识，从转移的难度上来说较为容易，因此该阶段企业家精神转移的资源耗费较少，主要是创业主和接班人时间和精力上的耗费，涉及其他人力、物力和财力的耗费则很少。

（2）转移双方主观评价视角。

企业基础管理经验和诀窍本身相对较易转移，其隐匿性对双方的满意度造成的负面影响并不大，双方的转移意愿尤其是接班人的接受意愿才会对双方知识转移的满意度造成很大影响。如果接班人接受意愿不强，那么就会在转移过程中表现出消极懈怠，影响转移双方的满意度。

（3）接班人对企业家精神知识吸收和创新视角。

从知识吸收和创新的视角看，企业基础管理经验和诀窍易被接班人吸收并内化，但这时接班人关于家族企业管理的知识存量并不多，很难在此基础上创新，形成自己的管理特色。

知识转移成本涵盖了整个家族企业为知识转移所耗费的所有人力、物力、财力、精力和时间。如果接班人心存疑虑，或者不愿意接班则会影响其对知识的吸收和内化，也就更谈不上创新了。最后，如果假设此阶段知识转移顺利，应综合考虑继任者的知识存量和本阶段知识转移后知识的增量。

（二）执行阶段家族企业企业家精神转移机理分析

1. 执行阶段家族企业企业家精神转移的背景

企业家精神转移的执行阶段对应家族企业培育与传承的实施阶段，偏重于企业家精神中企业家行为和能力层面的培养。

该阶段起始于接班人正式进入父辈的家族企业，从基层做起并成为企业的全职员工，逐渐历练升至中层，直到进入高层管理团队而结束。绝大多数家族企业创业主认为，接班人应该从基层（至少是从中层）做起，直接接管家族企业的情况几乎没有，除非家族企业创业主发生意外，又没有其他办法，才会发生这种情况，但这不属于本书探究的范围。

深层次原因有：一是接班人——创业主子女（特指独生子女这种情况）从家族企业基层或者中层做起，处理家族企业经营业务中的各种事务，这样接班人企业家精神得到了很好的培育，同时，经过一段时间的锻炼和成长，接班人逐步进入高层。当然，这个过程可能持续几年或者十多年，而不是一年半载的过渡。

二是接班人经过家族企业基层或者中层岗位的历练，企业家精神中显现的机会认知能力、机会把握能力、市场资源的获取和整合能力、企业家的专业知识水平、管理技能、实现创新创业的能力、对内部人际关系的处理能力、对外部社会关系资源的动用能力，以及在企业从事独立和完整的创新创业活动（如战略更新活动、公司创业活动等）、与其他企业的合作精神等都会得到大幅提高，从而为未来获得更高层次的知识奠定扎实基础，并对接班后的企业绩效有着积极的影响。

三是在基层或中层岗位经过比较长时间的历练，思想更加成熟，接班意愿表达也不再是暂时的和未深思熟虑的，接班人进入家族企业之后参与得越久、越广，放弃接班的风险就变得越小。在这个阶段对于接班人来说，经过上一个阶段的思考，已经基本确定自身的定位或是对自己作为接班人的身份有了初步的认同。

但由于年龄和经历的制约，从接班人的知识结构来看，此时接班人的知识主要是显性知识，即从学校所学知识以及平时零散积累的知识，存在于接班人知识体系的下端，容量多并构成接班人整个知识体系的基础。顶端的家族企业企业家知识来源于接班人成长时期创业主潜移默化的转移，包括创始人的个性特征以及浅层次的思维习惯、价值观、行为方式等，接班人对其以"润物细无声"的方式吸收并逐渐内化为自身思维和行为范式的一部分，这部分知识和下端的显性知识都是经过长年累积而成，其内化程度很高，不易因受环境影响而丢失。

从创始人那里转移的企业基础管理经验和诀窍则位于接班人知识体系的中端，它们属于浅层次的企业家精神。由于刚刚发生转移，还不足以对接班人产生根深蒂固的影响，它一方面可以和下端的显性知识相融合，学校的科学文化知识有助于接班人理解企业基础管理经验和诀窍；另一方面也可以和顶端的基本家族性知识相衔接，将自身的思维和行为范式以及价值判断融入企业基础管理经验和诀窍之中，巩固接班人对其内化的程度。

对创始人而言，则会根据传承计划安排接班人进入家族企业后的一系列活动，一般会让其了解企业的生产经营流程，乃至整个企业的运营机制，从微观到宏观，都需要接班人有一个综合的认识和把握。同时，通过建立良好的接班人辅助机制，建立一个高质量的辅佐团队，对接班人能力不足的部分进行弥补。对整个企业来说，此时接班人刚刚进入企业，虽然这个行为已经预示家族企业的传承进入了实质性的阶段，但是接班人还没有进入高层管理团队，也没参与企业长远的战略决策和重要方针制度的制定，因此不会和企业高层产生有关经营管理方面的实际冲突。这就意味着在这个阶段，家族企业的整体内部环境较为稳定，不会出现大的震动。

2. 执行阶段家族企业企业家精神的转移过程

该阶段接班人刚进入家族企业，是被动学习阶段。接班人除了自身努力外，需要企业内部有经验的管理团队或个人的帮助。上一阶段转移的企业家精神中个体特征及价值层面的隐性知识，具体包括企业基础管理经验和诀窍，会在这个阶段给予充分应用和强化，但上一阶段属于通用性的隐性知识，针对性不是很强，家族企业核心管理经验和诀窍却具有专用性，针对不同家族企业的特征、情境，所使用的管理经验、诀窍也有所不同，因此企业核心管理经验和诀窍必须等到接班人进入企业之后方可转移，同时企业家能力的培养也需要在这个阶段逐步展开，由于在这个阶段接班人尚未进入高层，仅仅是在基层和中层历练，因此发表自身意见并参与家族企业重大决策的机会并不多。

本书认为,在这个阶段主要转移的企业家精神偏重于企业家行为和能力层面的知识,以基础的企业家能力为主,具体包括机会认知能力、机会把握能力、市场资源的获取和整合能力,企业家的专业知识水平、管理技能、实现创新创业的能力,对内部人际关系的处理能力以及对外部社会关系资源的动用能力等,包括在企业从事独立和完整的创新创业活动(如战略更新活动、公司创业活动等)、与其他企业的合作精神、企业核心管理经验和诀窍、内部关系网络和企业家基础能力,等等。

在这个阶段,由于家族企业创业主为接班人配备了辅佐团队,因此除了创始人向接班人进行主要的企业家精神的转移外,辅佐团队也会有部分企业家精神转移给接班人,主要是企业核心管理经验和企业家的基础能力。从某种角度讲,家族企业创业主的企业家精神已经在家族企业辅佐团队心里打下烙印,不然家族企业无法体现出企业层面的企业家精神。

当然,由于接班人刚进入企业,除了要重点获取上述企业家精神之外,对企业的历史资料、规章制度、技术标准等显性知识的学习也是必要的,具体可以通过参加员工培训、商务谈判、电话会议、视频会议等交流互动的学习方式来获取。

本阶段要将这些企业家精神要素顺利转移,也会受到各种因素的影响,具体从以下五个方面来考量:

(1)企业核心管理经验和诀窍、内部关系网络和企业家基础能力三者的特性。

从企业家精神的隐匿性和专用性角度看,企业核心管理经验和诀窍相对较为浅层次,隐匿性并不是很强但专用性较高,可以通过沟通的方式进行传授。

而企业家基础能力属于低端中层次的企业家精神,隐匿性较高,但专用性相对较低,除了先天基因的限制外,光靠接班人和辅佐团队的传授可能达不到预期的效果,还需要接班人自身的领悟和修炼。

内部关系网络属于中层次的企业家精神,隐匿程度和专用性相对都较高,内部关系网络的转移除了创业主将自身的内部关系网络引荐给接班人外,很大程度上取决于接班人能否通过情感沟通融入这个关系网络之中,并考虑如何维持以及是否能有所拓展。接班人的情商和社交能力的高低直接影响了其对家族企业关系网络继承效果的好坏。

（2）家族企业创业主的转移意愿。

执行阶段创业主的转移意愿会比初始阶段强烈，因为接班人已经开始进入了父辈的家族企业，并顺着创业主的安排逐步履行自身职责，这增强了创业主对企业家精神转移的意愿。

当然也存在不利于创业主转移意愿的因素，主要有两个方面：一是接班人虽然已经进入家族企业，但是尚未进入高层，也就意味着对自身身份的承诺还没有到达很高的阶段，如果发现自己不适合在本家族企业就职，会存在中途退出的可能，这样就会迫使创业主重新寻找合适的接班人，从而打乱传承计划，增加潜在的风险。二是接班人的胜任能力会继续影响家族企业创业主的转移意愿，与前一阶段不同的是，虽然前一阶段创业主对接班人也会表现出胜任能力的担忧，但是获取信息的渠道毕竟有限，大多数是通过对接班人成长过程中的行为、性格的感知和其在学校学习科学文化知识的成绩来判断，但这种判断可以说是间接的，因为接班人尚未进入家族企业，在家族企业中没有留下任何"痕迹"，也就没有切实的证据证明其是否具备切实的能力接班。而在本阶段接班人已经进入企业，此时双方的物理距离被无限拉近，创业主可以随时观察接班人的一举一动、一言一行，也可以通过辅佐团队的反馈了解其在工作中的表现，据此做出更为实际的判断，当然最终的结果可能会和第一阶段创业主做出的决定是一样的，就是即使发现接班人胜任能力不足，只要能在容忍的限度内，依然会选择继续传承和进行知识的转移。因此，只要双方及时沟通，及时表达心中的想法，在本阶段创业主的转移意愿要高于上一阶段。

（3）接班人的接受意愿。

这个阶段虽然接班人已经进入家族企业，初步表明其有接班的意愿，但是随着相关因素的影响，有可能会做出第二次是否接班的决定。首先，是对家族企业的整体感受，虽然在成长期接班人也会耳濡目染地从父辈那里接触家族企业的相关情况，但终究不是身临其境，缺乏切身的感受，而进入家族企业后情况就大为不同了，通过基层的工作反而能了解家族企业的全貌。如果接班人发现自己很难融入其中，或者不喜欢家族企业的工作环境，就可能会增加其离开的意向。其次，是对自身能力的再次评估，这个方面与创业主对接班人的能力再评估有类似之处。在进入企业之前，继任者对自己能力的判断基本也是来源于生活上对自己的认知和在学校的表现，这种判断也是间接的。实践中，子女是否愿意接班不是"一次性"的决策，会随着其身份构建的变化而变化。进入家族企业后虽然其从事的是基层或中层的工作，但是可以切实地通过工作绩效来判断自己是否有能力接班，如果答案是否定的，就会使其丧失信心，不利于本阶段知识的转移。再次，出于利益的驱使则可能会提升继任者接班的意愿，如果创业主能在传承计划中明确继任者未来所有权和财产权的分配情况，或者通过良好的沟通告知其整个传承的规划和继任者可以得到的收益，将会增加接班人对接班的意愿。而接班人选择进入本家族企业是在尝试自身理想或兴趣失败的前提下，那么其接手家族企业的意愿也会增加，其他情况（如在这个阶段企业发生重大变故）也会影响继任者的接班意愿，而这取决于其自身的使命感和责任感的大小。

总体来说，本阶段由于继任者选择进入了企业，可以理解为其放弃了选择其他职业或者创业的想法，因此其接受知识转移的意愿会高于前一阶段。

（4）组织情境。

如果该家族企业是一个人性化的组织，像一个大家庭，成员间能分享彼此的经验或想法，重视团队合作、协商及成员的参与，那么将有助于增加知识流动的能量，促使双方沟通顺畅，减少知识流动的阻力，从而更好地促进代际双方企业家精神的转移。而家族氛围对本阶段知识转移也有十分重要的影响，如果家族成员对接班人进入企业持支持的态度，都能遵从家族的一致决定，并且在日常工作中能够互相沟通、精诚合作，这对接班人接受内部关系网络是十分有利的，因为家族成员本身就是家族企业内部关系网络的一部分。最后，创业主及家族企业成员和接班人之间的相互信任也是知识转移的关键，良好的信任关系会促进代际双方隐性知识（特别是内部关系网络）转移的频率和质量，而这种信任关系也和整个家族的氛围息息相关，但是如果双方信任程度很差，就会形成心理屏蔽，影响双方的情感沟通。

（5）家族企业创业者和接班人的知识距离。

本阶段，家族企业创始人与接班人的知识距离还是很大的。原因在于接班人此时的企业家精神存量（尤其是高层次的隐性知识）几乎没有。这对转移企业家精神给接班人带来挑战。该阶段企业家精神转移主要体现在如何将企业核心管理经验和诀窍、企业家基础能力、内部关系网络等知识顺利转移给接班人，可以分情况、有针对性地进行转移。比如企业家精神具体体现的企业核心管理经验和诀窍、企业家基础能力知识转移采用导师制模式，内部关系网络知识转移采用混合模式比较恰当，具体如表5-6所示。

表5-6 执行阶段企业家精神转移方式

转移方式	内容
导师制模式	企业核心管理经验和诀窍、企业家基础能力等知识转移采用导师制模式比较恰当。导师制模式即从教中学、传帮带和潜移默化。重在知识发送方的主观性和知识接收方的模仿性，采用最直接的沟通方式进行。企业核心管理经验和诀窍、企业家基础能力具有嵌入性和专用性，深深根植于创业主的实践积累中，只能利用重复熟练的言行来表达，通过师徒互动的模式进行转移。家族企业创业主在传递企业家精神给接班人时，创业主处于主动方，接班人处于被动学习一方。在实施中，创业主及辅佐团队通过"面对面"沟通模仿的方式来指导接班人，履行导师职责，针对接班人的模仿偏差，不断进行纠偏和调整。接班人通过取舍、抽象、概括将基本掌握的知识融入自己的知识体系中，导师审核后退出，此时知识转移完成
混合模式	内部关系网络知识转移采用混合模式比较合适。关系网络是一种人际关系，这种关系比较零散，不像企业核心管理经验和诀窍、企业家基础能力那样有迹可循。混合模式恰好适合这种零散事件

资料来源：根据刘晖学者的研究整理

综上所述，在转移的安排方式上，家族企业创始人安排接班人在不同部门历练，将有助于其接受更高层次的企业家精神。在企业核心管理经验与诀窍以及企业家基础能力的转移方式上采用导师制模式，在内部关系网络的转移方式上采用混合模式，这两种模式有着较大的差别，但是其基础仍然离不开知识转移双方有效的沟通和交流。

基于以上因素的考虑，本书认为，在企业家精神转移的执行阶段，家族企业创业主首先要对本阶段应当转移的企业家精神进行归类和梳理，及时发现自身与接班人之间的知识差距，并审查自身在知识存量上是否有疏漏，如果发现自身知识有所不足，则应该通过自学、参加培训等方式进行弥补，保持终身学习的习惯。在工作安排上，创业主在安排继任者基层岗位工作时，可以通过轮岗的形式让继任者在企业的各个职能部门进行锻炼，熟练掌握企业的业务和运作流程。在顺序选择时，依据部门对企业绩效指标的重要程度和职位权责轻重程度，选择继任者的入职部门和岗位，上述选择遵循从低、从轻原则，依次学习营销、研发、生产、财务、人力资源等专职岗位的知识，承担一定的管理职责。这种方式可以让继任者迅速地掌握企业核心管理经验和诀窍并培养企业家的基础能力，特别是有助于其技术能力和学习能力的提升。这些企业核心管理经验和诀窍广泛存在于企业的各个职能部门之中，如果接班人能将其融会贯通，则会为下一阶段接受更高层次的隐性知识打好坚实的基础，同时由于接班人在各部门任职会接触大量的企业员工,并与之一起工作甚至形成团队共同合作,在这个过程中经过前任和辅佐团队的帮助,加上接班人自身的维护,就可以和各部门员工建立一种亲密的关系,这种亲密的关系就是内部关系网络的一部分。接班人对这些企业家精神的获得还取决于其在这些部门所任职的时间,时间越长学到的知识就会越多。

综上所述,在这个阶段,双方同样首先明确自身对企业家精神的转移与接收动机和意愿,而在这个阶段虽然也存在接班人退出企业的风险,但家族企业创始人和接班人对企业家精神的转移和接受的动机与意愿要强于上一阶段。除了双方的意愿外,该阶段需要转移的企业家精神(企业核心管理经验和诀窍、企业家基础能力以及内部关系网络)比上一阶段的企业基础管理经验和诀窍隐匿程度要高,因此会使转移变得困难;同时,组织情境中的信任、组织文化和家族关系对企业家精神的转移有非常大的影响,因此在这个阶段企业家精神的特性和组织情境构成了影响家族企业企业家精神转移的两个最大的影响因素。

3. 执行阶段企业家精神转移效果分析

执行阶段企业家精神转移结束后,其转移的效果可从以下三个方面来考量:

(1) 资源耗费视角。

该阶段转移的企业家精神耗费成本比较大。该阶段接班人刚进入家族企业,需要在各个职能部门历练,时间跨度相当长,转移的企业家精神偏重于企业家行为和能力层面的知识。转移的企业家精神,具体业务表现为:企业核心管理经验和诀窍、企业家基础能力以及内部关系网络,其隐匿程度较高,转移困难较大,资源耗费也相对较多。如果双方沟通得当,可以降低双方在时间和精力上的耗费。

(2) 双方主观评价视角。

企业核心管理经验和诀窍、企业家基础能力以及内部关系网络较难转移,家族企业创业主与接班人双方当事人各自期望相差太大,都会影响各自的满意度。因此双方加强沟通,增强双方信任度显得尤为关键,可以提升各自对该阶段企业家精神转移内容的满意度。

(3) 接班人对知识吸收和创新视角。

该阶段虽然转移的企业家精神内容难度较高,但如果转移方式运用恰当,并得到家族企业组织以及家族成员的大力支持,很有可能促使接班人内化大量的隐性知识。

本阶段接班人虽然处于被动学习阶段，但也可以发挥自己的主观能动性，接班人在家族企业不同部门学习锻炼和历练，会形成自己独特的思考和总结，可能创造出一些新的想法或者理念。

如果此阶段知识转移顺利，应综合考虑继任者上阶段的知识存量和本阶段知识转移后知识的增量。

（三）整合阶段家族企业企业家精神转移机理分析

1. 整合阶段家族企业企业家精神转移的背景

家族企业企业家精神转移的整合阶段对应家族企业传承的准完成阶段，企业家精神转移的执行阶段对应家族企业培育与传承的实施阶段，也偏重于企业家精神中企业家行为和能力层面的知识。

该阶段起始于接班人正式进入高管团队之后，参与高层决策并制定相关的战略规划，两代人共同管理家族企业，直到接班人掌握全部的经营管理权即成为家族企业领导人而结束。

该阶段接班人在家族企业不同岗位进行锻炼，家族企业创始人认为时机恰当，可以让接班人逐步参与家族企业的重大经营管理战略决策，这样会使接班人对接手家族企业的欲望进一步增强，并让其进入高层管理团队。接班人在家族企业中的身份已经得到完全确认，放弃接班的风险会大大减少，作为唯一的接班人候选人，出于对父辈创业主的敬佩，也会把家族企业接管过来。前两阶段，接班人担心自己不具备驾驭家族企业的能力，对是否接管家族企业的态度不是很确定。加之，接班人经过多年在基层跨部门的锻炼和中层岗位的实践，无论是对自身身份的定位，还是对自身知识与能力的提升都有了更大的信心，这也是其进入高层管理团队最坚实的基础。

家族企业创业主在本阶段应该适当放权，在家族成员以及家族企业员工面前帮接班人树立权威，并给予其相对独立的工作环境。其目的是为接班人进入家族企业高层管理团队铺平道路。

实践中，中小微家族企业创业主在把权力移交给接班人时，不会同时将经营管理权和家族企业所有权交给接班人，而是先把经营管理权移交给接班人，往往这时家族企业创业主会把接班人"扶上马，送一程"，然后才会把家族企业的所有权移交给接班人。也就是说，一般创业主与接班人会共同治理家族企业一段时间。

共同治理这段时间，由于接班人进入高层管理团队，正式进入权力交接期，与家族企业创业主共同治理家族企业，对于接班人学习企业家精神是很好的时机,但在家族企业共同治理过程中,难免会发生一些冲突。

实践中,主要有三种类型的冲突:① 家族企业创业主与接班人之间基于成长环境、教育背景、家族认同、家族氛围、家族心理所有权等诸多差异,两代人的企业家精神也会体现出一些差异,具体到家族企业业务上,在管理理念、战略决策、目标地位、市场把控等方面存在诸多分歧。② 接班人与其他高层管理人员之间也存在分歧,特别是和家族企业创业主一起打江山的元老前辈。③ 接班人核心团队与创业主核心团队之间也会产生分歧。发生冲突很正常,关键是怎么把这些冲突转化为建设性冲突,使其有利于家族企业发展,而不是破坏性冲突,让接班人对接管家族企业产生畏难情绪,不利于家族企业健康发展,甚者可能会引起企业的动荡,对企业家精神的转移造成障碍。

这个阶段也是创业主向接班人进行企业家精神转移的完成阶段,也就是个体间的转移基本结束,接班人将会对接受的所有企业家精神进行内化、整合和创新。

2. 整合阶段企业家精神的转移过程

本阶段需要转移的主要是企业家精神中企业家行为和能力层面的知识,具体业务上体现的是机会认知能力、机会把握能力、市场资源的获取和整合能力,企业家的专业知识水平、管理技能、实现创新创业的能力,对内部人际关系的处理能力以及对外部社会关系资源的动用能力等,包括在企业从事独立和完整的创新创业活动(如战略更新活动、公司创业活动等)、与其他企业的合作精神、企业核心管理经验和诀窍、内部关系网络和企业家基础能力,等等。但与第二阶段转移的重点偏向和程度还是有差异的。比如,上一阶段转移的企业家基本能力(学习能力、组织能力、技术能力和机会能力)相对来说抽象性较弱,转移较为简单,而战略能力、概念能力、关系能力抽象性很强,不能仅靠家族企业创业主通过传授企业家精神的方式获得,必须依靠接班人自身的实践和领悟。

又如关系能力的培养虽然在上一阶段就已经开始,但是在转移外部关系网络的时候,外部网络关系的节点比内部关系网络远,情感更难以维系,其转移难度相对较大,这就更需要接班人在该阶段继续拓展自身关系能力。因此,本书认为,外部关系网络主要在本阶段发生转移。

企业家精神内涵包括集体创新、分享认知、协作进取和共担风险等,可以发现企业家精神是高度隐匿的,深深根植于企业家的思维与意识之中,需要接班人在担任高层的角色时才能彻底体会,因此需要在这个阶段进行转移。除了体现在"点对点"的创业主和接班人个体层面的企业家精神的转移外,更多的是对优秀企业家精神的培育。针对我国家族企业接班人严重的断层危机，提出我国急需弘扬优秀企业家精神，在此基础上，剖析目前家族企业企业家精神成长过程中的制约因素，基于政府视角分析优秀企业家精神的保护路径，分别从创业者、接班人主体探究企业家精神的培育，并重点分析企业家精神视角下的接班人培育，以及接班人企业家精神培育对家族企业可持续发展的影响。

（1）家族企业企业家精神的特性。

从隐匿性和专用性视角，本阶段家族企业企业家精神转移偏重的企业家关键能力（战略能力、概念能力、关系能力）、外部关系网络等知识的隐匿性非常高，而且难以复制，可以说是企业战略层面的隐性知识，对知识转移的沟通方式和沟通能力要求也更高。企业家关键能力中的战略能力要求接班人根据权变情景适时提出应对措施并纠偏；概念能力要求接班人不断接受新鲜信息，刺激并产生新的思维方式、概念和想法；关系能力旨在平衡家族内外部各个相关利益者的情感与利益；最终运用丰富的关系网络以获取家族企业发展所需的各种信息和资源。

（2）家族企业创业主的转移意愿。

本阶段创业主的转移意愿更多地取决于接班人的表现和其他高层管理者对其的评价。接班人的主要表现有以下方面：

第一，根据知识路径依赖理论，增量知识严格依赖于存量知识，知识接受者的关联知识存量越大，其对知识的接受能力也就越强。如果前一阶段接班人没有很好地接受家族企业创业主转移的企业核心管理经验和诀窍、内部关系网络和企业家基础能力，其知识存量就明显不足，也就没有真正达到进入高层管理者应具备的知识水平。而接班人之所以能进入高层管理团队又可能是家族企业创业主自身年龄过大或者精力开始衰退，基于个人生命周期不得已而为之的一种做法。

第二，本阶段知识转移的是企业真正的核心竞争力，属于更高层次的企业家精神。接班人如果在本阶段开始就表现得难以接受，则会使家族企业创业主失去信心，进而降低转移的意愿，同时在这个阶段接班人会和其他高层管理人员频繁接触，通过第三方的反馈也会使创业主更好地了解接班人的表现，当然这种反馈必须是客观的，不带情感和利益倾向的。总的来说，如果这个阶段接班人总体表现良好，其他高层管理者的评价对接班人有利，那么创业主的转移意愿就会很高，因为此时再变更接班人的代价太大，这对双方采用合适的沟通转移方式是有利的，无论是在情感的交流方面还是在具体的传授方面。

（3）接班人意愿。

本阶段，家族企业创业主已经高度授权给接班人，接班人开始逐渐认同自己的企业家身份，希望把家族企业做得更好的愿望也更强烈，自身的使命感和责任感也得到巨大提升。

其深层次的原因可能有两个方面。一方面，基于自身面子问题，一旦获得高层职位，就会不自觉地把家族企业的荣辱与自身的荣辱紧密联系起来。如果自己能接受更高层次的企业家精神，就会给家族企业带来新的发展，这就等于实现了自身的价值，同时还得到了创业主及家族成员的首肯；否则，如果不能顺利接受这些企业家精神就会导致家族企业经营不善，这时家族企业的创业主就很不愿意放权。另一方面，受"青出于蓝胜于蓝"传统观念的影响，由于父辈和家族成员往往会对接班人报以极大的期望，他们希望后代能超越自己，这无形中给了接班人很大的压力，迫使其要将企业发扬光大，当然自身也有超越父辈的想法。

如果上述情况得到证实，那么接班人对企业家精神转移的意愿会十分强烈，并会对学到的知识进行积极的反馈，这将进一步促进企业家精神顺利转移。反过来，如果接班人进入高层后得不到家族企业创业主的支持、信任，没有获得充分的授权，则转移的意愿会降低，这将不利于和创业主的沟通交流，从而降低知识转移的效率。

（4）组织情境。

本阶段组织情境对企业家精神转移会有重大的影响。比如，家族企业文化没有营造一个宽松的学习环境，员工之间不爱互帮互学、不分享工作经验等表现，都不利于接班人对家族企业创业主企业家精神的接受。又如，家族关系也会对外部关系的转移产生重要影响。家族企业创业主的外部关系网络节点往往和家族企业成员的外部关系网络节点有部分重合，如果家族成员对接班人不支持，就可能破坏这些网络节点，对知识转移造成障碍。而这个阶段最大的情境障碍因素还是相互不信任，这种不信任的原因就是前文所述的三种冲突，这种冲突越激烈，就越导致双方不信任，从而减少双方妥善沟通的机会，进而影响知识转移。

（5）知识距离和其他因素。

本阶段，家族企业创业主和接班人的知识距离进一步缩小，接班人已在企业锻炼多年，也开始接触外部关系网络等高层次企业家精神。

在具体的转移方式上，由于外部关系网络、企业家关键能力（战略能力、概念能力、关系能力）等不同，其转移的方式也会有所不同。外部关系网络采用混合模式比较合适，企业家关键能力（战略能力、概念能力、关系能力）采用导师制模式和"做中学"模式比较合适，具体如表5-7所示。

表5-7 整合阶段企业家精神转移方式

转移方式	内容
混合模式	外部关系网络采用混合模式，与转移内部网络关系类似，接班人通过反复不断地接受创始人发送的网络关系节点，使得创始人原有网络关系节点逐步转移至接班人。在企业家精神转移过程中，采用"和、稳、顺"的方针，家族成员内部出现矛盾是正常的，但怎样把这种矛盾化解为有利于家族发展的矛盾，除了遵守家族规章、规则之外，还要有个解决矛盾的基础，那就是"和"，以和为贵。具体来说，可以增加家族仪式感，比如家族祭祖、家族聚会、旅行度假等形式。家族企业内部关系（如家庭成员与非家庭成员）矛盾的处理，在遵守企业规章制度的前提下，就应以"稳"为主，防止给家族企业带来巨大波动，影响家族企业的发展。具体来说，可通过员工大会、周年庆典、俱乐部活动等形式来增强家族企业家族成员员工和非家族成员员工的心理所有权。家族企业外部关系以"顺"为主，具体来说，可以采用商务宴请、业务合作、登门拜访等形式来获得家族企业外部的社会资源，这种社会资源也是家族企业独特的资源，有利于家族企业发展
导师制模式和"做中学"模式	对于企业家关键能力（如战略能力、概念能力、关系能力）则可以"做中学"模式为主，导师制模式为辅。因为企业家精神中体现的企业家关键能力（如战略能力、概念能力和关系能力）必须在家族企业经营管理的实践中才能得到锤炼。接班人必须在家族企业不同岗位上轮换，直到参与到家族企业重大事项的决策中去，才能在长期试错的知识积累中提升自己的企业家精神

资料来源：根据刘晖学者的研究整理

综上所述，在企业家精神转移的整合阶段，创业主首先要对本阶段应当转移的企业家精神进行归类和梳理，及时发现双方的知识缺口，同时根据传承计划设计好本阶段接班人的具体工作安排，包括授权的程度和知识转移的方案，并适当变更辅佐团队的人员，增加高层管理者的数量。

家族企业创业主和接班人要互相尊重，理解彼此的差异，在增强交流互信的同时取长补短，寻找彼此共同的愿景和目标，形成默契对话。在处理和家族成员的关系时，正确处理家族成员间工作和生活上的矛盾冲突，使接班人得到家族成员的支持和认可，在条件成熟的情况下还可以考虑成立家族委员会，在委员会中处理家族成员生活中的困难、职业发展的瓶颈、工作中的矛盾、生活上的冲突等家族内部事务，也可以通过非正式的家族聚会、旅行度假、家族祭祖等形式将家族成员联系起来。成立家族委员会对家族企业发展有积极作用，至少表现在以下三个方面：一是激发更多的家族成员参与和管理家族企业；二是为家族成员广泛地讨论家族企业的优势和劣势创造了空间；三是激励家族成员不断向前进取。

这个阶段，双方同样应首先明确自身对企业家精神的转移与接受动机和意愿，在这时接班人退出企业的风险明显减少，使创始人和接班人对企业家精神的转移和接受的动机与意愿极为强烈。在转移的安排方式上，创业主通过适当的放权，给予接班人更多独立的空间，这有助于接班人独立思考，并将知识进行内化和创新。

3. 整合阶段家族企业企业家精神转移的效果

整合阶段隐性知识转移结束后，其转移的效果可以从以下几个方面进行衡量。

（1）资源耗费视角。

此阶段接班人进入高层团队，时间跨度也会很长，同时本阶段转移的隐性知识比第二阶段的隐性知识隐匿性更高，转移难度更大。总体来说，如果要顺利转移这些知识，创始人和接班人会耗费大量时间和精力。此阶段会消耗家族企业大量人力、物力和财力以帮助接班人维护和拓展内外部网络关系，以及各种知识转移情境中的必要花费。

因此，本阶段知识转移成本相当大。而前任此时还需要考虑花费如此大的成本是否合算的问题。如果当知识转移成本投入过大会影响当前企业绩效时，就会迫使家族企业创始人做出是否要减少知识转移的决定。

（2）双方主观评价视角。

本阶段，企业家精神很难转移，其满意度仍然和双方的期望相关，当双方对转移的期望较高时，可能就会影响其对转移的满意度，而双方的意愿此时对满意度的影响会持续减弱，组织情境的影响则会继续增强，无论是家族关系、组织文化还是信任因素方面。

（3）接班人对知识吸收和创新视角。

本阶段，知识的高度隐匿性会削弱接班人对其内化的程度，但是由于和第二阶段相比本阶段需要转移的隐性知识容量更大，如果转移方式得当，组织情境又有利于知识转移，接班人就有可能内化和吸收大量的企业家精神（包括本阶段和前两阶段所转移的知识），例如关系网络的重构、价值观与愿景的提升等。最后，如果此阶段知识转移顺利，应综合考虑接班人上一阶段的知识存量和本阶段知识转移后知识的增量。

（四）植入阶段企业家精神转移机理分析

1. 植入阶段企业家精神转移的背景

企业家精神转移的植入阶段对应家族企业传承的完成期，自接班人担任家族企业最高管理者即企业牵头人开始，至家族企业创业主将所有权全部转移即接班人获得企业的全部控制权结束。本阶段重在企业家精神中社会责任意识层面知识的传承，包括经济责任、法律责任、伦理责任和公益责任（慈善责任）四个方面。

该阶段创业主向继任者个体转移企业家精神已经结束，代际冲突趋于缓和，接班人开始独当一面，肩负企业未来发展的重责，也拥有了最高管理权，此时已正式成为企业家的角色。

创业主基本退出企业，不再过问企业的具体业务，但遇到战略性抉择，比如企业战略转型、企业新产品开发、新伙伴加入、新市场开拓等，创业主仍会过问。创业主基于对家族企业的情感体验，心理上可能对权力旁落的事实感到不安，也可能担心过快退出会影响企业稳定。

从接班人此时的知识存量看，已经具备了大量的企业家精神存量，主要包括通过前三个阶段直接转移而来的企业管理经验、诀窍、企业家能力、关系网络以及价值观和愿景，也包括接班人对这些知识进行吸收内化后创新的知识，例如企业家能力和精神的提高、关系网络的拓展与价值观和愿景的提升，这些都是未来接班人管理企业，使企业可持续发展最核心的优势。就企业整体环境而言，此时接班人的权威尚未完全建立，其核心团队也没有稳定下来，因此企业员工对接班人的担忧会加剧，并影响整个企业对接班人的信心，因此本阶段企业的稳定性与接班人的表现息息相关。

2. 植入阶段企业家精神的转移过程

本阶段知识转移的内容主要是企业家精神，偏重于社会责任层面。本阶段既是为了提升企业的价值，也是为了传递自身的价值观和愿景，并进一步取得员工的认同，同时还是社会情感财富保存的一个过程。经过前三个阶段家族企业创业主向接班人转移企业家精神之后，接班人的知识存量已经足够，具备了量变引起质变的客观条件，这些"质变"的知识就是最终接班人经过删选、吸收、整合、内化、创新的知识。最终能植入企业的企业家精神必须能形成企业制度化的知识，比如企业价值观。

该阶段转移的内容偏重于企业家精神中社会责任意识层面的知识，具体来说，根据企业家精神带来的不同效益，将企业家精神视为企业家个人或公司整体的社会责任，其主要体现在经济责任、法律责任、伦理责任和公益责任等方面。① 经济责任主要体现在企业家精神对经济增长的作用上，是不断推动企业发展和促进我国经济繁荣的关键因素。② 法律责任具体说来就是要求企业家个人及家族企业遵纪守法和有契约精神。③ 伦理责任要求负责任的企业不能只具有消极被动的责任意识，更应该具有"预防性的责任"或"前瞻性的责任"意识，以一种事先责任的精神，以未来要做的事情为导向，在确定行为的目的、手段、结果都无害之后，才去从事追求盈利的生产经营活动。④ 公益责任又称慈善责任，主要体现在为社会提供更多的就业岗位、参与社会公益和慈善事业等，在履行责任的过程中彰显出优秀的企业家精神。

因此，在这个阶段，一方面接班人通过自身对企业家精神的内化和创新，达到自身能力的提升，同时又通过植入部分企业家精神进入组织层面，构成新的组织知识体系，最终达到提升家族企业可持续发展的目的。要达到此目的必须做好以下五个方面：

（1）企业家精神的特性。

此时需要转移的企业家精神，偏重于社会责任层面，这部分知识隐匿性很强，并且需要向整个企业进行转移。因此需要接班人采用良好的沟通方式，让员工了解自身的用意和理念，当然这可能需要一个过程，也对接班人的沟通水平提出了较高的要求，同时会付出大量的成本。

（2）家族企业创业主的意愿。

此时家族企业创业主已经退居幕后，充当顾问的角色。接班人应该与创业主进行良好沟通，说明自己向家族企业植入创新的企业家精神的意图，并继续尊重创业主的权威，而为了接班人能顺利地推行其知识转移的效果，创业主必然会支持其做法，并且竭尽全力进行辅佐。

（3）接班人的意愿。

接班人在该阶段对企业家精神接受的意愿最为强烈，迫切希望从创业主那里把企业家精神中社会责任层面的知识接收过来，并对企业家精神进行创新。这样才能得到家族企业的普遍认同，不仅包括家族企业创业主也包括家族成员和家族企业员工的认同。

此阶段知识转移顺利与否，在很大程度上取决于接班人和创业主及其他家族成员的沟通是否顺畅，是否充分得到了他们的支持。如果在家族内部形成了统一的思想，最后再落实到员工层面，就会得到员工的普遍认同。

（4）组织情境。

此时组织情境的影响会很强烈，主要在于接班人推行新的企业家精神势必会和现有的组织文化形成冲突。在这个过程中，如果现有的组织文化是共享的、兼容并包的，则接班人可以投入较少的精力和相关利益者进行沟通，从而较为顺利地植入新的知识；反之，知识转移就会较为困难或者历时很久。

（5）知识距离和其他因素。

本阶段的转移是接班人将其内化和创新的企业家精神植入家族企业中，也是一个隐性知识显性化的过程。在转移过程中必须创造出一个良好的知识共享环境，接班人将在前几个阶段承继的企业家精神，比如自身的经验诀窍、价值观和愿景通过沟通交流的方式在家族成员内部实现转化，然后进一步扩大企业家精神的影响范围，使其逐渐变为企业新的规章制度、企业价值观，直至将其拓展到整个家族企业。最后，企业所有员工将这些新的规章制度、企业文化内化吸收，将其变成日常惯例与行为规范，并且在实践中使用这些知识，实现在组织内部的共享，将这些知识变成组织的工作流程、战略决策等，最终改变员工个人的思维和行为方式，达到隐性知识植入的目的。

综上所述，接班人在前三个阶段企业家精神转移效果的影响下，将内化和创新的知识（经验诀窍、价值观和愿景）通过隐性知识显性化的方式转移到家族企业中，形成企业新的规章制度、企业文化等，最终变为员工个人的思维和行为方式。至此，知识转移全部结束。

3. 植入阶段企业家精神转移的效果

植入阶段企业家精神转移结束后，其转移的效果可以从三个方面来衡量。

（1）资源耗费视角。

此阶段接班人成为家族企业最高领导人，时间跨度较长，同时本阶段转移的企业家精神偏重社会责任层面，是个体到组织层面的转移，是隐性知识显性化的过程，知识接受方涉及家族企业方方面面的个体，包括家族成员和企业员工，因此在这个阶段要花费接班人大量的时间和精力，同时也会占用家族企业相当大的资源。

（2）转移双方对知识转移的满意度。

本阶段知识转移已经全部结束，创业主与接班人双方对企业家精神转移的满意度会着眼于整个企业家精神转移的过程，即对前三个阶段转移的企业家精神与该阶段转移的企业家精神一并进行评价。双方主要从以下三个方面来进行评价。一是家族企业创业主与接班人双方对企业家精神转移预期的差距，差距越大,双方的满意度越低。二是家族企业创业主对接班人的评价,以及接班人对自身关于企业家精神的应用表现的评价,如果两者评价都比较高,那么说明企业家精神转移的效果就到达了双方的理想状态;反之,则不理想,双方满意度就越低。三是对转移成本的评估,即对资源消耗的评估,如果上述两个方面是满意的,而且资源消耗也较少,则满意度就很高。如果上述两个方面是不满意的,并且资源消耗也较多,则满意度就会降低。如果三者互有增减,则要视具体情况和其主观感受而定。

(3)接班人对知识的内化和创新。

这个阶段,接班人对企业家精神的内化基本已经结束,而对企业家精神的创新则可能会大幅度增加,原因在于接班人此时基本掌控大局,更需要从战略的角度,比如家族企业应该承担的社会责任去思考问题。在这个过程中会产生大量新的想法和措施,比如企业组织架构的改变、市场与业务的拓展、关系网络的深度开发,等等。

(五)家族企业企业家精神转移后的影响分析

知识转移植入阶段完成后,整个企业家精神转移过程便宣告结束。创业主移交企业的经营管理权,并逐步转移企业所有权,同时所有的企业家精神转移行为均已结束。在实践中,我国中小微家族企业创业主让出经营管理权即可视为代际传承已经结束,很多中小微家族企业创业主会等到自己去世后才转移家族企业所有权。

而此时企业家精神转移对企业传承的效果可以直接体现在代际传承的结果上,因此本书认为知识转移完成后对企业产生的效果可以用代际传承的结果来衡量。代际传承可从传承满意度和传承后家族企业的绩效两个维度来度量。

传承满意度可以从家族企业创业主、接班人、家族成员和企业员工四个层面来考量。其中,创业主重在考量接班人在整个传承过程中对企业家精神的实际应用;考量接班人在接受创业主的企业家精神后,能否将转移的企业家精神内化创新;内化创新后应用于家族企业经营中,是否为家族企业带来更大发展。因为只有带来更大发展,家族企业创业主才会对接班人给出满意的评价。家族成员和企业员工则更关注整个事件是否对他们有利,组织变动是否会影响他们的利益。接班人上台后基于各方面的需要会对企业的人事组织甚至是治理结构进行一定的调整,这和接班人的内部关系网络紧密相关,如果家族成员和企业员工是其内部关系网络较为紧密的节点,那么家族成员和企业员工就很有可能从中受益,从而提高对接班人的满意度。

传承后的家族企业绩效，更大程度上取决于知识转移成本与接班人对企业家精神的内化和创新，知识转移成本过大会降低企业绩效，但接班人能力的提升会提高组织的竞争力，进而为家族企业带来更高的绩效。接班人由于企业家精神创新会带来经营理念的变化，或者是新产品的开发、新市场的开拓和新技术的应用等，这些都会给企业发展带来新的契机，同时关系网络的拓展会进一步扩大企业的资源渠道，价值观的提升会进一步增加企业的凝聚力，这些都会对提高企业绩效产生极大的帮助。

二、家族企业企业家精神培育和传承四阶段总结

综合以上内容的分析和阐述，总结如下：首先，家族企业代际传承过程中企业家精神的转移是分阶段的，每个阶段转移的要素和具体的方式有所不同，而在每个阶段，企业家精神的特性、家族企业创业主对知识转移的意愿、接班人对知识转移的意愿和组织情境四个维度都会通过沟通交流对企业家精神转移效果（知识转移成本、创业主对知识转移的满意度、接班人对知识转移的满意度、接班人对知识的内化和接班人对知识的创新）产生直接或间接的影响，企业家精神转移结束后其效果会对传承满意度和传承绩效产生影响。

因此，本书对家族企业企业家精神培育和传承四阶段进行了总结，具体如表 5-8 所示。

表 5-8　家族企业企业家精神培育和传承四阶段分析

家族企业传承阶段	企业家精神转移阶段	企业家精神转移内容	影响企业家精神转移的因素	企业家精神转移后的效果	接班人状态
准备期	初始期	偏重于企业家精神中个体特征和价值层面，以创新创业为基础的做事与思考方式，以及创业者的特征；比如冒风险的倾向、对失败的容忍、内控能力强（诚实守信、遵纪守法、爱国情怀等）、自我效能高（社会责任感强、勤劳持家、艰苦创业等品质）等。业务上突出企业基础管理经验和诀窍	1. 企业家精神知识特性；2. 家族企业创业主的意愿；3. 接班人的意愿；4. 家族氛围；5. 双方的物理距离	1. 资源耗费视角；2. 转移双方主观评价视角；3. 接班人对企业家精神知识吸收和创新视角	接班人未进入家族企业

续表

家族企业传承阶段	企业家精神转移阶段	企业家精神转移内容	影响企业家精神转移的因素	企业家精神转移后的效果	接班人状态
实施期	执行期	偏重于企业家精神中企业家行为和能力层面。具体业务上体现为机会认知能力、机会把握能力、市场资源的获取和整合能力，企业家的专业知识水平、管理技能、实现创新创业的能力，对内部人际关系的处理能力以及对外部社会关系资源的动用能力等，包括在企业从事独立和完整的创新创业活动（如战略更新活动、公司创业活动等）、与其他企业的合作精神、企业核心管理经验和诀窍、内部关系网络和企业家基础能力等。 该阶段起始于接班人正式进入家族企业，从基层做起并成为企业的全职员工，逐渐历练做至中层，直到进入高层管理团队而结束	1. 企业核心管理经验和诀窍、内部关系网络和企业家基础能力三者的特性； 2. 家族企业创业主的转移意愿； 3. 接班人的接受意愿； 4. 组织情境； 5. 家族企业创业者和接班人的知识距离	1. 资源耗费视角； 2. 双方主观评价视角； 3. 接班人对知识吸收和创新视角	接班人开始进入家族企业，并担任基层或中层领导，有相关人员辅佐接班人
准完成期	整合期	偏重于企业家精神中企业家行为和能力层面。具体业务上体现为机会认知能力、机会把握能力、市场资源的获取和整合能力、专业知识水平、管理技能、实现创新创业的能力、对内部人际关系的处理能力以及对外部社会关系资源的动用能力等，	1. 家族企业隐性知识——企业家精神的特性； 2. 家族企业创业主的转移意愿； 3. 接班人意愿； 4. 组织情境； 5. 知识距离和其他因素	1. 资源耗费视角； 2. 双方主观评价视角； 3. 接班人对知识吸收和创新视角	接班人进入家族企业，并在家族企业中从事高层管理工作

续表

家族企业传承阶段	企业家精神转移阶段	企业家精神转移内容	影响企业家精神转移的因素	企业家精神转移后的效果	接班人状态
准完成期		包括在企业从事独立和完整的创新创业活动（如战略更新活动、公司创业活动等）、与其他企业的合作精神、企业核心管理经验和诀窍、内部关系网络和企业家基础能力等。 该阶段起始于接班人正式进入高管团队，参与高层决策并制订相关的战略规划，两代人共同管理家族企业，直到接班人掌握全部的经营管理权，即成为企业董事长而结束			
完成期	植入期	偏重于企业家精神中社会责任意识层面。根据企业家精神带来的不同效益，将企业家精神视为企业家个人或公司整体的社会责任，其主要体现在经济责任、法律责任、伦理责任和公益责任等方面	1. 家族企业隐性知识——企业家精神的特性； 2. 家族企业创业主的转移意愿； 3. 接班人意愿； 4. 组织情境； 5. 知识距离和其他因素	1. 资源耗费视角； 2. 双方主观评价视角； 3. 接班人对知识吸收和创新视角	接班人进入家族企业很久了，基本上可以掌控家族企业全局事务

资料来源：研究者自行整理

第五节　接班人承继企业家精神的意愿

目前，我国创业者向子女传承家族企业的意愿很强烈，但其子女承继家族企业的意愿并不强烈。这影响了家族企业接班人的培养规划，严重的甚至会导致家族企业传承的断层。因此，更谈不上承继家族企业的企业家精神了。所以

第五章　企业家精神的传承

本书重在从家族企业创业者子女视角，探究接班人继承家族企业的意愿及其影响因素。

本书尝试以江苏省泰州地区家族企业为研究样本，从传承理论视角，深入分析为什么家族企业的企业家精神会具有传承特性，使企业家精神具有传承特性的原因能否促使接班人接受家族企业创业者企业家精神的转移，旨在为学界和家族企业管理者制订"接班人"企业家精神培育计划提供基础依据。

一、研究设计

（一）变量选取与研究假设

1. 被解释变量：家族企业子女是否愿意继承家族企业

通过对江苏省泰州地区家族企业是否愿意转移家族企业企业家精神的调查发现，有62.3%的人回答是肯定的，32.0%的人做出否定的回答，5.7%的人没有做出明确的回答。根据研究目的，只选择那些明确表示愿意的样本作为研究对象。

2. 解释变量的设定

McAdams等认为，传承的动力源来自被需感（Need to be Needed）、印记感（Symbolic Immortality）和人生意义感（Meaning in Life）三个方面，这三个基本心理需求会促使成年人产生传承行为。汪长玉和左美云利用该传承动力源探究了中国情境下年长员工代际知识转移意愿问题。为了更准确地探究江苏省泰州地区家族企业是否愿意转移家族企业企业家精神，考虑到上市家族企业、大型家族企业与中小微型家族企业在管理规范、家族企业创业者企业家精神表现上具有明显差异，又加之在现实中百分之九十以上的家族企业都是中小微家族企业，他们对家族企业的传承更为担忧，因此，本书选择江苏省泰州地区三家中小微家族企业（中小微各选取一家）为调查对象。

本书借鉴McAdams等提出的传承动力源，结合家族企业企业家精神独特的隐性知识特征，拟从以下三个方面来分析影响接班人向创业者承继企业家精神的影响因素，即被需感特征、印记感特征和人生意义感特征。

（1）被需感特征。

被需感特征是指家族企业接班人具有"希望自己对他人而言是很重要的"这样一种需求欲望。这种需求欲望是影响家族企业接班人承继创业者企业家精神的重要驱动因素，体现在接班人对家族企业创业者具有重要性。借鉴Huta等的研究，选用"我希望家族企业其他人向我寻求帮助、我希望家族企业其他人欣赏我的指导和建议、我希望家族企业在某些事情上依赖我"三个变量来反映被需感。

在组织中，家族企业接班人被需感欲望越强烈，越愿意去承继企业家精神，将主动向家族企业创业者学习其企业家精神。我们不妨假设，家族企业接班人越希望家族企业其他人向自己寻求帮助、越希望家族企业其他人欣赏自己的指导和建议、越希望家族企业在某些经营管理的事情上依赖自己，就越愿意承继创业者的企业家精神。

（2）印记感特征。

印记感特征是指家族企业接班人具有开发并维持一个能够延续和永存个人形象的基本心理需求。任何留下遗产、拥有持久影响或留下家族产品和家族作品的、能够超越人们当前存在的例子都是印记感需求的实现，比如"我深信我家族企业的产品将成为历史的一部分、我提出的家族企业产品的专利会被后人广泛使用"等。每个人的学习、工作、生活经历不同，积累的企业家精神也不尽相同，这可以作为独特的个人资产代表自己留存于世，代替自己对社会产生持久影响。借鉴 Huta 等的研究，选用"我希望家族企业其他人会较长时间记住我、我希望家族企业生产的产品受客户偏好能够持续较长时间、我希望能够留下可能被称为个人遗产的东西"三个变量来反映印记感。

在组织中，印记感需求欲望越强烈的人，越愿意承继家族企业创业者的隐性知识——企业家精神。我们不妨假设，家族企业接班人越希望其他人能较长时间记住自己、越希望自己家族的产品或影响能持续久远、越希望能够留下被称为个人"遗产"的东西，越愿意承继创业者的企业家精神。

（3）人生意义感特征。

人生意义感特征是指人类具有"想要有意义"的本质需求，即人们理解人生的重要性、建立人生目标的愿望以及努力的程度。这是一种与生俱来的寻求人生目标的动力，没有获得人生意义的人会产生心理困扰。借鉴 Steger 等的研究，选用"我总在寻觅让我感到自己人生饶有意义的事情、我正在寻觅我人生的一个目的或使命"来反映人生意义感。

在组织中，人们会开展各种可能有意义的活动，通过不断尝试来确定自己人生的意义，追求自己的幸福。寻找人生意义越积极的人，越愿意开展一些大家认为有意义的活动、做出有意义的行为，比如承继家族企业创业者的企业家精神。我们不妨假设，家族企业接班人寻觅自己人生意义的事情越强烈、寻觅自己人生目的或使命越努力，越愿意承继创业者的企业家精神。

笔者最终确定了三类共八个解释变量，有关变量的定义及其对被解释变量的预期作用如表5-9所示，其中"+"代表预期各个变量与家族企业接班人承继创业者企业家精神的意愿分别呈正相关关系。

表5-9　各影响因素及其对被解释变量的预期作用

影响因素	被解释变量（创业者转移企业家精神的意愿）
被需感特征	
我希望家族企业其他人向我寻求帮助（X_1）	+
我希望家族企业其他人欣赏我的指导和建议（X_2）	+
我希望家族企业的人们在某些事情上依赖我（X_3）	+
印记感特征	
我希望家族企业其他人会较长时间记住我（X_4）	+
我希望家族企业生产的产品受客户偏好能够持续较长时间（X_5）	+
我希望能够留下可能被称为个人遗产的东西（X_6）	+
人生意义感特征	
我总在寻觅让我感到自己人生饶有意义的事情（X_7）	+
我正在寻觅我人生的一个目的或使命（X_8）	+

资料来源：研究者自行整理

（二）模型

将家族企业接班人向创业者承继企业家精神的意愿及影响因素的关系设定为如下函数形式：

家族企业接班人向创业者承继企业家精神意愿=f（被需感特征，印记感特征，人生意义感特征，其他因素）+随机扰动项

由于意愿很难用数值直接表示和测量，本文用"0~1"指标法表示家族企业接班人向创业者承继企业家精神的意愿，"1"表示愿意，"0"表示不愿意，并在调查中用意愿量表对家族企业接班人向创业者承继企业家精神的意愿进行衡量。研究的变量取值在[0, 1]区间，故采用Logistic回归模型。设$y=1$的概率为P，计算因变量为1的概率P：$(y_i=1|x_i,\beta)=F(-x_i,\beta)$。在这样的定义下，我们利用极大似然估计法估计函数模型为：

$$P_t = F\left(\alpha + \sum_{i=1}^{m} \beta_j X_{ij}\right) = 1 \Big/ \left\{1 + \exp\left[-\alpha + \sum_{i=1}^{m} \beta_j X_{ij}\right]\right\} + e_i$$

式中，P_t 表示家族企业接班人向创业者承继企业家精神意愿的概率，β_j 表示因素的回归系数，m 表示影响这一概率的因素个数，X_{ij} 是自变量，表示第 j 种影响因素，α 表示回归截距，e_i 表示随机扰动项。

（三）数据

2022 年 7—10 月共发放问卷 200 份，收回 186 份，有效问卷 180 份，有效回收率为 90.00%。经过对调查问卷的统计处理，各变量的赋值、均值与方差分布如表 5-10 所示。这 8 个解释变量均采用 Likert 5 级评分。得分越高，则表示相应变量对应的程度越高。

表 5-10 各解释变量赋值及其均值与方差分布

变量名称	变量定义	均值	方差
被需感特征			
我希望家族企业其他人向我寻求帮助（X_1）	很不希望=1；较不希望=2；无所谓=3；较希望=4；很希望=5	3.961 3	0.742 3
我希望家族企业其他人欣赏我的指导和建议（X_2）	很不希望=1；较不希望=2；无所谓=3；较希望=4；很希望=5	3.647	0.974 2
我希望家族企业的人们在某些事情上依赖我（X_3）	很不希望=1；较不希望=2；无所谓=3；较希望=4；很希望=5	2.071	0.769 7
印记感特征			
我希望家族企业其他人会较长时间记住我（X_4）	很不希望=1；较不希望=2；无所谓=3；较希望=4；很希望=5	3.065	1.109 2
我希望家族企业生产的产品受客户偏好能够持续较长时间（X_5）	很不希望=1；较不希望=2；无所谓=3；较希望=4；很希望=5	3.663	1.082 1
我希望能够留下可能被称为个人遗产的东西（X_6）	很不希望=1；较不希望=2；无所谓=3；较希望=4；很希望=5	3.587	0.922 9
人生意义感特征			
我总在寻觅让我感到自己人生饶有意义的事情（X_7）	完全不努力=1；很不努力=2；无所谓=3；比较努力=4；很努力=5	2.845	1.251 7
我正在寻觅我人生的一个目的或使命（X_8）	完全不努力=1；很不努力=2；无所谓=3；比较努力=4；很努力=5	1.468	0.634 6

资料来源：研究者自行整理

二、计量结果分析

（一）模型估计结果

运用 SPSS 25.0 统计软件对 180 份接班人的相关数据进行 Logistic 回归分析。以是否愿意承继家族企业隐性知识——企业家精神为因变量，采用全部变量进入法，选定变量标准水平 $\alpha=0.05$，剔除标准水平 $\alpha=0.10$。同时，用发生比 OR（Odds Ratio），即 Exp（B）解释模型中的变量。

回归方程经检验，模型的卡方分布值为 42.991、Cox&Snell R^2 为 0.095、Nagelkerke R^2 为 0.126，并通过检验，具有统计学意义，模型的估计结果详见表 5-11。

表 5-11 家族企业接班人向创业者承继企业家精神意愿模型估计结果

解释变量	B	S.E.	Wald	Sig.	Exp(B)
常数项	-4.937	1.093	20.415	0.000	0.007
被需感特征					
我希望家族企业其他人向我寻求帮助（X_1）	0.372***	0.140	7.027	0.008	1.450
我希望家族企业其他人欣赏我的指导和建议（X_2）	0.234**	0.106	4.854	0.028	1.264
我希望家族企业的人们在某些事情上依赖我（X_3）	0.305**	0.135	5.087	0.024	1.357
印记感特征					
我希望家族企业其他人会较长时间记住我（X_4）	0.249**	0.194	4.274	0.028	1.253
我希望家族企业生产的产品受客户偏好能够持续较长时间（X_5）	0.363***	0.336	7.032	0.009	1.465
我希望能够留下可能被称为个人遗产的东西（X_6）	0.261**	0.183	4.269	0.025	1.248
人生意义感特征					
我总在寻觅让我感到自己人生饶有意义的事情（X_7）	0.192**	0.085	5.146	0.023	1.212
我正在寻觅我人生的一个目的或使命（X_8）	0.579***	0.169	11.800	0.001	1.785

注：**、***分别表示在 5% 和 1% 水平下显著

（二）结果讨论

1. 被需感特征因素的影响

从模型估计的结果看，我希望家族企业其他人向我寻求帮助（X_1）、我希

望家族企业其他人欣赏我的指导和建议（X_2）、我希望家族企业的人们在某些事情上依赖我（X_3）三个方面的系数在 5%的水平下均显著，且均为正值。与预期假设一致。这样的研究结果在一定程度上佐证了"被需感"是人类传承的重要动机源。根据马斯洛需求层次理论，人在一个组织中，当自己具备了一定能力后，内心很渴望组织认可自己的能力，只有得到认可，才会从心理上感觉自己为组织有过付出，自己的付出没有被组织忽略，自己在组织中有存在的价值。这从某种程度上也佐证了公众认可的"被需要说明你更有价值"这一观点。

2. 印记感特征因素的影响

从模型估计的结果看，我希望家族企业其他人会较长时间记住我（X_4）、我希望家族企业生产的产品受客户偏好能够持续较长时间（X_5）、我希望能够留下可能被称为个人遗产的东西（X_6）三个方面的系数在5%的水平下均显著，且均为正值。与预期假设一致。这也再次佐证了印记感需求会对人类传承产生正向影响的观点，这与汪长玉和左美云学者的观点一致。

3. 人生意义感特征因素的影响

我总在寻觅让我感到自己人生饶有意义的事情（X_7）、我正在寻觅我人生的一个目的或使命（X_8）的系数在 5%的水平下均显著，且均为正值，与预期假设一致。这也再次佐证了人生意义感需求会对人类传承产生正向影响的观点。

三、结论与建议

本书的研究目的在于回答"如何提高家族企业接班人向创业者承继企业家精神意愿"的这一问题。研究结论表明，被需感特征、印记感特征、人生意义感特征会对家族企业接班人向创业者承继企业家精神意愿产生积极影响。

基于以上结论，为增强家族企业接班人向创业者承继企业家精神意愿，推动我国家族企业持续健康快速发展，对从事家族企业研究的学者、实际管理者提出以下对策建议：

第一，被需感需求能够提高家族企业接班人向创业者承继企业家精神的意愿。因此，组织应该鼓励创业者向接班人表示肯定；当接班人获得进步后要及时给予反馈，让接班人感知自己对家族企业的重要性。

第二，印记感需求能够提高家族企业接班人向创业者承继企业家精神的意愿。组织可以通过多种方式帮助家族企业其他人较长时间记住接班人对家族的贡献；通过追踪市场需求来加强客户对家族企业生产的产品的忠诚度和偏好度。

第三,人生意义感需求也能够提高家族企业接班人向创业者承继企业家精神的意愿。在家族文化建设方面,组织应该营造一个"传帮带"的文化氛围,让接班人明白家族企业企业家精神的承继对家族企业自身持续健康发展有重要意义,把这种传承意义内化到自己的人生意义之中。比如在接班人培训过程中,家族企业创业者应该重视对接班人追求"人生意义"价值观的培养,将一些典型的对个人、组织甚至社会具有重大意义的实践知识管理实例纳入培训内容之中。

第六节 企业家精神传承中的跨代创业

一、跨代创业有助于企业家精神在传承中创新

企业家精神在传承中创新的驱动力之一就是跨代创业。家族后代是实现跨代创业的重要主体,是家族创业的最终执行者。跨代创业已经成为家族企业传承的热点课题。因为在实践中,家族企业领导人的企业家精神作为家族企业决策的主要意志,对家族企业发展战略、企业经营方向、企业投资策略等有重大影响。

截至 2022 年 9 月 6 日,在中国知网"篇名栏"输入"跨代创业"能够检索出 15 篇期刊论文,与家族企业相关的论文有 12 篇。比如,吴炯和颜丝琪以 4 个家族企业为研究样本,采用扎根理论研究方法,构建出我国家族企业跨代创业类型的二维选择模型。孙秀峰等学者采用案例分析法研究发现,家族企业在"子承父业"模式下,代际传承企业家的隐性知识需要分不同阶段来考量,因为每个阶段企业家隐性知识的传承数量和侧重点不尽相同。陆可晶等学者选取 4 家家族企业,深入分析家族孵化、创业能力形成与跨代创业成长的内在机理。研究表明,跨代创业受到家族文化、家族支持、个人权威、个人能力和个人特质即企业家精神的影响。尹飘扬和李前兵研究证明,家族企业创始人针对接班人,即创始人子女是男是女,对家族企业长远投资计划存在显著差异。假设接班人是独生儿子,家族企业创始人基于"子承父业"模式,会大胆长远投资。而假设接班人是独生女儿,家族企业创始人并没有表现出为了家族企业的长远发展而进行更多的创新投资;另外,研究认为,接班人的海外留学经历能给家族企业带来创新理念,但是当接班人拥有了董事长或者总经理的职务时,反而表现得很保守,对创新起抑制作用。吴炯和季彤研究发现,

接班人受到内外部多方面影响,会在父子间产生不同自信程度,分别形成管控型、对抗型、辅助型、放任型四种跨代创业类型。不同自信程度组合影响父子间的代际互动,进而影响跨代创业类型。于馨博认为家族企业将创业式传承作为解决"传承难"和"转型难"的独特路径,并对接班人在跨代创业过程中的心理机制进行了研究。

黄均瑶和吴炯家族企业跨代创业进行了研究综述与展望,梳理发现,二代企业家治理模式转型中的路径选择及障碍规避,可以从三个方面来看:一是条件视角,归纳整理出家族企业接班人的创业基础,突出不同层级间社会嵌入的交互作用对资本配置和战略决策的约束作用;二是机制建设视角,阐明代际交叠期有效管理者的创业导向及创新努力,强调关系治理、契约治理模式的选用及配比对战略决策质量与企业绩效的调节效应;三是成果视角,将跨代创业解构为"原家族路径创业"与"非家族路径创业"两个维度,创造性地提出双元逻辑下的战略选择矩阵,动态揭示代际传承的真实路径。

家族企业运营受内外环境不断变化,其企业家精神也因环境的变化而发生主动性调整,从而影响到家族企业的企业绩效、家族企业的寿命、家产的增长等。家族企业想历久弥坚,永续传承,关键在于继承人对企业家精神的承继、发展和创新。

在家族企业传承过程中,"传承二代"不仅要实现对父辈企业家精神的继承,还要在新的环境下实现对父辈企业家精神的超越,即异化,这是新的经济环境下的承继与异化。要促进我国家族企业传承二代企业家精神的培育,增强家族企业传承的稳健性,从而提高我国家族企业的长远竞争优势。因此,"传承二代"企业家精神的培育是承继和异化的双重过程的复合。本章重在探究企业家精神传承过程中发生的异化,即企业家精神的创新。

企业家精神是一种与时俱进的精神,需要不断吸收时代的思想、理念和观点,形成新的企业家精神构想。"传承二代"不仅要继承父辈白手起家、吃苦耐劳、质朴诚实的企业家素质,更要奋发图强、勇于开拓、再接再厉,实现家族企业企业家精神的继承性超越。在传承中,异化是关键。

在家族企业传承过程中,传承二代不仅要实现对父辈企业家精神的继承,还要在新的环境下实现对父辈企业家精神的超越,即创新,因此,传承二代企业家精神的培育是承继和创新双重过程的复合。

总之,跨代创业有助于家族企业企业家精神在传承中的创新。

二、"二次创业"的高潮正等待着家族企业家群体

当前,在世界经济深度调整的背景下,我国经济正在迅速进行双重转型。即一方面实现从传统的经济向工业化、后工业化和信息化经济的转型;另一方面实现从社会主义计划经济体制向社会主义市场经济体制的转型。这两种转型叠加,涉及一系列重大问题。其中最为关键的问题是加快发展方式的转变:从数量型和速度型的发展方式转变为效益型和质量型的发展方式。因此,供给侧结构性改革必须成为当前改革的重中之重。结构性改革不是单纯的结构性调整,而是必须进行体制改革,这样才能治本。通过体制改革,淘汰落后产能,实现科技创新、体制创新、管理创新、营销创新,促进农业、制造业、服务业等行业走上新台阶,闯出新道路,开辟新篇章。在这一进程中,企业家精神始终是推进供给侧结构性改革的重要推动力之一。

无论国有企业还是以家族企业为主的民营企业,在双重转型的背景下,都面临"二次创业"的机遇和挑战。"二次创业"不是传统发展方式的延续,而是同供给侧结构性改革紧密联系在一起的,包括推出新设备、新设计、新产品,开拓新市场、形成新优势等。

《中共中央 国务院关于加快建设全国统一大市场的意见》于2022年4月11日发布,为从全局和战略高度加快建设全国统一大市场,筑牢构建新发展新格局的根基提供了重要遵循。近年来,形成全国统一大市场和畅通国内大循环受到高度重视,相关基础制度不断完善,市场设施加快联通,要素市场建设越来越完善,统一大市场规模效应越来越明显,这更有利于对企业家精神的培育与发展。

"二次创业"蕴藏着无穷的商机,谁有企业家精神,勇于去拼搏开拓,谁就有可能获得成功。市场欢迎企业家大胆闯荡,胜利属于有智有谋有远见的创新者和开拓者。可以预见,创业创新的新一代企业家必将大量涌现。"二次创业"的高潮正等待着中国企业家群体。

三、"二次创业"与"跨代创业"时机契合

家族企业代际传承不仅与过去有关,更关系到未来。推动企业家精神传承的是对未来的憧憬,随着时间的推移,它包含上下两代人以及他们先辈的愿望。

家族企业的延续性,必须要求家族企业能根据经济形式、市场需求、政府宏观政策导向等因素的变化审时度势不断进行变革。从某种程度上讲,家族企

业是一种特殊的创业组织。

新时代,接班人在接受的教育、所见的世面、经济的发展等内外部因素影响下,已经不甘于被动地接受创业者的安排,而是根据个人能力、兴趣和市场变化来进行创业活动,即大家通常所称的"跨代创业"。"创业"是指借助于经营模式创新、经营产品、战略更新以及新业务的创建等方式,创造新的企业活动并为企业带来经济价值和社会价值。

"跨代创业"是家族后代对父辈企业家精神的继承和发扬光大,是接班人通过成立新事业或者创立新企业等方式追求代际财富积累的一种创新活动。因此,跨代创业对业已创立并寻求长久发展的企业来说意义重大,它可以保持该企业的代际能力。

"跨代创业"是创业和接班的结合体,可以实现新旧事业的互补和平衡,从而帮助家族企业获得持久的竞争优势。

"跨代创业"与"二次创业"时机正完美契合,只要"跨代创业"实现了,"二次创业"就会持久坚持下去,从而推动我国民营经济不断取得新成就,形成新优势。

常言道:"小富靠勤奋,中富靠机遇,大富靠智慧。"企业家精神既能体现勤奋,也能体现获得机遇的能力,更能体现企业家智慧的发挥。相信在企业家特别是"传承二代"(即年轻一代)的企业家中,企业家精神必将不断迸发,企业家的国家使命感和民族自豪感必将不断提升。

四、家族企业企业家精神传承必须在创新中传承

企业必须在升级换代、开拓创新中生存发展,家业是很难守住的。同样,不能机械地继承一代创业主的企业家精神,二代接班人必须在创新中承继,这样才能更好地应对家族企业的发展变化。当然,家族企业企业家精神传承机制也很重要。比如,一是对二代接班人要循序渐进、分阶段培养企业家精神,使二代接班人经过基层锻炼、岗位磨炼,积累管理知识,通过不断学习、实践修炼来承继一代创业主的企业家精神。二是完善家族企业本身的传承机制。企业运行的模式、现代企业制度的完善,都是传承成功的重要条件。三是家族企业接班人早安排。家族企业接班人的选择需要未雨绸缪,以避免传承演变为家族成员的利益纠纷。四是建立科学的传承制度。建立健全企业传承制度、退休制度、培养制度、家族委员会等,让家族企业管理更加科学化、制度化。

第七节 企业家精神传承中的家族企业治理

一、家族企业治理有助于企业家精神的传承

家族企业治理一直是家族企业保护、管理与传承的核心要素和重要环节，良好的家族企业治理有助于家族企业企业家精神的传承。其实，从某种视角来看，家族企业治理的内容载体之一应该就是家族企业企业家精神的培育与传承。

首先，要区分好家族企业治理与家族治理，前者针对家族创办的企业进行治理，而后者针对家族成员进行治理，有些家族成员并没有参与家族企业经营管理，而家族企业里面含有非家族成员员工。与普通企业相比，家族企业治理是企业与家族双重视角下的治理，强调的是家族企业需要设计出最适合家族企业企业家精神和企业战略的治理结构与治理机制。其既包含对家族的治理也包含对企业本身的治理，但家族治理有效是企业治理机制有效的前提。

其次，要深刻认识家族企业治理的本质是对企业的资产、财富、资源的所有权、控制权、经营权、收益权四项权利的再配置与安排。

二、明确家族企业治理基本逻辑

家族企业治理有五个基本逻辑：一是基于家族企业的异质性，每个家族企业的治理都是独一无二、需要定制的；二是现代企业的竞争是商业模式与企业家精神之间的竞争，公司治理是商业模式的核心要素；三是家族企业治理是家族企业价值的稳定器，在稳定之下才有企业的安全、发展与盈利；四是家族企业治理与家族所有权结构是一体两面的关系，最终落地实现的是所有权、控制权、经营权、收益权的配置与安排；五是唯一不变的就是改革，家族企业的内外部环境不断变化，家族企业治理也需要不断地调整与优化。

五个基本逻辑中，我们重点探究家族企业治理与商业模式的关系。家族企业要实现基业长青，在商业环境中保持竞争力是关键。现代企业的竞争，本质上属于商业模式、企业家精神的竞争。而一个完整的商业模式，应当包括七个要素：公司治理、定位、业务系统、盈利模式、关键资源能力、现金流结构、企业价值。商业模式本质上是利益相关者的交易结构，商业模式的设计、构建

与完善实则属于公司利益相关者交易结构及关系的设计、构建与完善,而公司治理恰恰是解决内外部利益相关者关系的核心工具。

家族企业治理是企业价值的稳定器。企业竞争力最终体现的是企业价值。在企业发展的动态过程中,事实上是由安全、稳定、盈利和发展四个方面的因素决定企业价值。战略管理解决的是企业发展问题,风险管理解决的是家族企业安全问题,运营管理解决的是家族企业盈利问题,而家族企业治理解决的则是企业稳定问题。稳定是企业价值的基础。

家族企业治理表面上调整的是"人"的关系,而事实上也必然对企业资产、资源等的所有权、控制权、经营权、收益权四项权利进行配置与安排。

三、治理结构与治理机制融合

家族企业治理实际上也是公司治理,而公司治理需要从治理结构与治理机制着手。家族企业是一种组织,其存在及行为必须解决权利归属、决策、执行、监督等问题。治理结构实际上是从一个静态维度对上述问题进行安排,在股权结构、设立股东(大)会、董事(会)、监事(会)、经营层及权利设置方面应对该问题。而治理机制,则是在动态维度上,明确及规范治理结构中的各机构如何运作、活动。

治理结构与治理机制两者相互融合才是实现家族企业有效治理的关键所在。如果把治理对象——企业、家族看作一个人,治理结构更像一副骨骼,支撑其整个躯干;依托于多层次制度体系而构建的各项决策、管理与运行等治理机制则构成其肌肉与血脉,用于支持整个躯干的活动。以一个家族企业为例,其治理结构应当是所有者(股东)、董事会(执行董事)、监事会(董事)和高级管理人员组成的一个组织机构。

治理结构中的各个机构,以及机构中具体的人实际上是公司所有权、控制权、经营权、收益权的权利载体或者权利实现主体。治理结构是公司的股东(大)会、董事(会)、监事(会)及经营管理层的设置,而治理机制则是这"三会一层"的职权、议事规则以及运作方式的配套规则,缺乏了治理机制,再好的治理结构也是无法顺畅运行的,就像一个人虽然有了强壮的骨骼,但是气血不通、肌肉无力,也无法很好地进行活动。

一个比较完备的治理机制应该包括权利机制、约束机制、激励机制、责任机制、调整机制与退出机制六大项。①权利(力)是家族企业运作的根本,有权才能推动企业运作的发生。权利机制是家族企业治理文件对各治理客体(机构、人）做出的法律、物质、精神等层面的权利（力）的授予以及对相关行事方式的明确；有权利（力）则需要相应的约束。②约束机制属于家族企业治理文件中对各治理客体（机构、人）进行权利行使、行为规范、监督，甚至是限制的规则。③激励是家族企业运作的加速器，有激励才有动力。激励机制是家族企业治理文件对各治理客体（机构、人）的行为从物质和精神方面进行激励和鼓励，从而发挥其潜力的机制。④家族企业人员对企业肩负一定的义务，有义务则需有责任担当，这也是企业家精神内涵之一。责任机制属于家族企业治理体系中对各治理客体（机构、人）的行为后果从法律、物质和精神方面进行规范、限制的规则。⑤企业运行遵循一个规律，变化无处不在，而调整机制，则是随着法律法规、客观环境、利益相关者等因素的变化，对既有家族企业治理予以重新调整的预设机制，保持家族企业治理机制的柔性与效率，避免僵局与冲突的形成。⑥流动性是价值的重要体现，退出机制则是依据法律法规、规章制度、契约安排等，由治理客体主动或被动退出家族企业治理规制范围的规则，为利益相关者的进入与退出留有余地及空间，为企业流动性构建基础。

第八节　企业家精神传承中的代际冲突

家族企业隐性知识——企业家精神的传承能否成功，取决于如何把家族企业破坏性代际冲突转变成建设性代际冲突。

一、家族企业代际冲突成因

（一）成长环境影响代际冲突

家族企业创业主与接班人成长于不同时代，其成长的社会经济文化环境与微观的生活环境差异很大。代际冲突的重要来源在于：家族企业创业主成长于经济匮乏时期，而家族企业接班人成长于经济繁荣时期，价值观的形成会发生巨大差异。

我国改革开放的时间节点很重要，经济发展、营商环境存在巨大差异。我国中小微家族企业的绝大部分创业主成长于改革开放前，而家族企业接班人却成长在改革开放后。创业主与接班人成长环境不同，因代沟差异而使代际冲突产生的概率增大。

从微观生活来考量，家族企业创业主大都生活在农村，而家族企业接班人大多成长在城市；城乡差异导致两代人生活环境不同，也容易诱发代际冲突。

（二）教育程度影响代际冲突

教育作为家族企业接班人接受新鲜事物和新鲜文化的重要渠道，加剧了两代人文化观念的断裂性，增加了两代人的代际冲突和矛盾。

家族企业创业主与接班人教育的差异性主要表现在学历层次和是否出国留学等方面。从学历来考量，家族企业接班人的知识水平和学历层次普遍超过家族企业的创业主。接班人因为求学时间很长，往往导致参与企业管理时间较短，更不用说担负管理企业的责任，企业家精神的培养难以在实践中形成，这导致其管理经验不如家族企业创业主。在企业家精神的传承过程中，家族企业接班人偏向于用管理学知识对家族企业进行管理，其实这多少有点像"刻舟求剑"式的管理，而家族企业创业主则偏向于用经验和直觉管理家族企业，有时看似缺乏数据支撑其决策，实则是创业主多年经验和直觉预测的结果。创业主和接班人这两代人在家族企业管理理念和管理方式上发生了代际冲突。

从是否留学方面考量，部分家族企业创始人把接班人送到国外留学深造，目的是学习西方现代管理理念，由于中外文化观点差异，企业管理对象不同，当地文化背景不同，接班人与创业主产生经营管理思路上的差异在所难免，从而增大了两代人的代际冲突。

（三）父母陪伴影响代际冲突

在家族企业接班人的成长经历中，家族企业创业主往往在创业之初，忙于奔波而很少陪伴年幼的接班人。随着家族企业步入成长期，企业规模不断扩大，企业人员不断增多，企业产品单一化满足不了市场需求，多元化产品生产已经启动，家族企业经营管理成本也增大了，家族企业创业主反而将更多时间花在工作上，然而这个时期接班人正处在形成稳定性格特征的关键阶段，此时父母的陪伴情况将影响子女未来的接班意愿。虽然创业主生活上没有亏待接班人，甚至比一般家庭的经济支持更多，但缺乏亲自陪伴时间。

此外，调研发现，绝大多数中小微家族企业创业主工作时间与在家时间没有区分，也就是没有所谓的工作时间与非工作时间之分，他们往往把家族企业经营过程中遇到的困难在家里表现出来，让年幼的孩子产生紧张的情绪，给子女造成不好的影响。当创业主想真正传承企业家精神给接班人时，接班人往往很叛逆。

总之，缺乏陪伴与压力陪伴都可能造成家族企业创业主与接班人的代际冲突。

（四）独生子女影响代际冲突

本书研究的接班人都是独生子女这种情况。实践中，家族企业的独生子女占绝大多数。创业主再婚拥有法律上的拟制子女或者极个别家族企业创业主在外与其他女人所生的孩子都不在本书研究范围之列。

独生子女限制了家族企业接班人的选择范围，一旦独生子女不愿意成为接班人，很多创业主担忧自己打拼多年的家族企业可能会付诸东流，这种焦虑让家庭氛围紧张。

有些家族企业创业主对独生子女期望过高，希望"青出于蓝而胜于蓝"的。为了顺利传承，在企业家精神培育和传承过程中，创业者不是循序渐进，而是在独生子女成长路上层层加压，在无形中给予了独生子女很多压力，这容易形成代际冲突，接班意愿也会受挫。

再有，大多数独生子女在娇生惯养的环境中长大，父母不愿子女吃苦，为他们提供了优厚的生活条件，他们很难理解父母的艰辛。

独生子女缺少父母陪伴，又缺少兄弟姐妹照应，更容易表现出个人主义，以自我为中心，不懂得分享。家族企业创业主的企业家精神所体现的奉献精神、社会责任感、团队合作精神等让独生子女很难理解。

二、代际冲突的类型

（一）认知型代际冲突

家族企业创业主与接班人成长时代、成长经历不同，对同一件事务的处理方式可能存在价值观上的偏差；教育程度以及出国留学等差异也会导致创业主与接班人之间文化观念的冲突。

认知型代际冲突是指创业主与接班人因为成长时代、成长经历、教育程度、教育背景等诸多因素不同，导致思想认知的不同以及认知能力的差异，在认识、理解和接纳新事物、新观念上产生了分歧，具体表现在处理家族企业的发展战略与管理方式上出现分歧。就企业家精神而言，这些冲突会导致创业主将企业家精神传承给接班人时，接班人会有选择地吸收其企业家精神的内涵。

（二）情感型代际冲突

家族企业子女在成长过程中，父母陪伴时间大都比较少，加之独生子女的身份，易形成孤独叛逆的性格，有时父母不由自主地把工作中遇到的困难带到家庭生活之中，让子女从小就感觉到家族企业管理是一件很麻烦的事情，他们当接班人的意愿也大大降低，最终造成家族企业传承困难重重。

三、两代共存治理阶段，代际冲突更强烈

（一）两代共存治理模式相当常见

目前，我国家族企业面临很多挑战，比如面临着经济转型、父子两代共存共治等问题，随着第一代创业主年龄的增长以及二代接班人的不断成长，诸多家族企业目前处于一代创业主、二代接班人、创业元老及家族其他成员共存模式。但是受中国传统文化思想的影响，部分家族企业中二代接班人并没有完全掌握决策权，且可能受企业中诸多长辈的影响。此时，年轻激进的二代接班人与其他人员将产生一定的冲突。当然，也有部分家族企业创业主更具有与时俱进的创新精神，而接班人为了守业会表现得不喜欢创新，因此也会产生冲突。

实践中，我国诸多中小微家族企业一代创业主正在有意识地培养二代接班人，而二代接班人也在逐渐进入家族企业管理岗位。因此，我国大部分中小微家族企业长时间处于一代创业主与二代接班人共存阶段，时间有时长达几十年。所以，家族企业要主动接受共治模式。

（二）缓解和解决两代共治产生的矛盾是关键

家族企业成员的合作非常复杂，两代共存治理难免产生冲突，关键在于怎样缓解和解决这些矛盾。实践经验是，在家族企业家内部建立和应用一些有效的工具，来帮助家族团队做得更好。这里重点介绍以下四种实用工具：

1. 建立合伙章程

该工具特别适合合伙领导人这种情况，也就是特别适合一代创业主与二代接班人共存治理情况。制定书面章程，合伙领导人在遇到困难之前，要互相了解彼此之间的期望，以及双方合作的前景。

2. 建立家族规则

家族规则的延伸发展就是家族规章、家族宪章，这些都是在阐述家族相关利益的权利和责任。它为家族企业提供传承规则，为家族决策提供基准，为家族资源的分配、矛盾和分歧的化解建立了系统机制。建立家族规则有利于维系

家族内部的信任、和谐和家族事业持续发展的精神内核。

3. 设立家族议事会

该工具特别适用于家族内部，特别是在领导权的实际交接过程中，是交流的主要手段。它可以帮助教导未来可能接班的家族后辈，可以把各家族成员团结起来，分享家族共同的企业家精神。

4. 定期开设家族企业企业家精神研讨会

该工具特别适合于整天忙于生意，没有时间顾及家族事务的企业主们。它有助于家族企业计划在推进过程中，解决所有权问题。治愈那些可能具有破坏性的企业管理疾病和家族心理疾病。

四、平衡代际冲突，利于企业家精神传承

（一）家族关系融洽，家族目标高度一致，利益平衡

家族企业创业主即使平时日理万机，也应该重视家庭亲子关系的培养，多陪伴，不要把工作中遇到的困难带进家庭中，这样可以减少情感型冲突。家族企业创业主应该与时俱进地学习现代企业管理知识，放低姿态与子女一起学习，这样可以减少认知冲突，有利于家族关系融洽；而且家族目标一致性也比较高，家族成员之间的利益容易达成平衡。

（二）设定继任计划，重视企业家精神培育与传承

家族企业创业主应该尽早制订家族企业接班人培育计划，接班人的培养是一个长期过程，时间可能长达几年甚至几十年，不可能几个月一蹴而就。家族企业创业者必须趁早开始培养接班人，企业家精神的培育需要在接班人很小的时候就开始，比如家国情怀、社会爱心等可以通过在学校习得的显性知识获得，也可以通过家族企业创始人言传身教获得，比如可以让未来接班人多参加家族企业开展的社会担当类的活动。再有就是让未来接班人从学校毕业后，到家族企业基层、中层岗位锻炼，或者到外部的企业工作，在实践中培育企业家精神。

（三）代际管理理念协调，沟通实现价值观整合

家族企业创业主与接班人在正式交接完之前，往往有相当一段时间甚至几年时间由两代人共同管理家族企业事务，管理理念往往会发生分歧，这时沟通就显得尤为重要，比如我们在采访一个家族企业创业主的儿子时，他说在与父亲共同管理家族企业时，发现父亲注重细节，自己逐渐产生认同，愿意与父亲商量企业问题并合理采纳父亲的意见。父亲也常常提醒他处理企业管理问题

时,要考虑周全,要平衡多方面的利益等,父亲这种稳重的管理作风值得自己好好学习。父亲觉得儿子有创新想法,有冒险精神,在处理家族企业中具有挑战性的事务时,父亲往往会认真听取儿子的意见,并合理采纳。两人在企业大体经营理念上保持一致,互相沟通,为家族企业发展形成良性互动。

(四)与家族企业同生长共进步,获得价值认同

培育家族企业接班人企业家精神的高度社会责任感最根本的方式就是让接班人与家族企业同成长共进步,培养接班人对家族企业员工的情感,加强心理契约培养,激发接班人对家族企业的责任心和使命感。

五、案例分析

(一)案例企业基本情况概述

本章研究对象为江苏省泰州地区某一服装龙头企业,简称 GT 公司。该公司成立于 2001 年,是由王氏家族及其配偶家族部分成员控制的。其中创始人王氏掌管公司 86% 的股份,其余两名股东为配偶家族成员,家族成员集权度很高。在 GT 公司管理层核心岗位都由家族成员掌控:王氏家族家长(GT 公司创始人)担任董事长,其配偶李氏担任总经理,后期,独生子小王加入管理层后转而掌管整个公司财务;GT 公司创始人王氏的小舅子和小姨子都为李氏成员,分别担任公司后勤部门部长和财务副经理。可以说,GT 公司是典型的传统家族企业。目前,GT 公司已经完成代际传承任务两年多的时间,家族企业发展平稳向上,由王氏的独生子小王担任家族企业新一任领导人。

(二)GT 家族企业传承访谈情况

笔者与 GT 公司主要家族企业管理层人员进行了访谈,对访谈数据进行了整理,用以佐证 GT 公司成功代际传承过程中交接班意愿和企业家精神培育与传承意愿的具体表现,如表 5-12 所示,从而由不同时期存在的不同传承焦点问题引出本章对家族企业传承的影响分析。

表 5-12 GT 公司访谈数据引证

传承焦点	访谈数据引证
父亲欲离任,独生子女小王不愿接任	1. 近年来,国际国内经济发展环境变化巨大,服装行业发展也很大,我国服装行业的客户分布在全世界,各国服装消费习惯与偏好也在不断发展。我年纪大了有些理念跟不上时代的发展,捕捉市场机会的能力变差,这让家族企业错失几次好的发展机会,所以在很早的时候,我就考虑将家业传给小王(创始人)

续表

传承焦点	访谈数据引证
父亲欲离任，独生子女小王不愿接任	2. 我学的是音乐专业，与服装行业差距较大，父亲想让我去接管家族企业，我想着就头疼，回忆起儿时，父亲在家里诉说家族企业管理中遇到的困难，比如申请贷款批准不下来，企业拆借落实不了，企业资金差点断链了，父亲和母亲几天几夜都没睡好，虽然事情最终解决了，但我认为我没这种驾驭能力（接班人）
小舅子欲接任，王氏不愿传	1. 古语说得好，小舅子毕竟不与自己同姓，自己孩子与小舅子比还是有个亲疏远近关系，从差序格局来看，把家族企业传承给小舅子我还是不放心。再说，虽然我们夫妻关系和睦，但以后也有发生婚变的可能，或者一方因意外而死亡的可能。我们王氏家谱里不可能出现小舅子的名字。总之，传承给小舅子我还是不放心（创始人）
	2. 与小王相比，我和姐夫还是有一定的心理距离，亲疏远近关系不言而喻，姐夫也不太愿意向我说一些重要的事情。这些我都可以理解，毕竟中国传统家族企业传承首先要传自己的子女（小舅子）
父亲苦口婆心，儿子勉强接任	1. 我在美国留学那两年，父亲每星期都联系我一次，想让我回国，把美国服装消费偏好等设计风格代入家族企业经营之中（接班人）
	2. 我知道他心里有怨气，他发自内心喜欢音乐，不太爱服装这行。我从家族传承责任、家业重要性的角度，和他一起分析怎样把音乐元素融入服装行业中，润物细无声地说服他（创始人）
父子共同管理出现摩擦	1. 我想把国外学到的先进的、超前的服装行业设计理念融入家族企业的经营管理之中，但做起来没有我想得那样单纯，家族企业成员很多都不太信任我，认为我异想天开，不符合实际（接班人）
	2. 我对家族企业的管理向来比较保守，稳中求进，家族企业也中规中矩地发展，企业家精神中的创新因素在我身上比较缺乏，估计是因为考虑到把家族企业从最初只有十多个人的小服装厂，发展到江苏省泰州地区的服装龙头企业很不容易，不想再冒险。即使小王关于企业的发展理念说得很有道理，我也感觉到这是一个机会，但我不敢去冒险，家族企业最终决策权还是在我手中。我也担心家业败在他手中，年轻人还是太冒进了，不知道创业的艰辛，创业难守业更难（创始人）
儿子欲全权接管家族企业，父亲不愿彻底放权	1. 我在公司遇到重大决策时没有什么具体的权力，这让我心中很多关于家族企业发展的战略不能得到实施。起初我能理解，但是都五六年了，一直维持现状，我觉得是很不合理的（接班人）
	2. 公司就像我的另一个儿子，感情太深，每天早上醒来就想到公司的事情，还是担心他做得不好，会导致公司破产（创始人）

资料来源：研究者自行整理

通过梳理访谈中王氏家长传承意愿与子女接班意愿以及他们之间企业家精神的差异，GT 公司的传承焦点经历了多次转折，如表 5-13 所示。主要分为三阶段，可归纳为三种类型：第一阶段是创始人王氏与其独生子小王之间意愿的变化，从父欲离任而子小王不愿接任的局面到小舅子欲接任而王氏（创始人）不愿传的阶段，这是接班意愿的冲突；第二阶段是创始人王氏苦劝儿子小王接管家业并在家族企业共同治理中出现了摩擦，这是家族企业企业家精神，比如价值观念、企业责任感的冲突；第三阶段则是儿子小王欲全权接管家族企业而父亲王氏不愿彻底放权的局面，这是交权意愿的冲突。

表 5-13　GT 公司传承焦点汇总

阶段	焦点	类型
第一阶段	父亲王氏欲离任家族企业领头人，儿子小王不愿意接任	接班意愿冲突
第一阶段	小舅子欲接任家族企业，姐夫王氏不愿意传	接班意愿冲突
第二阶段	父亲王氏苦口婆心，儿子小王无奈勉强接任	企业家精神培育与传承过程中的冲突，尤其是价值观冲突
第二阶段	父亲王氏与儿子小王共同管理家族企业出现管理摩擦	企业家精神培育与传承过程中的冲突，尤其是价值观冲突
第三阶段	儿子小王欲全权接管家族企业	交权意愿冲突
第三阶段	父亲王氏不愿意彻底放权	交权意愿冲突

资料来源：研究者自行整理

（三）GT 公司代际传承影响分析

1. 两代人企业家精神尤其是价值观差异对家族企业传承的影响

在 GT 公司传承活动过程中，创始人与接班人两代人的企业家精神，尤其是价值观的影响可以划分为两个阶段：第一阶段，是创始人与接班人两代人的家族企业情感认同差异对传承活动的影响；第二阶段是在认知冲突上，具体说是管理观念冲突对传承的影响。其中，家族企业的情感认同在传承初期起到了主要的影响作用，在后期这一影响又由牵头人管理观念认知冲突所主导。

家族企业创始人王氏一手创办这家服装公司，经历多年的发展，创始人王氏把该家族企业视为自己的另一个儿子。他对公司的情感是任何一个家族成员都无法超越的。相比二代继承人即接班人小王，创始人更愿意付出精力与心血去经营家族企业，为家族企业创造更多的财富。在家族企业传承初期，大多数家族企业接班人仅将家族企业传承作为财富和权力的一种承继，缺乏对家族企业的情感认同，对家族企业不具有很深的情感认知。因此，接班人对家族企业情感的认同会影响家族企业的交接班行为。公司创始人担心接班人不能全心投入企业经营与管理中，在接班人不想接手家族企业之时，GT 公司创始人并没有强行施加传承行为，这是出于企业家精神所体现的家族企业责任，也是对家族企业深厚情感的维护。因此，在 GT 公司传承之初，创始人王氏将接班人小王安排到基层岗位加以锻炼，从基层了解家族企业的经营情况，培育其对家族企业企业家精神中体现出来的企业责任感和企业情感认同。

在家族企业认知冲突上，具体来说是管理观念冲突对传承的影响。GT 公司创始人与接班人两代领导人也存在较大差距。这主要是与两代人成长环境、社交关系、受教育程度以及社会阅历、企业家精神等诸多因素有关，如表 5-14 所示。GT 公司创始人王氏出生于 20 世纪 50 年代，在那个时期，社会对经济发展支持力度不大，家族企业兴起之后，商业环境才有所好转。可以说，创始人王氏是在极其艰难的创业环境中成长起来的，王氏靠着自己的闯劲和坚强毅力，将 GT 公司从十多个人的小服装厂发展到江苏省泰州地区的服装龙头企业。而接班人则不同，小王在父辈创造的经济条件下无忧无虑地生活，没有体验到商品市场的残酷，没有经历磨炼，缺乏历练。从教育背景来说，二代接班人小王有美国留学经历，他在服装行业上的视角比创始人更广阔，这也是创始人王氏感到庆幸的一点，可以为家族企业开发更广阔的国际市场。但创始人王氏也很担心，万一市场没看准，家族企业资金投入过多，可能会造成资金链断裂而破产。因此，创始人企业家精神体现出来的则是更加求稳，不愿冒进，偏向于保守管理理念，而接班人的管理理念却相对冒进，愿意接受挑战。

表 5-14 GT 公司两代领导人特点分析

因素	创始人	接班人
社交关系	人脉广，在当地社会地位高，在当地服装行业也有一定的知名度	交友群体有限而且比较单纯，大多是年轻人
受教育程度	浙江工商大学（大专）	四川音乐学院（本科） 美国阿尔弗雷德大学（硕士研究生）

续表

因素	创始人	接班人
社会阅历	经验丰富，在企业管理过程中经历大风大浪	初出茅庐
企业家精神	在企业成立之初也比较敢于冒险，敢于挑战；但家族企业好不容易发展壮大，不想折腾了，怕家族企业破产，所以企业家精神方面反而变得比较保守了	敢于冒进、勇于创新创业
管理能力	极强	较弱
企业地位	受人尊崇、有权威、地位高	较低

资料来源：研究者自行整理

在家族企业创始人领导时期，GT 公司逐渐形成了一种稳健、务实的作风，公司强调现实的实践检验以及历史实践的借鉴作用。而接班人小王则注重开发新的国际服装市场，注重战略转型，通过"互联网+服装"的新模式开拓 GT 服装公司的新型发展模式。但家族企业员工包括创始人在内，对旧模式的认同根深蒂固，一时难以接受新理念。GT 公司的发展战略转型一度也在家族企业内部搁置。这不仅不利于接班人小王在家族企业中树立权威，也在一定程度上阻碍了 GT 公司的发展。

综上所述，我们发现，家族企业创始人与接班人两代人产生的认知型冲突和情感型冲突是一把双刃剑，处理不好就对家族企业发展产生消极作用，阻碍家族企业发展。家庭企业必须充分利用好家族家规，多开展有利于家族企业价值观相统一的活动，家族成员对家族企业心理所有权感的高度统一、对家族企业情感财富的高度认同，可以很好地调节家族企业传承与企业未来健康持续发展之间的衔接问题。

2. 交接班意愿冲突对家族企业传承的影响

"子承父业"是家族企业传承过程中普遍认同的方式，也是 GT 公司首选的承继手段。从访谈中归纳分析发现：GT 公司的传承过程也是一波三折。

在继承人接班意愿方面，由于有着对自己职业生涯的追求，接班人小王特别喜欢音乐，想进娱乐圈，在初期拒不接手家族企业，而且对家族企业成员情感认同很弱，但也主动到美国阿尔弗雷德大学深造服装设计艺术专业，并把深爱的音乐元素融入服装设计之中。继承人不愿接班的状况导致家族企业传承活动一度停滞，家族企业大权仍然掌握在创始人王氏手中，同时创始人王氏又为化解内部继承争端（小舅子想继承），解决继承人问题而操心，这在一定程度上影响了家族企业成员内部凝聚力和向心力。

在创始人交接意愿方面，创始人将小舅子排除在外，坚持"子承父业"模式，独揽大权经营家族企业数年。尽管在后期儿子小王继承了家族企业，但创始人王氏由于对家族企业情感深厚，又担心儿子小王把家族企业搞砸了，所以对权力恋恋不舍，迟迟不愿意交出全部权力，退而不休，这使家族企业内部权力出现偏离。因此，实际上 GT 公司代际交接并没有真正完成，权力棒并未实际交接。

综上所述，GT 公司交接班意愿的冲突主要表现为接班意愿与交权意愿的矛盾。纵观 GT 公司的代际传承活动，其对 GT 公司发展以及家族内部关系的维系产生了一定的消极影响。具体表现为：① 创始人王氏在选择接班人时排除了小舅子（妻弟），这使得家族内部矛盾激化，家族内部姐夫与小舅子关系出现裂缝。而小舅子为了维护权力，逐渐在家族企业经营管理中谋私利，损害了家族企业利益。② 代际传承没有实现权力的完全转移致使新一代接班人小王在家族企业中难以树立威信，企业发展战略也难以得到彻底贯彻执行，这不利于家族企业后期的发展。

六、案例结论

在家族企业传承过程中，两代人的企业家精神差异，尤其是价值观差异会造成家族企业经营管理上意见不统一，使管理存在较长的磨合阶段，从而阻碍家族企业的整体发展。在这一过程中，交接班意愿冲突越尖锐，企业家精神差异越大，对其传承活动的负面影响就越大。因此，家族企业的传承是一个双向过程，在家族企业传承过程中我们既要关注交接班双方的意愿又要考虑到双方企业家精神差异，尤其是价值观差异可能存在的风险因素。

第九节　企业家精神传承中的"法治体检"

有些企业违法，并不是本意上想违法。比如在《中华人民共和国劳动合同法》已经实施了十多年的今天，竟然还有很多企业，尤其是小微家族企业误认为等员工过了试用期再签订劳动合同是合法的。而等到支付了双倍工资，又追悔莫及。又如，有的店家在网上随便下载了图片放到自己的网站上，某天突然收到一张传票，这才知道自己侵权了。

笔者有一个做电商的朋友想通过给粉丝一些福利来引流，见其他同行制作了可以线上免费看电影的网站，引流效果不错，他也想试试，问笔者的意见。笔者恰好是民商类执业律师，劝他不能做，会侵权。他听了笔者的建议没做。过了一段时间，听这位朋友说，他有一个同行被起诉了，因为做了这样的网站，被法院判赔120万元。他很庆幸听了笔者的建议，不然被诉的有可能是他。所以，有时候不是企业想违法，而是不懂法。

当然，还有极个别家族企业，创业主骨子里就有不诚信经营、偷税漏税等想法和行为，并为了眼前利益而乐此不疲，其实，这些行为都可能导致家族企业不能长久发展。

我国家族企业正面临着"四期叠加"，即世代交替期、所有权更迭期、转型升级期及全面合规期的挑战。世代交替期和所有权更迭期重在关注"权杖"继承与"财产"相继两个核心问题。而转型升级是一个老话题，很多家族企业领域的学者目前将研究重点转移到家族企业二次创业上，其原因实际上就是基于家族企业转型升级的大背景、大挑战。

最具挑战性的实际上是全面合规期的到来。中国家族企业面临的不仅是中国境内的全面合规，随着中国家族企业直接或间接地深入参与全球市场竞争，要面对的实际上是全球的全面合规。全面合规使家族企业面对的不仅是经济风险的问题，还有可能面对民事责任、行政责任及刑事责任多重风险的叠加，这涉及的不仅是家族企业的安全问题，还包括家族及家族财富的整体安全，以及家族成员的个人安全及资产安全。家族企业及家族企业家面临的最大风险就是刑事责任风险。

家族企业财富管理的诉求应当是保护、管理与传承并重的，这样才安全，包括财富规模的安全与增长、财富质量的安全与提升、财富目标的安全与实现、现在及未来财富所有者的安全与发展。

风险隔离是中国家族企业最迫切的诉求，对于这一点我们必须予以明确，家族企业必须要有足够清晰的认识。而安全的前提是风险的隔离，包括横向隔离与纵向隔离两个角度。

横向隔离包括家族企业内部、家族成员间、家族支系间、家族企业间及商业体系间的风险隔离。纵向隔离包括了家业与企业的隔离、家庭成员与家族企业的隔离，以及家族代际的隔离。

合规者"生"，不合规者"死"，俨然已经涉及家族企业的生死问题，如果家族企业自身生存都存在问题，那么谈企业家精神的培育与传承就失去了本身的意义。

有了家族企业的传承，才能谈企业家精神的培育与传承。术业有专攻，家族企业想有更长远的发展，自然需要专业人做专业事。对法律的把关，就交给专业服务机构——律师事务所，防患于未然好于亡羊补牢。

在企业家精神培育与传承过程中，应该定期进行"法治体检"，因为企业家精神内涵之一是遵纪守法，只有遵纪守法的企业才可能长久发展。可以邀请第三方律师事务所进驻企业，定期对自己的企业进行"法治体检"。

（一）"法治体检"的定义

"法治体检"是指律师事务所以自己的专业知识、法律资源、技能为家族企业的整体或局部进行科学的调查、分析和评估，发现潜在的法律风险及其特性，提出有效控制和管理法律风险的方案，为企业降低和避免法律风险的发生提供决策依据。这有利于企业家精神中遵纪守法、担责等内涵在自身企业贯彻落实，帮助企业发现风险隐患，从而提出应对措施，建立防范机制，促进家族企业的健康发展。

（二）"法治体检"的主要内容

（1）公司设立存续的法律风险。"体检"内容主要包括：公司是否办理"企业法人营业执照"；是否按时报送年度报告；股东是否有出资不实或抽逃出资的情况；是否及时办理变更登记手续；企业决策机制是否健全；股东会或董事会会议召开程序是否符合公司章程并做了会议记录；经理、财务人员等的聘任是否符合公司法及公司规定；是否有法务部门或者外聘的法律顾问等问题。

（2）劳动人事用工的法律风险。"体检"内容主要包括：企业是否签订劳动合同；是否为员工购买社保；劳务派遣用工管理是否存在违规风险；劳动合同内容是否存在不当风险等问题。

（3）合同的法律风险。"体检"内容主要包括：是否签订了书面合同；合同内容是否经过公司法务部门或者律师的审查；合同签订是否存在法律风险；合同履行是否存在法律风险；合同管理是否存在不当法律风险等。

（4）公司经营的法律风险。"体检"内容主要包括：企业是否超范围经营；是否存在经营未获得特许审批的项目的情况；企业对手或者自身是否存在不正当竞争的情况。

（5）知识产权的法律风险。"体检"内容主要包括：企业有无侵犯他人商标权、专利权、著作权等知识产权的情况；企业是否存在对自身智慧成果不够重视，未申请知识产权保护的情况；企业的知识产权有无被他人侵犯的情况；企业有无知识产权的许可、转让、管理不当的问题；企业是否存在商业秘密流失的情况。

（6）财务及税务管理的法律风险。"体检"内容主要包括：是否有健全规范的财务制度并严格执行；主管会计和出纳会计是否由不同人员担任；是否依法纳税；是否按规定代扣代缴个人所得税等问题。

（7）诉讼（仲裁）的法律风险。"体检"内容主要包括：企业是否有专人负责诉讼与仲裁事宜；对已经审结的案件是否做过梳理；尚未审结的案件是否存在证据风险；欲起诉或仲裁的案件是否存在时效风险、执行风险等问题。

（三）"法治体检"的保密协议

保密协议（模板）

甲方（企业）名称：
法定代表人：＿＿＿＿＿＿＿＿＿＿＿＿＿
地址：＿＿＿＿＿＿＿＿＿＿＿＿＿＿＿＿＿

乙方（律所）名称：
活动负责人：＿＿＿＿＿＿＿＿＿＿＿＿＿
地址：＿＿＿＿＿＿＿＿＿＿＿＿＿＿＿＿＿

鉴于乙方为甲方免费提供"法治体检"服务，为有效地保护双方在合作过程中获得的对方的秘密信息，明确双方保密义务，防止该秘密信息被公开披露或以任何形式泄露，根据《中华人民共和国律师法》等法律法规的规定，甲、乙双方本着平等、自愿和诚实信用的原则签订本保密协议。

第一条　释义

1. 秘密信息：指本协议任何一方不为公众所知悉，能带来经济利益，具有实用性，并经采取保密措施的经营信息和技术信息。包括以书面、录音、录像、数据电文（包括电报、电传、传真、电子数据交换和电子邮件）、口头形式或现场观察获得的报告、数据或其他资料。

2. 本法律事务：指协议双方签署的《免费"法治体检"合同》中所指的法律事务。

3. 信息提供方：指因本法律事务办理需要向对方提供秘密信息的一方。

4. 信息接收方：指因本法律事务办理需要接受对方提供秘密信息的一方。

第二条 甲方的保密内容

甲方对以下信息负有保密义务：

1. 乙方提供的包括但不限于关于本法律事务办理相关的建议、方案中所涉及的乙方观点及表述该观点的文本材料。

2. 以上保密对象包括甲方与本法律事务无关的人员。

第三条 乙方的保密内容

乙方对甲方的以下信息负有保密义务：

1. 甲方的经营秘密，包括公司规划、战略方案、经营现状、财务报表、统计资料、经营方针、投资决策意向、产品服务定价、市场分析、广告策略等。

2. 甲方的管理秘密，包括财务信息、人力资源管理信息、仓储物流信息等。

3. 甲方的交易秘密，包括产品含服务的产、供、销渠道，客户名单及联络方式、交易价格及成交数量、履约日期等。

4. 甲方与关联企业或合作方或其他交易相对人的合作模式、合作方案及签署的协议等。

5. 以上保密对象包括乙方与本法律事务无关的人员。

第四条 保密义务的说明

1. 除法律、法规规定或协议双方另有约定外，秘密信息的所有权归信息提供方。

2. 以下信息不视为本协议所称的秘密信息：

（1）本法律事务办理过程中，信息提供方已将该信息全部或部分公开的部分；

（2）信息接收方从没有保密义务的第三方那里正当取得的信息，且以该第三方通过合法途径取得的内容为限。

3. 如因本法律事务办理需要，信息接收方已将该信息记录存档的，信息接收方应当向信息提供方说明，经信息提供方允许后妥善保管。

第五条 保密期限

本协议的保密义务自双方签署本协议之后信息接收方获得秘密信息之时

起，至该秘密信息法定的保密期限之日止一年内。没有法定保密期限的，自双方签署本协议之后信息接收方获得秘密信息之时起，至双方签署的《免费"法治体检"合同》终止后两年止。

第六条　违约责任

本协议任何一方违反本协议的规定，泄露或不当使用秘密信息，造成其他方由此产生损失的，应承担赔偿责任。

第七条　附则

1. 本协议为双方签署的《免费"法治体检"合同》的附件，其签署、履行与终止均以免费"法治体检"合同为依托。

2. 本合同壹式贰份，甲乙双方各持壹份，每份均具有同等法律效力，自双方签章时生效。（以下无正文）

甲方（企业盖章）　　　　　　乙方（律所盖章）

授权签约人：　　　　　　　　签约人：

年　月　日　　　　　　　　　年　月　日

（四）"法治体检"授权书

"法治体检"授权书（模板）

鉴于_____律师事务所与本公司已签订了《免费"法治体检"合同》，现定于___年___月___日至___年___月___日开展免费"法治体检"活动，活动主要内容为：由_____律师事务所为本公司的整体或局部进行科学的调查、分析和评估，发现潜在的法律风险及其特性，提出有效控制和管理法律风险的方案，为企业降低和避免法律风险的发生提供决策依据。请各部门负责人及员工予以积极配合。

授权人（签字）：
（公司公章）
年　月　日

（五）中小微企业"法治体检"表

中小微企业"法治体检"表（模板）

提示：请如实填写，以便准确了解情况、有效评估。我们承诺所有信息将被保密。请在选项后的方框上打"√"。

一、基本情况

1. 企业性质：

国有及控股□　私营□　集体□　联营□

2. 企业类型：

有限责任公司□　股份有限公司□

3. 是否为外资企业？

是□　　否□

4. 所属行业：

5. 实际控制人：

6. 经营范围：

7. 员工人数：

8. 业务辐射范围：

本市□　　　本市及周边市区□

全国□　　　全国及境外□

9. 是否设立了分公司或分厂？

是□　　　否□

二、公司法人的设立与存续

1	公司是否办理《企业法人营业执照》？	
2	股东是否有出资不实或抽逃出资的情况？	
3	企业投资者和经营者是否分离？	
4	召开股东会流程是否按公司章程规定时间提前通知？	
5	企业股东会、董事会、监事会的成员选任是否符合公司法的规定？	
6	企业是否按照公司法及公司章程的规定定期召开股东会、董事会并做好记录？	
7	公司董事会、董事长或执行董事、监事会或监事是否按照公司章程设定的权限履行职责？	

续表

8	企业股东会、董事会、监事会有无有效的议事规则？	
9	企业决策机制是否健全？	
10	经理、财务人员等的聘任是否符合公司法及公司规定？	
11	企业的土地、房产及其他固定资产是否办理产权登记？	
12	企业是否按时报送年度报告？	
13	企业是否向股东、出资人提供财报？	
14	公司是否为股东、出资人提供担保？	
15	公司资金是否存在被股东、出资人实际占用的情形？	
16	企业是否有法务部门或者外聘的法律顾问？	
17	企业是否定期举行法律类培训？	

【法律建议】提供规范企业法人治理结构服务、企业改制法律服务，以法律顾问方式帮助企业防控日常法律风险。

三、公司经营管理

1	企业是否超范围经营？	
2	企业是否存在经营未获得特许审批的项目的情况？	
3	企业对手或者自身是否存在不正当竞争？	

【法律建议】提供规范企业法人经营管理服务，以法律顾问方式帮助企业防控经营中的法律风险。

四、合同管理

1	所有交易活动是否均签订了书面合同？	
2	企业是否建立合同审查制度和合同履行监督制度？	
3	企业是否建立公章及合同专用章管理制度？	
4	合同签订是否经各部门会签？	
5	企业是否建立合同归档及专人分类管理制度？	
6	企业是否通过律师对合同进行审查？	
7	企业是否建立签订重大合同前的调查、评议制度？	
8	企业是否建立合同争议处理制度？	

【法律建议】提供合同全流程管理法律服务,建立健全合同法律管理制度,规范合同的谈判、审批、签订、履行、归档等所有环节。

五、劳动人事管理

1	企业是否与员工依法签订劳动合同?	
2	劳动合同内容是否符合法律规定?	
3	企业是否建立健全劳动用工管理制度?	
4	企业是否有专业人员对员工进行管理?	
5	企业各项规章制度的内容和制定程序是否合法?	
6	企业是否按时发放工资?	
7	企业是否依法为员工缴纳社会保险?	
8	企业是否建立健全企业保密及竞业禁止制度?	
9	企业是否为劳动者提供必要的劳动保护条件?	
10	企业各项制度是否向劳动者进行公示?	
11	企业是否建立劳动争议应对制度?	

【法律建议】提供劳动用工专项法律服务,规范企业劳动用工行为,为企业建章立制,协助企业预防和处理工资、工伤、辞退、社保费和补偿金等引起的劳动争议,做好劳动合同的解除、续签工作和劳动合同终止工作。

六、知识产权

1	企业是否注册商标并及时续展?	
2	注册商标的类别是否覆盖了主营产品?	
3	是否有正在申请的专利?是否按时缴费?	
4	企业是否具备有效的、可行的内部保护机制?	
5	企业是否存在针对人才流动中的知识产权流失的风险防范措施?	
6	企业是否正在面临侵权或有被侵权的危险?	
7	企业是否存在商业秘密流失的情况?	

【法律建议】提供知识产权专项法律服务可根据调查情况为企业提供商标专利申请、维权等法律服务。

七、财务及税务管理

1	企业是否有健全规范的财务制度并严格执行？	
2	企业固定资产是否办理产权登记？	
3	主管会计和出纳会计是否由不同人员担任？	
4	企业是否依法纳税？	
5	企业是否按规定代扣代缴个人所得税？	

【法律建议】提供财务及税务专项法律服务，可根据调查情况为企业提供相关法律服务。

八、诉讼与仲裁

1	企业是否有专人负责诉讼与仲裁事宜？	
2	企业是否有欲起诉或仲裁的案件？	
3	企业是否存在重大未结诉讼或仲裁案件？	
4	企业是否对已了结的诉讼仲裁案件进行了梳理？	
5	企业是否存在大额应收账款逾期未付情形？是否已超过诉讼时效？	
6	企业是否有合法权益受侵害的诉讼或仲裁案件？	

【法律建议】提供诉讼法律服务，代理企业进行诉讼或仲裁，防范诉讼风险，帮助企业催收欠款，反映问题。

九、外部发展环境

1	企业对金融环境是否有意见或建议？具体是什么？	
2	企业对税收环境是否有意见？具体是什么？	
3	企业对公平竞争环境是否有意见？具体是什么？	
4	企业对法治环境是否有意见？具体是什么？	

（六）中小微企业法治体检材料清单

中小微企业法治体检材料清单

下面为法治体检中律师可能要求企业提供的文件资料（具体可根据企业实际情况参考分类《中小微企业法治体检表》予以增减），请企业备齐相关文件资料，便于律师更好地为企业提供服务。

1. 公司章程，验资报告，历次股东会、董事会、监事会决议；

2. 股东出资协议（代持协议）、股东出资证明文件；

3. 现行人力资源管理制度，现行员工手册，各部门简介；

4. 公司劳动合同、竞业禁止合同、保密合同范本，经理及高级管理人员签订的所有合同、其余员工劳动合同签订情况表（是否签订书面劳动合同）；

5. 员工工资发放表，员工社保购买清单；

6. 员工与公司间纠纷的所有文书材料（诉讼、仲裁、调解协议、和解协议等）；

7. 所有行政许可批复、许可证（特许经营权证），业务授权文件；

8. 产品或服务清单（产品品牌、型号、价格，服务种类、方式、收费模式）；

9. 现行购销合同范本，服务合同范本，正在履行的委托合同、顾问合同等；

10. 因纠纷产生的与其他企业的往来函件；

11. 现行知识产权开发制度，现行知识产权管理制度；

12. 涉诉案件清单（诉讼地位、对方当事人、纠纷类型、诉讼请求、诉讼标的、审理级别等）。

（七）中小微企业法律风险"体检报告"

中小微企业法律风险"体检报告"（模板）

律师：_____

企业名称：_____

法定代表人：_____

住所：_____

日期：_____

1. 公司法人的设立与存续法律风险及建议

1.1　股权架构法律风险

1.2　律师建议

2. 公司经营管理法律风险及建议

2.1　日常运营法律风险

2.2　律师建议

3. 合同管理法律风险及建议

3.1 业务合同法律风险

3.2 律师建议

4. 劳动人事管理法律风险及建议

4.1 劳动人事风险

4.2 律师建议

5. 知识产权法律风险及建议

5.1 劳动人事风险

5.2 律师建议

6. 财务及税务管理

6.1 劳动人事风险

6.2 律师建议

7. 诉讼与仲裁

7.1 劳动人事风险

7.2 律师建议

8. 外部发展环境

8.1 外部发展环境存在的问题

8.2 律师建议

9. 公司法人的设立与存续法律风险及建议

9.1 股权架构法律风险

9.2 律师建议

10. 公司经营管理法律风险及建议

10.1 日常运营法律风险

10.2 律师建议

11. 合同管理法律风险及建议

11.1 业务合同法律风险

11.2 律师建议

12. 劳动人事管理法律风险及建议

12.1 劳动人事风险

12.2 律师建议

13. 知识产权法律风险及建议

13.1 劳动人事风险

13.2　律师建议

14. 财务及税务管理

14.1　劳动人事风险

14.2　律师建议

15. 诉讼与仲裁

15.1　劳动人事风险

15.2　律师建议

16. 外部发展环境

16.1　外部发展环境存在的问题

16.2　律师建议

第十节　家族企业企业家精神传承的动力与使命

本书研究组通过深入访谈江苏省泰州地区中小微家族企业发现，促进家族企业企业家精神传承的动力与使命包括责任感、有始有终、好的开始是成功的一半、创业者的精神感动、社会责任、还清债务、在市场上占有一席之地、将品牌发扬光大，等等。

一、责任感：家业不能放

"父母有交代，这间店无论如何要留着，我传承了父母有责任感的企业家精神，积极从小吃食材入手，重在不断创新，在小吃配方上不断改进，并获得所在辖区名特小吃称号，希望有机会获得省一级名特小吃称号。"（访谈代码 20220322-Z-1）

"责任啊！爸爸的事业！爸爸去世时，交代说，猪头肉店不能放，猪头肉配制秘方一定要保密，条件合适一定要申请知识产权，保护品牌。家里每个人的向心力都是一样的。因为这是爸爸创业留下来的，这是最基本的……"（访谈代码 20220322-Z-2）

从以上访谈可以看出，家族企业后代很注重长辈创下的事业，很注重家业的传承。

二、有始有终

"我深受父亲影响，做事一定要有坚持不懈的毅力，家族企业好不容易在当地立足，有了一定的市场份额，我应该继续干下去。像爸爸说的：'头都开剃了，要把他剃完。'而我妈妈的口头禅则是'善始善终'。"（访谈代码 20220322-Y-1）

三、好的开始是成功的一半

"我深受父亲影响,艰困的时期都度过了,接下来的路会更平坦。像我爸爸说的:'我白手期间,挑灯夜战,从我和你妈两个人干,到现在有五十个员工了。'俗话说,头过,身就过。"(访谈代码 20220322-H-1)

四、创业者的精神感动

"妈妈的精神就是我们的榜样,妈妈 70 多岁都还在做,如果我们这么年轻不做就对不起她了,所以我们要跟着做。"(访谈代码 20220322-C-1)

五、社会责任:传统文化的传承

"这是一种社会责任,做粽子真的很辛苦,利润也不高,但端午节吃粽子是中国既有的习俗,这种传统手艺一定要传承下去。其实,在十多年前我就有感觉。但新一辈对这种传统手艺的东西不会做,它是社会传承的东西,我一定要做下去,不放弃这个事业。"(访谈代码 20220322-S-1)

"奶奶说,已经在耕耘中的东西,虽然知道不好做,不好赚,但是这些坚持还是要有,大家都不做了那谁来做粽子,当大家都不想做了,我们做了也好赚了。"(访谈代码 20220322-S-2)

六、还清债务

"目前这个店生意一般,但这几年受新冠疫情影响,很多生意都受到影响。最关键的是孩子读书要钱,房贷要还,为了还清 120 多万元的房贷,我必须把这个传统手艺店开下去。"(访谈代码 20220322-H-2)

七、在市场上占有一席之地

"泰兴猪头肉"在泰州市场上已经有一定的知名度,市场上还占有一席之地,加上顾客的肯定是支持家族成员走下去的动力,企业家精神也在于此。

八、将品牌发扬光大

"我希望把父母亲留下的好口碑延续下去,而且要发扬光大。"(访谈代码 20220322-P-1)

"父母亲打下来的品牌我们要把它发扬光大。不可以轻易将它放弃。虽然现在竞争的环境越来越恶劣,越来越难,但是我们要异军突起,我们要逆向思考做一些跟人家不一样的东西。"(访谈代码 20220322-P-2)

第五章 企业家精神的传承

第十一节 企业家精神传承的策略与方式

一、企业家精神传承是家族企业存续的关键

未来5~10年，中国约有300万家族企业进入传承转型时期，家族企业发展面临着巨大的挑战。据普华永道发布的《2020年全球家族企业调研——中国报告》，77%的中国家族企业创始人或在任者对传承的成败深表担忧。在知识经济时代，家族企业的传承在本质上是知识资本的传承，尤其是隐性知识的传承。

家族企业在传承过程中，传承的不仅仅是具体的设施设备以及资产，更多的是许许多多的特殊资产，包括创办者的个人兴趣、思想、价值观，创办者的能力、创意、领导与管理方式，秘而不宣的竞争优势（如祖传秘方），家族文化，企业家精神，等等。这些特殊资产属于隐性知识，庆幸的是，近年来，学者们开始由权力和财富的传承转向聚焦家族企业隐性知识传承的研究，但隐性知识包括的特殊资产的范围很广，在众多特殊资产中，企业家精神的传承显得尤为重要，这一观点也得到大多数学者和企业界的公认，仅有权力和财富的传承难以保持"家业"长青，保持和发扬企业家精神才是王道。我国企业家最想传承给接班人的是"企业家精神"，占比高达64.7%，其次是"企业文化"等内生性增长资源。

虽然企业家精神的传承是一个全球性的问题，但在我国具有独有的特征，因为第一批受计划生育政策影响的"80后"独生二代，使得中国家族企业在继任人的任命上缺少选择空间。陈刚研究认为，独生子女在竞争精神、风险容忍、信任等个性特征表现上比非独生子女差，而这些个性特征都显著地影响了个人的创业概率和意愿，是造成独生子女比非独生子女更缺乏企业家精神的重要根源。因此，探究我国二代家族企业的企业家精神承继显得尤为重要，其研究价值也不言而喻。

企业家精神是一种动态的、不断丰富演进的过程概念，首先体现在创业者的个性特征，然后是通过创业者个性特征给家族企业带来的一系列行为过程。企业家精神的本质是创业者不局限于资源限制，而是主动寻找机会并让机会给自己企业创造价值的一系列复杂过程。

目前，研究家族企业企业家精神的成果比较丰富，但大都热衷于企业家精神内涵与外延的界定、企业家精神的实证测量、企业家精神培育（或培养）以及将企业家精神作为中介变量、调节变量或者前因变量来探究企业家精神对自身企业的创新绩效、战略转型等的影响，但研究传承家族企业企业家精神的文献很少呈现。关于与企业家精神传承（或承继）相关性最高的企业家精神培育（或培养）有学者进行了探究，但两者研究重点区别很大，企业家精神的培育（或培养）聚焦在家族企业的创业者身上，而不是传承二代——接班人身上。

笔者行文时，通过中国知网（CNKI）输入"企业家精神传承（或承继）"呈现的文献仅有7篇，比如陈寒松研究认为家族企业企业家精神教育启动越早，越有利于企业家精神的传承。冯思宁和李智认为创业者应该编制共同愿景，注重家族核心价值观、创新、与时俱进学习、社会责任担当等企业家精神的传承。王新爱和王微认为企业家精神传承是一个系统工程，不能一蹴而就，在这过程中必须注重对接班人的培养，更要注重企业家精神的创新和升级。孟德会以荣氏家族企业集团为例，探究了以荣氏兄弟为发端的企业家精神的传承，研究发现，荣氏兄弟能成功地把企业家精神代际传承下来，关键在于在传承方式上注重古今兼蓄、中西合璧、言传身教、言行合一、形式多样、因材施教等。张源原研究了新时代背景下企业家精神的传承，研究得出企业家精神的核心在于创新，根本在于在获取自身企业利益的同时怎样促使社会整体利益的增加。陈刚从接班人企业家精神现状调查着手，研究发现，独生子女比非独生子女企业家精神更欠缺，严重影响到家族企业的后续发展。经过深入分析，发现其背后原因是：独生子女信任、竞争意识和风险容忍度比非独生子女低很多，这严重影响了家族企业创新创业的发展，而目前世界经济环境要求企业必须创新，不然很容易被竞争对手迎头赶上，使自己处于不利的境地。李兰等学者研究发现，我国家族企业与非家族企业企业家精神传承给二代接班人还是有很大差异，非家族企业更想传承的企业家精神是"乐于奉献（42.3%）"，而家族企业更期盼传承的企业家精神包括"敬业（73.3%）""渴望成功（12.3%）"以及"与众不同（9.6%）"。当然，也要看家族企业所处时期，比如处在成熟期的家族企业，创业者更偏重把企业家精神中的诚信、敬业传递给二代接班人；如果是处在衰退期的家族企业，创业者更偏向于传递企业家精神中的"勤俭节约（41.6%）"。

综上所述，企业家精神在我国家族企业与非家族企业中还是有区别的，而且企业家精神是分层次的，可分为个体层面、组织层面、社会层面、国家层面的企业家精神，传承企业家精神的偏重内容随着家族企业所处时期的不同而不同，很少探究怎样传承企业家精神，传承企业家精神的方式与策略是什么。这里面的"黑箱"路径究竟是什么？本书试图打开这个黑箱，以期为家族企业历久弥坚、永续传承拓宽思路。

二、家族企业企业家精神传承策略与方式分析

（一）无形的润物细无声的潜移默化

1. 家庭教育

一般而言，家族企业创业主形成的企业家精神，会根植于家族价值观之中，而家族企业的家族价值观是较不易变动的。因为家族企业创办者会在下一代接班之前把家庭生活、家庭教育等内容传递给下一代。如果家族企业创办者时常不在家，或者因为企业经营压力影响到家庭氛围，或者家族企业创办者个人婚外生子、离婚后与他人再婚等影响到家庭，就会引起其子女对家族企业的敌意，想逃避家族企业。此时这种情绪会降低他们进入家族企业的意愿。因此，家庭对家族企业企业家精神的传承来说相当重要。

由于江苏省泰州地区家族企业第一代创办者多是白手起家，因此，在家庭教育上，家族企业创办者希望第二代拥有其"认真、专业""回报社会"的企业价值观，泰州地区优秀家族企业创业主的企业家精神通常都存在上述价值观。家族企业创办者为传承其价值观和信念，通常会借家庭教育作为传承其企业家精神的媒介。

家族企业除强调家族企业成员"认真、专业"的家族奉献外，还在创业与日常生活中，不忘以服务奉献社会、造福人类为宗旨，而非只以私利作为追求目标，如此才能有广阔和宏伟的见识及胸襟，充分发挥智慧力量，不负生命的意义。

2. 家书

家族企业创业主企业家精神的传承除了通过家族企业创业者日常家庭教育外，家书也是一种传达家族企业家精神的方式之一。这里的家书不一定是传统的纸质书信，微信、微博、QQ、邮件等电子形式也应包括在内。如江苏省泰兴老王汽车维修店创业主老王的儿子在英国读车辆工程研究生的两年多时间里，老王就做了"没有家书就没有生活费"的规定，规定儿子小王每周写家书报告最近一周学习和生活的点点滴滴，以及心得体会，而老王也把最近一周自己经营汽车维修店所遇到的困难，以及解决问题的始末告诉小王，小王回信

也很长，有时有一二十页纸。比如，有一次竞争对手准备与王总打价格战，小王就利用自己学的知识，帮创业主老王写出了克制竞争对手的渐进性战略以及具体的解决方案。老总在小王建议的基础上，融合家族企业智囊团的集体智慧，把该战略及解决方案付诸实施，成功地打击了竞争对手，使家族企业有惊无险。双方在信中很少谈亲情，谈的多是生意，创业主老王会说如何管理员工，如何追根究底解决问题，如何持续合理化，如何开拓市场，如何维护市场，如何制定战略，如何应对现有竞争者和潜在竞争者的挑战，如何分析自身企业当下面临的机会威胁、优势劣势，如何与当地政府打交道，如何发现商机，如何改变销售策略，等等。老王对这些知识未必能完全理解，但小王的商业思维一定在潜移默化中受到创业主老王的熏陶感染。在家书的往返过程中，创业主老王将在泰兴老王汽车维修店成长过程中所付出的心力与经验告诉小王，这在无形中影响了小王日后经营企业的理念。此时，创业主老王已成功将其企业家精神传递给下一代。

（二）有形的显性的制度规范

1. 家训

家族企业创业主企业家精神很大一部分体现在其家族的价值观上。家族的价值观显示该家族认为何种价值是重要的。由一个家族的家训可以看出一个家族所重视的价值和行事规范。服装厂张总谈到其家族企业企业家精神时，情不自禁地谈到其家族最核心的价值，他父亲亲笔写了六个字——"诚信、勤勉、向善"，作为该企业的工作守则。以前该企业开晨会时，参会人员要站起来，把这六个字背诵一次。经营服装行业，必须将诚信放首位；第二，我国自古有"勤能补拙、笨鸟先飞"的良言，就是勤勉。最后，做人做事最主要的是在法治框架下"向善"。这六个字是其家族的最核心观念。本书认为，恪守家训，家族企业不仅有了最基本的工作守则与规范，创业主企业家精神会把这种精神实践到自己的企业之中，创业者企业家精神更得以具体化，有利于永续传承。比如，家训教导家族企业接班人注重诚信和长远，这就是具体企业家精神的体现，有利于家族企业充满长青基因。

2. 家族规则

家族规则对家族企业的重要性在于当创办人希望家族企业在家族成员参与下永续经营时，唯有运用设计完善的家族规则，才能促使在未来人丁兴旺、人数众多的家族成员中，维持长久的亲情以及团结合作的事业伙伴关系。家族规则对家族企业而言，扮演着一个相当重要的角色，不仅是家族企业经营的最高行为准则，也是凝聚家族共识的最佳媒介。家族规则的内涵，具体而言，可以包含股份转让制度，从家族成员中选出家族控股公司的董事会，对领导人及未来领导人的伦理规范，针对希望参与经营的家族成员，设计合理的培训与考核制度、确立家族与家族所掌控的上市公司或未上市公司之间的关系，修改家族规则的时机与程序等规范与制度。

从家族规则逐步积累、发展到制定家族规章，再进一步制定家族宪法，这个过程不仅确定了家族最重要、最迫切的一部分原则与规矩，更是一个积累共识、强化共识的漫长过程。家族宪法的重要性不可忽视。它不仅明确了家族企业创业主企业家精神所体现的家族价值观与最高政策，确定了家族的基本制度安排，更概括了何为家族、何为家族事务，在规范限制现在的同时也约束未来。

在实践中，有很多中小微家族企业没有家族规则，更没有家族宪法与家族规章，虽然家族规则、家族宪法与家族规章是家族文化的重要组成部分，但家族规则、家族宪法与家族规章的制定不仅是一个认识问题，也是一个能力问题。其制定过程很艰难，家族的上一代往往很期待，下一代也积极参与，两代人都希望家族规则、家族宪法与家族规章能够落地，但最终能够做到的寥寥无几。虽然目前家族开始意识到家族规则、家族宪法与家族规章的重要性，家族内部也达成了"初步共识"，制定所需的技术能力也足以支撑，但依然存在很多挑战。具体表现至少有三点：一是"初步共识"不够，家族规则、家族宪法与家族规章必须立足于家族的"广泛共识"和"深度共识"，这不仅难，而且需要一些"助缘"；二是家族规则、家族宪法与家族规章不仅规范限制当下，更约束未来的家族成员或利益相关者，"预见未来"要求家族必须具备足够的决心与远见；三是家族规则、家族宪法与家族规章制定的进程往往会被各种家族的意外事件所打断。一旦家族失去"稳定"与"繁荣"的环境，家族规则、家族宪法与家族规章很可能就无法推进。

但庆幸的是，当下推崇的家族治理结构，主要以家族大会、家族委员会、家族理事会等机构为核心权力机构，以家族办公室为主要决策及支持机构。当然，不同的家族会根据自身诉求而设置出不同的家族治理结构。一个符合家族具体要求的家族治理结构，可以集合全体家族成员的能力和智慧，为家族企业提供强大的核心领导力与关键人力资源，为家族成员提供施展才华、充分交流、协作和纠纷解决的平台。比如，江苏省泰州市某钢厂匡总说，他家族就有家族委员会，他还创设了一个"一家亲"微信群，供家族成员相互交流，节假日的仪式感，有利于尊老爱幼氛围的形成；另外创设了"家族工作群"处理家族事务，推动家族治理。

其实，从某种角度讲，家族治理结构中的家族大会、家族委员会、家族理事会等机构已经在发挥着家族规则、家族规章、家族宪法等部分功能。

3. 国外留学教育

在实践中，很多中小微家族企业创业主把子女送到国外学习，想通过国外的学习环境去影响他们。就拿江苏省泰州某玻璃厂创业主来说，他感觉儿子从小在家族成员的关爱下，成为温室的花朵。儿子高中毕业之后，就被送到英国伦敦去留学。他刚入学之时，由于语言有隔阂和生活习惯、生活环境等与国内存在差异，逐渐学会了刻苦耐劳，学会了节约务实，并养成了独立自主的人格。从某种程度上讲，国外留学教育也有助于家族企业创业主将其企业家精神传递给下一代，有利于接班人进一步承继家族企业事业。

4. 见习制度

见习制度在我国家族企业中扮演着相当重要的角色，也是接班人日后成功接班的关键因素。接班人经历的从家族企业基层岗位到高层岗位的历练，从业务或技术专家到管理阶层的锻炼过程，实际上是一个将家族企业创业主企业家精神应用于家族企业的认知、发掘、锤炼并优化的过程。缺乏这个过程，家族企业的交接班就难以顺利进行。江苏省泰州地区诸多中小微家族企业的创一代企业家让其子女从企业的基层做起，除了锻炼其子女的经营管理能力外，更重要的是让子女接受家族企业企业家精神的传承。因为承继有形的家族财富、家族权力并不是问题，如何通过实践承继家族企业创业主的企业家精神、上一代的管理和经营经验、创新意识等无形资产才是最重要的。

5. 从事慈善事业

社会上的一些成功人士即使已经退休，也会从事慈善事业与做社会公益，以回馈社会。对于他们而言，重点是延续其个人价值、企业家精神。通过这种方式在未来数代继续流传下去。

慈善事业是加强家族凝聚力的重要元素，对于不在企业任职的家族成员和在企业任职的家族企业成员而言，慈善事业提供了有意义的工作，家族企业企业家精神也可以代代相传。

综上所述，家族企业企业家精神传承策略与方式有无形的、润物细无声的潜移默化与有形的、显性的制度规范两种策略。无形的、润物细无声的潜移默化具体方式包括家庭教育和家书等；有形的显性的制度规范包括家训、家族规则、国外留学教育、见习制度和从事慈善事业等。

第十二节　企业家精神传承的关键成功因素

家族企业企业家精神为企业管理者提供决策指引，这也是员工的行为准则。而家族企业的企业家精神主要源自家族企业创业者的经营哲学。家族企业的高层管理者常常会借由某些行动来传承家族企业企业家精神，家族企业也需要某些行为来传承企业家精神。在中国文化中有"富不过三代"之说，此说法正好说明，将一个家族成功的结晶以及该企业的企业家精神顺利完成交接，是一件相当不容易的事情。由上一节阐述的家族企业企业家精神传承的策略与方式可知，为贯彻执行家族企业企业家精神传承的计划，家族企业的创办者需通过各种无形的潜移默化，如家庭教育、家书，或者有形的制度规范，如家训、家族规章、国外留学教育、见习制度，以及社会公益等措施来协助家族企业企业家精神传承计划得以稳步推进。甚至是有意向地选择接班人来传承家族企业企业家精神。为了让家族企业企业家精神能成功地传承，在贯彻执行传承计划过程中，关键成功因素有哪些是本书探究的另一重点课题。关键成功因素是指某项事务的进行或者实施得以成功的关键影响因素。要将家族企业企业家精神由创业者成功地传承给第二代接班人，其关键因素是什么？

一、关键成功因素的特性

考虑关键成功因素时应该注意以下四个方面：

（一）依产业、产品、市场的不同而不同

影响家族企业经营绩效的因素有许多，会随着产业的性质、规模或者竞争策略的取向而各有差异，因此关键成功因素是指其家族企业在特定产业中竞争的主要成功因素。

（二）依产业周期而改变

时间对于关键成功因素也是重要影响因素之一。家族企业为获得良好绩效必须特别持续地专注一些事项，在不同时期做好该时期的关键性工作，以期比其他竞争者更成功。

(三)应考虑到未来发展的趋势

如果没有了解关键成功因素改变的方向而贸然投入该产业,将会为公司带来很大的麻烦,甚至灾难。

(四)集中某些特定事物来决定产业的关键成功因素

由于家族企业本身资源有限,故管理者不应该将所有的事情都当成关键成功因素,而是必须深入研究、评估与分析,并大胆聚焦于少数几个关键成功因素,以作为策略形成的基础。

总之,由关键成功因素的特征可知,关键成功因素强调不同时期需要不同的关键性工作。此外,关键成功因素更强调在组织资源有限的情况下,借以深入研究、评估找出能够最有效达成目标的关键因素与策略。

因此,我们认为家族企业企业家精神传承成功的关键因素在于家族企业创业者能在不同时期施予不同家族企业企业家精神传承的策略,并思考什么样的策略是最能有效达成目标的策略。

二、家族企业企业家精神传承的关键成功因素分析

(一)家族企业企业家精神传承初期:重在家族企业创办者的言行合一

家族企业的创业者,作为家族企业的领导者,其角色具有示范、教导、训练作用,会增强或减弱组织原有的价值观与信念。要维护传承好家族企业的企业家精神,作为领导者的创业者必须以身作则并加以实践。由于家族企业企业家精神本身是一种隐而不显的信念与价值观,因此,家族企业企业家精神在传承的初期阶段,家族企业创办者的言行合一就显得格外重要。通过家族企业创办者自身的言行合一,示范、教导、训练家族企业其他家族成员或者非家族成员员工,使得家族企业企业家精神在家族企业治理过程中得以具体落实。

当然,家族企业创办者的家庭教育对家族企业企业家精神的传承扮演着极为重要的角色。家族企业创办者子女(即接班人)的价值观并非天生,其对该家族企业的企业家精神也并非不用了解或传授即能了然于心。家族企业企业家精神需要企业以及企业创办者对接班人不断进行灌输,在潜移默化中,家族企业接班人才能逐渐接受企业家精神并内化为企业价值观。

(二)家族企业企业家精神传承中期:有明确的家族企业企业家精神

一个成功的家族企业需要拥有不同的企业传统、时代意识、基本信念、价值观以及理念等无形企业家精神。家族企业企业家精神有效渗透到某组织或个

人之中，进而影响个人与团队的行为、态度、信念及价值观，这有助于家族企业企业家精神的传承。家族企业企业家精神来自家族企业创业主企业家精神，首先要明确家族企业创业主企业家精神的内涵，在前面章节已经重点阐述了新时代家族企业企业家精神的内涵。家族企业企业家精神的明确体现在以下方面：

1. 连贯性

追求梦想与历史悠久的家族企业会坚持不懈、有热情地致力于某项重大使命。由于企业是实现家族梦想的工具，于是家族尤其是家族企业创业主会力求保证家族企业的健康运营与连贯性，鼓励家族企业管理者长期任职。因此，我们可以看到家族企业的创业主通常在位甚久，为的就是确保家族企业健康运营的连贯性。当家族企业创业主在实行接班计划时，需特别考量该家族企业企业家精神与该接班人的共通性和连贯性，如此才能确保家族企业企业家文化的传承。

2. 共同一致性特征

家族企业会如同部落一般为实现使命而构建出有凝聚力、类似氏族的团队。换言之，欲使家族企业企业家精神得以永续传承，需要特别正视该家族企业创业主的企业家精神与该家族企业企业家精神的共同一致性。接班人与家族成员要落实家族企业创业主企业家精神的共同一致性。如果接班人和家族企业成员能感受到企业家精神的共同一致性特征，那么家族企业企业家精神将不会被轻易丢弃。

3. 关系

许多优秀的家族企业都与它们的合作伙伴、顾客以及所处的社区保持一种长久、广泛的互利关系。这种关系在很大程度上超越了相关市场或合同交易的时间跨度、范围和潜力。最为成功的例子是从事家族慈善事业与回馈社会，此类善举，使得无论是家族企业、企业价值观还是慈善事业，都能够在个人以外延伸，在未来数代继续流传下去。总之，关系特征将有助于家族企业企业家精神的传承。

（三）家族企业企业家精神传承后期：提前做好接班准备

为了能有效传承家族企业企业家精神，基本上家族会提供给子女（接班人）优良的教育或社会资源，使得接班人能够获得较好的基础。而后，接班人通过见习制度进入家族企业从事基层事务工作。接着，家族企业接班人逐渐加入管理岗位，从基层岗到中层岗，再到高层岗，以获得实战经验，同时也对家族企业企业家精神有更深层的实践，以便在未来承担更重要的管理职责。由于在实践中，家族企业创办人经营家族企业的时间较久，因此，在家族企业企业家精神传承的后期，家族企业创办人应该帮助接班人尽快做好接班准备，以能有效传承家族企业企业家文化。

综上所述，家族企业企业家精神为企业管理者提供决策指引，这也是员工的行为准则，而家族企业企业家精神主要源自创办人的经营处世哲学。家族企业企业家精神传承成功的关键因素包括家族企业创办者言行合一、有明确的家族企业企业家精神以及提早做好接班准备等。

第十三节 接班后家族企业管理危机的化解

一、接班人继承家族企业的挑战

家族企业传承企业家精神，实际上是来源于家族实践活动的持续推进，这肯定也是一个不断提升，甚至异化的过程。那么，接班人承继家族企业创业主的企业家精神的过程，也是在不断用于家族实践活动之后，接班人的企业家精神不断提升，甚至异化的过程。

从大量的交接班实践来看，接班人认识和理解家族治理、家族企业治理、家族传承路径、家族财富传承目标等概念，是接班人思考并选择接班后"做什么"与"如何做"的前提。

接班人承继创业主企业家精神的过程也是继承家族企业的过程，接班人继承家族企业所面对的挑战，也正是家族所面对的挑战，这是家族应该合力解决的问题。

接班人是否已经完成必要的准备、规划与安排显得很关键，因为接班人继承家族企业所面对的挑战就是如何避免家族、家族企业因交接班而导致家族企业衰败。具体挑战来源很多，可以用"散与分""乱与斗""弱与失"来概括。

（1）"散与分"即上一代强力家族领导人（创业主）退出后，家族往往失去或者说在一段时间内失去"核心"，家族凝聚力减弱，很可能导致家族成员的心因无法继续凝聚在一起而"散"掉，甚至出现非正常的"分家"与"分产"现象。一旦家族分崩离析，后果将不堪设想。

（2）"乱与斗"是最可怕的局面，这对家族、家族企业来说都是噩梦。由于缺乏必要的、有效的规划与安排,家族、家族企业在心理上、能力上与路径上都没有做好必要的传承准备,由此家族陷入混乱,甚至陷于长期的内斗,最终导致家族力量消耗殆尽。

(3)"弱与失"。"弱"说的是接班人未必具有上一代家族企业领导人的能力及企业家精神,能力偏弱,无法引领家族企业持续发展。当然,接班人接班后的所有权结构重构导致控制力减弱,甚至导致家族控制权丧失的现象也不在少数,由此家族走向衰落,也就是"失"。

综上所述,接班人继承家族企业后面对的每个挑战都是巨大的。必要的规划、充分的准备、正确的方向、足够的能力及家庭的团结都是应对挑战的基本条件。

二、认识危机是正确的起点

从不同视角来看,危机有不同的类型,可以从影响程度、对象、类型及能动性等角度来进行分类,如表5-15所示。分析和识别危机的类型,对于认识危机、管理危机都是有巨大帮助的。

表5-15 危机类型

划分标准	危机类型
影响程度	重大危机、一般危机
对象	家族企业危机、家族危机、家族成员危机
类型	法律危机、非法律危机
能动性	主动引发危机、被动引发危机

资料来源:张钧等著《对话家族企业顶层结构:家族财富管理整体解决方案的27堂课》(广州:广东人民出版社,2019)

重大危机对家族企业造成的影响自不待言;而一般危机处理不当,也会潜伏或直接转化为重大危机;如果接班人没有一定的危机化解能力,家族企业危机、家族危机及家族成员危机会相互传递;很多危机以法律危机的形式呈现,而法律危机与非法律危机往往是互相关联、互相引发的;主动引发与被动引发的危机所造成的后果并没有必然的差异,但是所需的危机管理模式存在较大差异。

三、家族企业危机的特性

家族企业危机包括必然性与偶然性、未知性与可预测性、突发性与紧迫性、破坏性与建设性这四组看似矛盾又合理存在的特性。

（一）必然性与偶然性

家族企业危机的必然性是指家族企业危机不可避免，是一定会发生的，任何家庭成员、家族或者家族企业必然会遇到大小不一的各种危机。从这个意义上来说，危机是必然的，也是一定会面对的。但同时，家族企业危机的发生具有一定的偶然性，家族企业及家族成员的所有薄弱环节都有可能因某个偶然因素而导致危机的发生。所以危机难以预测，容易给家族企业及个人带来混乱，从而导致不利的后果。

（二）未知性与可预测性

家族企业危机发生的时间、地点以及破坏性等都是难以被预测到的，尤其是各种自然灾害、社会环境与经济结构的变化等带来的各种冲击是难以抗拒的。

但是家族危机的发生也存在一定的规律性因素，例如科技的进步、各种新技术的发明等都是有迹可循的，可以通过不同的方式对这些规律性因素进行研究，以预测可能发生的危机。

（三）突发性与紧迫性

家族企业危机相对于一般的事件或状况而言，由于难以预测，所以才具有突发性，往往在人们还没有意识到的时候，危机就突然爆发了。

一旦危机发生，情势通常会非常紧迫，如果不及时处理、控制，将会使危机扩大，造成更严重的不利后果。

（四）破坏性与建设性

危机必然会使得家族企业及家族成员处于一定的不稳定状态，从而造成对现状不同程度的破坏，且必然会带来某方面的损失，对于家族企业后续发展产生巨大的影响。

四、家族危机化解的本末之道

危机来源的厘清、危机的认识都是基础，最重要的是如何管理危机和化解危机。某些类型的家族企业危机发生时往往涉及舆情监测、媒体管理、媒体传播等问题，因此，专业的外部公关力量介入是非常必要的。

但总体来看，化解家族企业危机可以从两个层面着手。一个层面是在必然发生的家族危机尚未发生或者已经发生时如何进行危机管理；另一个层面是如何通过构建完善的危机管理体制，预防家族危机的发生。从某种意义上讲，这两个层面是本与末的关系。

第一层面可以理解为危机管理与危机化解之"末"，可以从四个方面从事危机管理工作，一是提前释放家族企业危机；二是有效化解家族企业危机；三是全面把控家族企业危机；四是设法转危为机。该层面的危机化解恰似"小医"治病，针对已经发生的疾病对症施治，不同医生的具体治疗水平当然存在巨大的差异。

第二层面才是关键，是危机管理与危机化解的根本。这个层面的危机化解发生在家族企业危机发生之前，恰似"大医"治病，治的是未病，防患于未然。家族企业危机化解的根本之道是家族企业的顶层设计，可以从四个方面来把握：一是家族企业必须构建有效的所有权结构，完善家族企业的权益配置，合理配置保护结构、控制权结构及传承结构。借此家族不仅可以预防相应危机的发生，更可获取应对危机的结构性力量。二是家族企业应当通过有效的家族治理，促使家族企业逐步积累必要的文化资本、人力资本及社会资本等家族特殊资产，整体提升家族力，这是家族预防危机及应对危机的基础性力量。三是家族企业应该及早对可规划的事项进行有效的规划与安排，未雨绸缪，走到时间前面。只有走到时间前面，才有可能走在"人性"前面，避免"不应该发生的事情发生"，这是家族预防危机及应对危机的前瞻性力量。四是危机的特性揭示了危机发生的必然，家族建立必要的风险及危机管理机制、构建完善的家族企业风险及危机管理体系，不仅至关重要，而且刻不容缓。

家族企业顶层结构设计才是家族企业风险管理及危机化解的核心路径。

第十四节　企业家精神代际传承的经济后果

一、家族企业代际传承的本质

家族企业代际传承的本质是显性控制权和隐性权威在代际间的传递。显性控制权，如家族企业资产所有权和经营管理权等；隐性权威，如企业家精神等。

在评价家族企业企业家精神代际传承的经济后果时,应该权衡家族企业的经济目标与非经济目标。家族企业有双重目标,一是家族目标,二是企业目标。家族目标在于追求家族利益,家族利益不仅有利润目标,也有非经济目标,家族对于实现家族效用最大化具有强烈的偏好,家族企业追求非经济目标是与非家族企业之间最明显的差异特征。但同时家族企业又有企业目标,即实现利润最大化,怎么平衡家族企业双重目标是一个实践性很强的问题。实践中,当家族企业进入代际传承阶段时,"实现利润最大化"作为企业经济行为准则是没有太多意义的,而"实现利润"才是企业成功传承和通过生存检验的标准。

所以,研究家族企业企业家精神代际传承的经济后果,应该以企业目标作为研究的逻辑起点,即家族企业企业家精神代际传承的原则是权衡经济与非经济目标。

二、企业家精神代际传承会使家族企业承担一定成本

(一)家族企业接班人承继企业家精神需付出学习成本

家族企业创始人的企业家精神要转移给接班人,除了创始人乐于传授之外,还取决于接班人要乐意学习。转移企业家精神涉及的双方当事人,即家族企业创始人和家族企业接班人(创始人子女),必须发挥各自的主观能动性,双向奔赴。但必须采用合适的方式来把创始人的企业家精神转移给接班人,企业家精神具有不易复制、模仿和转让的专用性,家族企业接班人要把这些知识迁移给自己,必须付出学习成本。因为企业家精神具体到家族企业经营管理方面,表现为企业管理技能、市场机会的挖掘、公司治理结构的设计、对外社会关系的处理、竞争对手的较量,等等,这些都是通过实践才能真正掌握的,这些创始人拥有的企业家精神属于特殊知识,家族企业接班人需要在长期的互动过程中逐渐吸收。接班人一旦学习好这些特殊知识,在完全接管家族企业经营管理权之后,就可能成为企业获取竞争优势的关键要素。

(二)代际传承可能带来较大的网络外部性成本

原有的企业规则是嵌入在整个企业体系之中,被大多数成员接受,从而形成了规模经济,规则的演变容易使之前的收益丧失并会产生较大外部性成本。

(三)在接班过程中,家族企业存在为制衡矛盾冲突的内部消耗成本

家族企业内部不同利益集团为增进自身利益会导致权力斗争,使家族接班

人不得不将部分时间、精力以及资源置于企业内部政治运动中,这会降低经营资源的配置效率。

三、企业家精神代际传承减少成本策略

本书采用经济学原理中的成本－收益法分析家族企业企业家精神代际传承的经济后果。家族企业企业家精神代际传承的过程,也是家族企业代际传承的过程。

家族企业企业家精神代际传承会给家族企业带来利益,因为企业家精神传承过程实质上也是家族企业代际传承过程,二者是同步的。家族企业要考虑企业的利润,但利润不是第一位的,家族企业经营带有家族印记的企业获得情感收益相当重要,比如家族成员因为家族企业资本所有权和经营管理权继续被家族成员所掌控而产生的满足感、成就感、认同感以及心理所有权感。其实,从另一个视角看,节约成本也能增加收益。

(一) 树立接班人权威是企业家精神传承的基础

树立接班人权威可以从以下几个方面着手:一是家族企业创始人要主动为接班人铺路,比如支持家族企业建立自己的团队,树立自己的家族企业文化;二是在家族企业创始人与接班人共同管理家族企业阶段,创始人应该支持接班人通过战略转型等创业行为树立权威,接班人通过实绩可以巩固自身的地位,为将来接管企业打下基础。

(二) 共同治理家族企业阶段是传承的必要步骤

"扶上马,送一程"是家族企业创始人将家族企业经营管理权全部移交给接班人后的必经过程。其主要原因是,家族企业创始人担心接班人全面接管家族企业经营管理权后,部分元老不听接班人安排,或者部分非家族企业人员不认同接班人建立的企业文化等。当然说到底,是担心接班人全面接替家族企业经营管理权后,家族企业是否能平稳过渡,也就是家族企业绩效是否会有大幅减少等。当然,"送一程"还有一个目的是转移家族企业的隐性知识。因为家族企业中很多隐性知识,比如企业家精神中的对外社会关系网络,并不会随着企业经营管理权的全权移交而转移,而是需要接班人与创始人一道与外部进行沟通和深层次交流,这样才会建立起对外社会关系网络。

（三）代际传承中的战略变革是稳定器

家族企业本身在代际传承阶段转换中会创造风险较小的环境，战略实施倾向于保守，考虑到权力的接替以及原本传承人所具有的社会情感财富在代际传承中的损失，企业会选择稳定。

第十五节 本章小结

本章主要阐述企业家精神的传承。首先，分析家族企业传承模式及影响因素，代际转移企业家精神的影响因素；其次，探究企业家精神传承过程、传承机制，接班人承继企业家精神的意愿；再次，分析企业家精神传承中的跨代创业、家族治理、代际冲突和"法治体检"，企业家精神传承的动力与使命、策略与方式、关键成功因素；最后，探究接班人接班后家族企业管理危机的化解以及企业家精神代际传承的经济后果。

家族企业代际传承过程涵盖"教育历程""接班方式"及"传承类型"。在家族企业代际传承过程中，创始人和接班人两位当事人相当重要，接班人自身必须要有主动性，愿意学习创始人的家族企业经营管理理念，创始人在接班人完全接管家族企业经营管理权之前，要培育、指导接班人；在接班人完全接管家族企业经营管理权之后，创始人在"扶上马，送一程"之后，要学会放手，不再过多干涉家族企业经营管理方面的事务，支持接班人组建自己的管理团队，组建自己的家族企业文化等。只有这样，家族企业才能顺利传承。

传承二代企业家精神的培育是解决我国家族企业传承中诸多问题的着力点，企业家精神的培育是传承战略的重点。本章鉴于家族企业传承断层现象，阐述家族企业传承的重要意义，并探究了家族企业传承的模式、家族企业隐性知识的传承以及家族企业企业家精神传承的策略与方式。

中国家族企业界和学者一直重视传承问题，事实上，家族企业在传承过程中，传承的不仅仅是具体的设施设备以及资产，还包括许许多多的特殊资产，如创办者的个人兴趣、思想、价值观；创办者的能力、创意、领导与管理方式；秘而不宣的竞争优势，如祖传秘方、家族文化；等等。这些特殊资产属于隐性知识，关于家族企业隐性知识的传承已有小部分学者进行了探究，但隐性知识包括的特殊资产范围很广，难以具体深入地开展下去。

第六章　研究局限与展望、管理建议

一、研究局限

（一）研究样本和数据存在局限性

本书仅研究江苏省泰州地区中小微家族企业，而且数量较少。缺乏对其他数据的收集与统计分析。

在大数据背景下，样本和数据的选择至关重要，本书受信息门槛和技术的限制，对企业数据的筛选可能不够全面，存在一些误差。在今后的研究中，应该扩大样本数量，以提高研究的可信度。

（二）测量指标存在局限性

本书在企业家精神测量维度的选择上，采用主观测度化，没有直接借鉴国内外多数学者采用的企业家精神维度测量结构。目前，多数学者仅仅从经济管理、社会管理视角来度量企业家精神。正巧笔者是执业律师，而不仅仅是一位研究企业管理的学者，笔者认为企业家精神必须包含法律责任，这样才会让家族企业持续健康发展下去。

（三）通用性和恒定性存在局限性

家族企业企业家精神的培育与传承受诸多因素影响。从外部看，有地理条件、当地经济发展、当地营商环境、社会背景、文化政策、行业特征等一系列因素的影响；而从内部看，受家族企业创业者与接班人和谐度、家族企业文化氛围、家族企业接班人自身素质等因素影响。

本书仅研究江苏省泰州地区中小微家族企业，而且数量较少。这在一定程度上限制了研究结论的通用性和恒定性，在企业家精神培育与传承上存在局限性。

（四）企业家精神传承

创业主与接班人个体不同，家族企业异质性以及家族企业成员心理所有权不同，家族企业创业主培育和传承接班人也有一些差异。本书探究的企业家精神培育与传承方式和策略等的普适性有限。

二、研究展望

（一）悖论视角下父子共治与家族企业企业家精神培育与传承

实践中，创业主与接班人交接班时间跨度很长，通常出现父子共治情况，甚至在接班人接班后的一段时间内，创业主遇到关于家族企业重大问题时，也会出现父子共治情况，悖论情况时有发生。因为家族企业作为家族与企业的集合体，在登记成立之日就处于家族与企业相互交织的氛围中，家族与企业有时有相互矛盾的情况，有时又相互促进、相辅相成。父子共治也会出现类似家族与企业关系的矛盾，尤其是从悖论视角在父子共治情况下怎样培育与传承企业家精神，值得研究。

（二）接班人接班后企业家精神的异化研究

企业家精神是一种与时俱进的精神，需要不断吸收时代的思想、理念和观点，形成新的企业家精神构想。"传承二代"不仅要继承父辈的白手起家、吃苦耐劳、质朴诚实的企业家素质，更要奋发图强、勇于开拓、再接再厉，实现家族企业企业家精神的继承性超越。在传承中，异化是关键。具体包括：①"传承二代"企业家精神的内涵和本质是什么？② 异化的原因及影响因素有哪些？③ 异化的路径有哪些？④ 怎样通过有效途径防止异化偏离"传承二代"企业家精神？

（三）接班人接班后对董事会影响的研究

在家族企业公司治理中，董事会是核心要素，包括董事长更替、独立董事聘任、董事会监督等方面。"传承二代"企业家精神对董事会领导权结构、会议频数、独立董事比例、总经理任命等方面都存在着重要的影响。董事会治理体现了"传承二代"的创新意识、风险意识和危机意识。

（四）家族企业企业家精神传承的数字化驱动研究

随着数字经济的兴起，家族企业企业家精神传承的模式也在改变。家族企业可以借助于数字经济的平台，更为有效地驱动家族企业企业家精神传承，从而提高家族企业企业家精神传承的效率。

1996年，美国经济学家Tapscott在《数字经济：智力互联时代的希望与风险》一书中第一次提出了"数字经济"的概念，阐释了"数字经济"的基本理念。1998年，美国商务部发布了报告《新兴的数字经济》，这标志着数字经济的诞生。十九届五中全会指出，我国要加快数字经济的发展，积极参与数字领域国际规则和国际标准的制定。据《中国数字经济发展白皮书（2021年）》，2020年，中国数字经济增加值达到39.2万亿元，占GDP的比重为38.6%。

家族企业企业家精神的数字化传承在发达国家引起了较高的重视，但在我国尚未引起应有的关注。P. Chaithanapat考察了56家家族企业隐性知识传承的渠道和效果，发现数字化平台对传承质量存在着重要的影响。M. Chopra和N. Saini认为，数字化技术可以有效驱动家族企业在任者向继任者的知识转化，尤其是隐性知识的转化，进而提高继任者隐性知识的存量。

综上所述，家族企业隐性知识的数字化传承是当前家族企业企业家精神传承中所要解决的关键问题。我国家族企业开始重视隐性知识的传承，但传承效果并不明显，尤其没有重视数字化在隐性知识传承中的驱动作用。因此，如何激活家族企业隐性知识传承的数字化驱动功能，是当前我国家族企业企业家精神传承研究所要解决的一个重要问题。

三、管理建议

（一）为培育和弘扬企业家精神提供良好的外部环境

1. 政府应该在政策和制度上支持企业家精神发展

政府应落实有关企业家精神发展的相关制度和政策，为培育和弘扬企业家精神提供良好的政策支持。政府应在政策和制度上给予企业家精神更多的支持和鼓励，为企业家精神的发展打造更好的交流平台，创造有利于企业家创新创业的外部环境。通过对企业家精神交流平台的构建，加强企业之间的交流和合作，提高企业家群体和企业家精神的凝聚力度，促进企业之间企业家精神的合作发展。同时对具有优秀企业家和高质量企业家精神的企业进行奖励，为企业家精神的发展树立良好的榜样和标杆，从而刺激企业家精神的培育和弘扬。

2. 创新模式培养接班人的企业家精神素养

提高社会对企业家精神教育的重视和关注度，借助校企联合办学或产学研等新兴模式来培养学生的企业家精神素养。在企业家精神的教育和培训过程中，为促进主体的多样化发展，可以把高校、政府和企业的力量联合起来，聘选优秀的教师、企业家与社会人才对企业家精神进行集中教育和培训，同时可以举办更多的创新创业大赛和社会实践活动，鼓励更多的人参与进来，让学生在具体的创新创业实践中得到锻炼，提高其企业家精神技能和素养，为其之后步入社会进行创新创业活动打下良好基础。

3. 为企业家提供良好的社会氛围和成长环境

作为促进经济创新驱动发展的重要力量,全社会应该从更多的方面和角度对企业家精神的发展给予关注和支持,为企业家精神的发展打造一个积极、包容和充满活力的成长环境与社会氛围,更加了解企业家精神发展的真实需求,为企业家精神创造价值提供更多的动力和支持。同时,应加强对市场体系的监管,促进诚信机制的有效建立,加强对市场恶性竞争的管控,打造合理良性的市场竞争和发展机制,为推动企业家精神的发展打造良好的市场环境。

(二)企业内部应该加强对企业家精神的建设和发展

1. 构建企业家精神的发展体系

可主要从制度建设和教育培训两个角度对企业家精神进行建设和发展。在制度建设方面,不断丰富企业家精神内涵,针对家族企业实际发展现状,恰当运用企业家精神理论,根据企业发展特性,建设成文的、系统的企业家精神制度体系或惯例。在教育培训方面,对创业主企业家精神与接班人企业家精神的建设和发展进行系统化的教育及培训,目的是培养企业家精神的核心文化,提高对企业家精神的认识和重视程度,为企业家精神的可持续发展提供源源不断的动力和支持。另外,还可以通过成立专门的培育机构来促进企业家精神培育的规范化管理,为培育企业家精神提供优越的组织机构背景和有利的硬件基础,实现企业家精神在企业各层面的有效传播和沟通。

2. 加强对家族企业人才的培养

企业人才不仅是企业最重要的生产要素,更是企业最宝贵的资源和财富,为企业家精神的可持续发展提供了后备军。因此,家族企业应该加强对人才培养的力度,优化家族企业投入项目,增加家族企业在人才方面的资金和时间投入。注重对家族企业人才的多元化培育,通过公司内部实训、出国学习交流和专业化学习等多种方式对家族企业人才进行培训,提高家族企业人才的综合实力。同时为家族企业人才的发展提供良好的体系保障,加强对家族企业人才结构的优化,建设梯形的人才发展体系,为家族企业人才的发展提供一个能够良性竞争和学习交流的积极向上的氛围。

3. 加强对家族企业中高层管理者企业家能力的培养

企业中高层管理者作为企业上下之间的沟通桥梁和企业制度的执行者,在企业的创新发展中发挥着直接的、重要的作用。同时,其作为企业创新能力的主力军,最有可能成长为企业的管理人才。

因此，家族企业应加强对中高层管理者企业家能力的培养。创新和创业能力更容易在不确定的市场环境中孕育，所以应培养中高层管理者在不确定的市场环境下的机会识别能力、利用能力和风险承担能力，提高中高层管理者的创新和创业能力，培养他们的企业家精神。同时，家族企业应自上而下、由内向外多方位加强对企业家精神的理解，将企业家精神的发展落实到企业的日常生产和管理中，从制度和绩效机制上鼓励创新创业，为企业家精神的发展提供更多的支持和动力。

4. 完善企业内企业家精神的发展战略和创新创业环境

从全员角度制定企业的发展战略，编制共同愿景，鼓励更多的员工参与到企业的创新创业活动中，同时要根据市场环境的变化及时调整和完善企业的发展战略。优化组织结构，设立专业的创新创业机构，改善企业的创新创业环境，为企业进行创新创业活动提供有效的管理和培训，形成优秀的企业家精神文化和创新创业氛围，提高企业员工发展企业家精神的积极性和创新创业的忠诚度。

优秀企业家精神一定注重社会主义核心价值观的传承，家族企业创业主和接班人都将是家族企业经营管理的牵头人，他们将个人特质融入企业家精神之后，企业家精神已经成为远远超越企业家个人特质的一种价值选择，渗透到家族企业员工的意识和信念之中，通过反复灌输，家族企业员工逐渐认同和接受这些价值观，最终企业家精神中的核心价值观能够赋予企业和家族超越个人生命长度的力量和跨时代的发展。

参 考 文 献

中文文献：

[1] 李思飞. 家族企业传承的动因与经济后果研究 [M]. 北京：中国经济出版社，2019.

[2] 张钧，蒋松丞，张东兰，等. 对话家族顶层结构：家族财富管理整体解决方案的 27 课堂 [M]. 广州：广东人民出版社，2019.

[3] 周锡冰. 家族企业如何久而不倒 [M]. 上海：上海大学出版社，2017.

[4] 周锡冰. 中国家族企业死亡真相调查报告 [M]. 北京：经济管理出版社，2019.

[5] 鲍树琛，许永斌. 家族企业代际传承的制度演变分析 [J]. 兰州学刊，2020（12）：138－146.

[6] 曹颖娴，邹立凯，李新春. 家族企业传承期更容易发生高管辞职？[J]. 经济管理，2021（12）：107－121.

[7] 陈刚. 独生子女政策与消失的企业家精神 [J]. 经济学动态，2020（7）：84－98.

[8] 陈劲，阳镇，尹西明. 新时代企业家精神的系统性转型：迈向共益型企业家精神 [J]. 清华管理评论，2020（8）：25－34.

[9] 陈升，刘泽，张楠. 企业信息化对创新能力的影响机理实证研究：基于资源观理论视角 [J]. 软科学，2017（11）：44－48.

[10] 陈静. 论家族企业向现代公司转型的制度创新 [J]. 企业研究，2010（8）：101－111.

[11] 陈乐，彭晓辉. 传统家文化视角下家族企业文化演化路径分析 [J]. 湖南人文科技学院学报，2013（5）：121－123.

[12] 陈忠卫. 创业团队企业家精神的传承与退化：基于心理契约视角 [J]. 现代管理科学，2008（11）：29－32.

[13] 陈寒松. 家族企业企业家精神的传承与创新研究 [J]. 生产力研究，2011

(4): 173-177.

[14] 陈绛平, 龚江涛. 浙江义乌家族企业接班人培养实证研究[J]. 科研管理, 2008 (12): 12-21.

[15] 程海水, 徐莉. 新时代企业家精神: 内涵、影响因素及培育路径[J]. 软科学, 2022 (7): 123-126.

[16] 程林顺. 当前制约企业家精神发挥作用的影响因素分析[J]. 广东省社会主义学院学报, 2020 (3): 86-90.

[17] 程良越. 家族企业要主动接受共治模式[J]. 经理人, 2022 (3): 50-57.

[18] 程熙镕, 于晓东, 焦立轩. 亲缘关系对家族企业资产结构及绩效影响研究: 基于委托代理理论和社会情感财富理论的视角[J]. 北京工商大学学报(社会科学版), 2019 (7): 156-168.

[19] 常淼, 蒋春燕. 如何从新颖事件中塑造企业家精神: 基于事件系统理论的认知、情绪链式双重中介机制[J]. 现代经济探讨, 2021 (12): 35-43.

[20] 杜善重, 李卓. 家族认同与企业战略变革: 来自中国家族上市公司的经验证据[J]. 当代财经, 2021 (9): 78-95.

[21] 窦军生, 贾生华. 家族企业代际传承影响因素研究述评[J]. 外国经济与管理, 2006 (9): 101-107.

[22] 窦丽, 张凤青, 胡琬芸. 家族企业代际传承模式及影响因素分析: 基于企业内部维度的一个概念分析框架[J]. 现代商贸工业, 2012 (9): 54-56.

[23] 丁昆, 丁贵桥. 论家族企业的传承模式[J]. 决策与信息, 2020 (10): 75-82.

[24] 关威. 家族企业传承模式影响因素研究[J]. 安阳师范学院学报, 2017 (3): 21-24.

[25] 巩键, 陈凌, 王健茜, 等. 从众还是独具一格: 中国家族企业战略趋同的实证研究[J]. 管理世界, 2016 (11): 110-124.

[26] 郭超. 子承父业还是开拓新机: 二代接班者价值观偏离与家族企业转型创业[J]. 中山大学学报(社会科学版), 2013 (2): 123-132.

[27] 郭萍. 独生子女家族企业的传承研究: 基于比较的视角[J]. 理论月刊, 2015 (3): 131-138.

[28] 冯海燕, 王方华. 企业家精神何以落地: 创业导向影响竞争优势的路径研究[J]. 经济与管理研究, 2015 (7): 36-43.

[29] 冯思宁,李智. 企业家精神视角下对家族企业传承问题的思考[J]. 福建商业高等专科学校学报,2013(6):34-38.

[30] 何轩,马骏,朱丽娜,等. 制度变迁速度如何影响家族企业主的企业家精神配置:基于动态制度基础观的经验性研究[J]. 南开管理评论,2016,19(3):64-76.

[31] 贺凌飞. 企业家精神对企业可持续发展影响的研究[J]. 北京:北京交通大学,2018.

[32] 黄锐. 家族企业代际传承的影响因素分析[J]. 商业时代,2009(14):45-48.

[33] 黄均瑶,吴炯. 家族企业跨代创业研究综述及展望[J]. 财会月刊,2021(23):23-27.

[34] 黄海杰,吕长江,朱晓文. 二代介入与企业创新:来自中国家族企业上市公司的证据[J]. 南开管理评论,2018(1):35-47.

[35] 胡旭阳,吴一平. 中国家族企业政治资本代际转移研究:基于民营企业家参政议政的实证分析[J]. 中国工业经济,2016(1):146-160.

[36] 胡厚全. 企业家精神与中国经济增长:基于历史传承的视角[J/OL]. 系统工程理论与实践,https://kns.cnki.net/kcms/detail/11.2267.N.20220411.1710.006.html.

[37] 胡旭阳,吴一平. 中国家族企业政治资本代际转移研究:基于民营企业家参政议政的实证分析[J]. 中国工业经济,2016(1):56-63.

[38] 胡望斌,焦康乐,李艳双. 基于传承认知视角的家族企业接班人选择研究:双案例的纵向研究[J]. 研究与发展管理,2020(3):137-149.

[39] 侯作前,吴红瑛. 基于家族企业生存状态的接班人断层问题之研究:以浙江省中小型家族企业为例[J]. 现代城市,2008(3):13-17.

[40] 韩雪亮,田启涛,董峰,等. 家族企业异质性研究述评与展望[J]. 上海对外贸易大学学报,2022,29(3):58-75.

[41] 江海林,尹寿兵. 家族企业代际传承研究进展及启示[J]. 生产力研究,2020(10):157-160.

[42] 焦娅敏,李敏. 家文化视域下家族企业员工行为及对策探讨[J]. 学理论,2014(30):45-48.

[43] 金一禾. 家族企业代际传承的经济后果研究:评述与展望[J]. 商业会计,2020(10):54-65.

[44] 李锐昌. 家族企业传承中代际冲突的成因、类型及影响 [J]. 管理案例研究与评论, 2021 (2): 22-40.

[45] 李繁. 浙江家族企业创二代创业能力培育问题及对策研究 [J]. 中国市场, 2020 (2): 183-185.

[46] 李生校, 张恒. 导师指导对家族企业接班人成长的作用: 基于扎根理论的越商案例研究 [J]. 绍兴文理学院学报, 2016 (5): 32-38.

[47] 李茜. 新时代企业家精神的培育路径探析 [J]. 企业科技与发展, 2021 (5): 126-128.

[48] 李雪松. 家族企业"传承二代"企业家精神评述与展望 [J]. 中国市场, 2021 (6): 171-182.

[49] 李雪松. 家族企业隐性知识传承数字化驱动评述与展望 [J]. 中国市场, 2022 (11): 100-102.

[50] 李雪松. 我国家族企业代际知识资本传承评述与展望 [J]. 中国市场, 2022 (11): 91-93.

[51] 李焕焕. 公司企业家精神的研究综述 [J]. 企业管理, 2021 (10): 93-95.

[52] 李新春, 贺小刚, 邹立凯. 家族企业研究: 理论进展与未来展望 [J]. 管理世界, 2021 (11): 207-222.

[53] 李新春, 宋丽红. 基于二元性视角的家族企业重要研究议题梳理与评述 [J]. 经济管理, 2013 (8): 53-62.

[54] 李新春, 韩剑, 李炜文. 传承还是另创领地: 家族企业二代继承的权威合法性建构 [J]. 管理世界, 2015 (6): 110-124.

[55] 李兰, 仲为国, 彭泗清, 等. 企业家精神与事业承诺: 现状、影响因素及建议——2020年中国企业家成长与发展专题调查报告 [J]. 南开管理评论, 2021 (2): 213-227.

[56] 李艳双, 马朝红, 杨妍妍. 企业家精神与家族企业战略转型: 基于多案例的研究 [J]. 管理案例研究与评论, 2019, 12 (3): 273-289.

[57] 李娟, 潘丽荣. 营商环境对企业家精神差异化配置的影响机制研究 [J]. 金融理论与教学, 2021 (10): 69-71.

[58] 李京文, 袁页, 甘德安. "家文化"与家族企业创新投入的关系研究 [J]. 科技管理研究, 2016 (2): 134-142.

[59] 李晓磊, 张玉明. 儒商特质的企业家精神能"御风而行"吗: 亲清政商

关系的调节作用[J]. 山东社会科学, 2021 (11): 130-137.

[60] 厉以宁. 中国发展需要弘扬优秀企业家精神[J]. 中国科技产业, 2017 (10): 112-123.

[61] 娄兆锋. 企业家精神及民营企业家队伍建设研究: 基于问卷调查与访谈的统计分析[J]. 山东社会科学, 2020 (7): 170-177.

[62] 娄阳, 耿玮. 家族企业代际传承模式与长期投资决策研究: 基于家族化方式的调节效应[J]. 南京审计大学学报, 2019 (11): 135-142.

[63] 林海波, 任雪溶. 家族企业传承影响因素实证分析: 以宁波家族企业为例[J]. 科技创业月刊, 2019 (2): 1-2.

[64] 林海波, 庄序莹. 传承之惑: 基于长、珠三角洲家族企业接班行为的评价[J]. 中国经济问题, 2015 (4): 34-43.

[65] 林宇, 顾爽. 家族企业转型的制度经济学分析[J]. 经济论坛, 2009 (9): 78-89.

[66] 刘小元, 林嵩, 李汉军. 创业导向、家族涉入与新创家族企业成长[J]. 管理评论, 2017, 29 (10): 42-57.

[67] 刘青锋. 传统家文化的基本内涵及其蕴含的治理思想研究[J]. 法制与社会, 2020 (1): 119-121.

[68] 刘娇, 王博, 宋丽红. 家族企业价值观传承与战略变革: 基于探索性的案例分析[J]. 南方经济, 2017 (8): 114-118.

[69] 刘恋. 新时代非公有制经济领域企业家精神的培育路径[J]. 陕西社会主义学院学报, 2022 (3): 112-119.

[70] 刘天君. 论我国家族企业的概念及类型[J]. 广东开放大学学报, 2015 (10): 176-186.

[71] 刘晓扬, 范玮烽. 中国企业家精神研究的发展脉络与趋势: 基于文本分析的视角[J]. 现代经济探讨, 2022 (5): 46-63.

[72] 廖天舒. 家族企业"软规则"管理[J]. 中国工业和信息化, 2021 (8): 84-100.

[73] 陆可晶, 罗仲伟. 家族跨代创业竞争优势获取路径研究: 基于扎根理论的探索性分析[J]. 技术经济与管理研究, 2020 (1): 67-78.

[74] 陆行, 傅邱. 家族企业代际传承的经济后果研究: 基于福耀玻璃收购福建三峰的案例分析[J]. 现代商贸工业, 2020 (1): 126-138.

[75] 黎文靖，彭远怀．从家族企业治理到家族治理：基于中国家族传承的框架重构［J］．财务研究，2021（7）：67-77．

[76] 马凤．家族企业传承的合法性壁垒及其突破［J］．上海：东华大学，2018．

[77] 孟德会．新时代企业家精神的五个维度[J]．江苏商论,2021(2):126-128．

[78] 孟德会．荣氏家族企业家实践及代际传承［J］．生产力研究，2019（2）：12-18．

[79] 孟令标，齐善鸿．企业家精神结构及培育的文化路径探索：基于老子管理哲学思想的视角［J］．企业经济，2021（12）：59-68．

[80] 马忠新．善治兴业：地方政府治理能力对企业家精神的影响研究［J］．当代经济管理，2021（11）：30-43．

[81] 毛良虎，李焕焕，刘然．企业家精神的实证测度［J］．统计与决策，2022（1）：163-169．

[82] 牛建国．关于企业家精神测度的文献综述［J］．现代管理科学，2018（9）：115-117．

[83] 任佳，王霞．直辖市视角下的企业家精神发展研究：基于综合云评价模型［J］．经营与管理，2021（1）：71-77．

[84] 宿慧爽，李响，曹忠威．企业家精神培育过程中的政府行为研究［J］．学习与探索，2020（9）：127-132．

[85] 孙秀峰，宋泉昆，冯浩天．家族企业企业家隐性知识的代际传承：基于跨代创业视角的多案例研究[J]．管理案例研究与评论,2017(10):80-96．

[86] 石璐璐，傅贤治．当代中国家族企业接班人培养模式的实证研究［J］．现代商业，2017（6）：157-159．

[87] 邵传林．中国商业传统对现代企业家精神的影响研究：传承机理与实证检验［J］．浙江工商大学学报，2016（7）：61-70．

[88] 史家汇．古代中国企业家精神的变革与启示[J]．CHINA SME,2016(7)：65-67．

[89] 唐雯雯．中国家文化影响下家族企业文化分析［J］．企业家天地，2013（1）：98-101．

[90] 王春．企业资源观理论起源及基本框架［J］．中国国情国力，2017（11）：44-48．

[91] 王呈斌，伍成林．内部因素对家族企业传承影响的实证分析：基于在任

者视角 [J]. 经济理论与经济管理, 2011 (8): 13-17.

[92] 王奇, 吴秋明. 家族企业基因如何在代际间复制: 基于家族上市公司的实证分析 [J]. 企业经济, 2020 (8): 13-17.

[93] 王少杰, 刘善士. 论影响中国家族企业传承的四个核心因素 [J]. 广西社会科学, 2012 (11): 87-90.

[94] 王连娟. 家族企业传承经验借鉴和理论思考 [J]. 开发研究, 2005 (12): 76-87.

[95] 王连娟. 我国家族企业接班人选择现状分析 [J]. 经济经纬, 2008 (11): 45-57.

[96] 王金枝, 肖覃, 张铭. 管理学视域中的企业家精神测量研究综述 [J]. 创新创业理论研究与实践, 2019, 10 (20): 3-6.

[97] 王绛. 大力弘扬新时代企业家精神: 学习贯彻习近平总书记在企业家座谈会上的重要讲话精神 [J]. 党课精选, 2020 (16): 11-26.

[98] 王立夏, 宋子昭. 动态演化视角下企业家精神与商业模式创新关系研究: 以尚品宅配为例 [J]. 管理案例研究与评论, 2019, 3 (13): 287-301.

[99] 王洪君, 牛国良. 家族企业成长中的制度转型 [J]. 资源与产业, 2009 (6): 101-112.

[100] 王蓉, 卢长利. 企业家精神培育的路径分析 [J]. 企业管理, 2021 (3): 40-43.

[101] 王丽娜. 家族企业继任方式及其影响因素的国际比较 [J]. 科学·经济·社会, 2009 (8): 112-118.

[102] 王魏东. 企业传承什么 [J]. 现代商业, 2015 (2): 161-165.

[103] 王新爱, 王薇. 家族企业代际交接中的企业家精神传承 [J]. 资源与产业, 2017 (9): 114-116.

[104] 王晓梅, 唐飞. 企业家精神与家族企业发展: 基于河南省的分析 [J]. 现代商业, 2011 (1): 132-140.

[105] 王勇. 家族企业的有效传承, 依赖哪些关键因素? [J]. 中外管理, 2011 (9): 12-15.

[106] 王文婷. 家族企业社会情感财富的传承路径与路障研究 [J]. 天津: 河北工业大学, 2017.

[107] 汪长玉, 左美云. 从传承理论视角看年长员工代际知识转移意愿 [J]. 科

研管理，2017（9）：131-132.

[108] 吴炯，颜丝琪. 家族企业跨代创业：类型与动因 [J]. 经济体制改革，2016（2）：34-38.

[109] 吴炯，季彤. 家族企业交接班人的自信程度与跨代创业选择：基于代际传承的案例研究 [J]. 管理案例研究与评论，2021（2）：32-42.

[110] 吴炯，李宝杰. 家族企业接班人的政治关联、人力资本与跨代创业行为 [J]. 管理学报，2015（11）：102-112.

[111] 吴雪婷. 温州家族企业价值观的传承研究：以康奈集团为例 [J]. 时代金融（中旬），2015（9）：121-126.

[112] 吴磊，白炳贵. 家族企业接班人培养的影响因素分析：以温州为例[J]. 经济研究导刊，2012（14）：28-40.

[113] 吴康梁. 家族企业"生存危机"："富二代"为何不做接班人 [J]. 中国林业产业，2010（5）：45-52.

[114] 魏翔宇，于广涛. 企业导师指导如何激发徒弟创新：基于认知和情感的双路径机制研究 [J]. 经济管理，2021（2）：35-42.

[115] 谢芳婷，柏高原. 传承视域下家族企业治理的权责与分配 [J]. 经营与管理，2022（4）：45-61.

[116] 项凯标，颜锐，杨晔. 中国情境下企业家精神的培育机制研究综述：基于期望理论和生命周期理论视角 [J]. 科学学与科学技术管理，2020，41（6）：171-215.

[117] 辛金国，徐明明，潘小芳. 家族价值观对温州家族企业绩效影响的实证研究 [J]. 生产力研究，2016（1）：118-122.

[118] 许忠伟，李宝山. 基于企业家生命周期的家族企业传承问题探讨[J]. 生产力研究，2006（1）：125-132.

[119] 徐勤. 如何培育家族企业的企业家精神 [J]. 江汉大学学报（人文科学版），2003（9）：143-152.

[120] 徐向前，洛建升. 家族企业成功传承的标准及影响因素分析 [J]. 江西社会科学，2008（5）：23-28.

[121] 余向前，张正堂，张一力. 企业家隐性知识、交接班意愿与家族企业代际传承 [J]. 管理世界，2013（11）：112-135.

[122] 徐莎莎. 长三角地区家族企业传承动态新探 [J]. 学习论坛，2016（1）：

12-20.

[123] 闫泽涛. 新时期我国企业家精神培养环境体系建设研究 [J]. 淮北职业技术学院学报, 2020 (8): 86-89.

[124] 姚荣君. 双循环经济新发展格局下企业家精神的重塑 [J]. 现代商贸工业, 2021 (12): 30-31.

[125] 杨红燕. 企业家精神在知识主体价值创造过程中的作用研究 [J]. 科技资讯, 2020 (9): 249-251.

[126] 杨云. 家文化对家族企业代际传承的影响 [J]. 科教文汇, 2017 (6): 67-74.

[127] 杨力. 领导者继任规划研究进展及其启示 [J]. 科技创新与生产力, 2013 (12): 45-53.

[128] 于斌斌. 家族企业接班人的胜任-绩效建模: 基于越商代际传承的实证分析 [J]. 南开管理评论, 2012 (6): 134-151.

[129] 于淼. 中小家族企业生命周期各阶段面临问题与对策解析: 以浙江省调查数据为例 [J]. 生产力研究, 2009 (8): 115-117.

[130] 于淼, 刘建长. 家族企业生命周期各阶段特点及延长生命期的对策 [J]. 牡丹江大学学报, 2007 (7): 102-107.

[131] 于馨博. 代际传承情境下家族企业继承者角色转换与跨代创业行为研究 [J]. 工业技术经济, 2021 (10): 45-56.

[132] 于树江, 何舒雅, 李艳双. 企业家精神对家族企业产业转型的影响机理剖析 [J]. 财会月刊, 2021 (4): 101-109.

[133] 余明阳. 中国家族企业接班的现状、困境与对策研究: 基于54家企业的样本分析 [J]. 管理观察, 2013 (9): 154-167.

[134] 叶匀. 传承家族企业传承浙商精神: 宁波家族企业传承与发展 [J]. 中国集体经济, 2007 (7): 23-32.

[135] 尹飘扬, 李前兵. 家族二代特征对家族企业创新的影响: 基于二代人口结构和教育状况及身份特征的视角 [J]. 技术经济与管理研究, 2020 (4): 61-66.

[136] 张胤唯. 影响家族企业代际传承的因素探讨 [J]. 新理财, 2022 (12): 23-25.

[137] 张建民, 孙丽香, 辜雅婷. 欠发达地区企业家精神时空演化及影响因素

[J]. 社会科学家，2021（9）：92-97.

[138] 张颐. 传统家文化对家族企业管理风格的影响[J]. 宁波教育学院学报，2014（12）：124-127.

[139] 张芯蕊，窦军生，陈志军. 国际家族企业研究三十年的可视化分析[J]. 科学学与科学技术管理，2020（6）：159-177.

[140] 张淑丽，王春展，吴武忠. 台南小吃家族企业的发展与传承[J]. 嘉南学报，2013（12）：294-308.

[141] 张小艳. 交接班意愿与价值观对家族企业代际传承的影响分析[J]. 商场现代化，2021（9）：123-131.

[142] 左静，魏玉芝，苏永玲. 企业家精神与文化传承[J]. 商业文化，2021（8）：24-25.

[143] 赵永杰，刘浩. 家族企业动态能力生成机理：基于企业家精神视角的分析[J]. 东北财经大学学报，2016（2）：57-63.

[144] 赵晶，张书博，祝丽敏. 传承人合法性对家族企业战略变革的影响[J]. 中国工业经济，2015（8）：130-144.

[145] 周敏慧，JEAN-LOUIS ARCAND，陶然. 企业家精神代际传递与农村迁移人口的城市创业[J]. 经济研究，2017（11）：74-87.

[146] 周立新，陈京晶. 家族成员心理所有权对家族企业创业导向的影响[J]. 重庆大学学报（社会科学报），2020（3）：120-131.

[147] 周立新. 家族企业创业导向与企业成长：社会情感财富与制度环境的调节作用[J]. 科技进步与对策，2017（9）：109-115.

[148] 周立新. 传承意愿与家族企业国际化：制度环境的调节效应[J]. 技术经济，2020（7）：176-183.

[149] 周辉，朱晓林. 家族企业代际传承中关系网络异化影响因素研究[J]. 科技进步与对策，2016（8）：12-15.

[150] 周新德. 家族企业的危机管理及危机预警系统的构建[J]. 技术经济，2007（12）：43-55.

[151] 朱春飞. 浙江中小家族企业海外市场开拓中接班人培养的典型案例分析[J]. 山东商业职业技术学院学报，2013（12）：41-43.

[152] 朱建安，陈凌. 传统文化、制度转型与家族企业成长：第十届创业与家族企业国际研讨会侧记[J]. 管理世界，2015（6）：164-167.

[153] 朱建安,陈凌. 制度环境、家庭涉入与企业行为:转型经济视角下的家族企业研究述评 [J]. 山东社会科学, 2015 (2): 67-71.

[154] 祝振锋,李新春,赵勇. 父子共治与创新决策:中国家族企业代际传承中的父爱主义与深谋远虑效应 [J]. 管理世界, 2021 (9): 123-136.

[155] 郑登攀,李生校. 两代共存治理与中国家族企业技术创新 [J]. 科技进步与对策, 2019 (12): 95-101.

[156] 邹立凯,黄夏韵,李新春. 历史的"遗产":长寿家族企业价值观导向研究 [J]. 南开管理评论, 2021 (4): 141-148.

[157] 陈淑娟. 东方管理视角下中国家族企业接班传承研究 [D]. 上海:复旦大学, 2011.

[158] 陈明辉. 基于超循环理论的企业生命周期分析 [D]. 哈尔滨:哈尔滨工业大学, 2009.

[159] 陈芝芊. 家族治理:台湾家族企业文化之传承 [D]. 台北:台湾大学, 2013.

[160] 董敏耀. 中国家族企业关键成功因素研究 [D]. 上海:复旦大学, 2011.

[161] 窦军生. 家族企业代际传承中企业家默会知识和关系网络的传承机理研究 [D]. 杭州:浙江大学, 2008.

[162] 都苏艳. 家族企业代际传承中接班人能力培养机制:基于内蒙古石宝铁矿的案例研究 [D]. 呼和浩特:内蒙古大学, 2015.

[163] 方芳. 家族企业代际传承模式选择的战略动因及效果评价:以广厦控股"子承父业"为例 [D]. 南昌:江西财经大学硕士学位毕业论文, 2016 (6).

[164] 房钰君. 家族企业代际传承意愿的影响因素研究 [D]. 上海:东华大学, 2013.

[165] 黄紫嫣. 家族企业社会情感财富对品牌传承的影响研究 [D]. 上海:东华大学, 2020.

[166] 胡航. 家族企业职业经理人接班效果及其原因分析:基于国美电器和美的集团的案例对比 [D]. 成都:西南财经大学, 2019.

[167] 季彤. 家族企业交接班人的自信程度对跨代创业的影响研究 [D]. 上海:东华大学, 2021.

[168] 江海林. 本土旅游小企业代际传承过程、影响因素及作用机制:以宏村

为例 [D]. 芜湖：安徽师范大学，2020.

[169] 李海铭. 企业家精神对中国区域经济增长质量的影响研究 [D]. 沈阳：辽宁大学，2020.

[170] 黎彩眉. 我国家族企业内部接班人培养模型研究 [D]. 长春：东北师范大学，2007.

[171] 连任. 中国家族企业接班人问题研究 [D]. 厦门：厦门大学，2006.

[172] 林春梅. 台湾家族企业二代接班之个案分析 [D]. 新北：淡江大学，2019.

[173] 刘晖. 基于隐性知识转移视角的家族企业代际传承研究 [D]. 杭州：浙江工商大学，2017.

[174] 刘莉. 家族企业传承模式研究 [D]. 成都：西南财经大学，2010.

[175] 刘畅. 创新生态系统视角下企业家精神对创新绩效的影响关系研究 [D]. 长春：吉林大学，2019.

[176] 刘浩淇. 家族企业传承绩效评价：以大禹节水"子承父业"为例 [D]. 兰州：西北师范大学，2020.

[177] 刘阳. 家族企业接班人合法性的权威基础及其对企业绩效的影响 [D]. 上海：东华大学，2017.

[178] 刘洋. 社会关系网络转型与家族企业成长研究 [D]. 厦门：厦门大学，2008.

[179] 麻丹亚. 中国旅游企业家精神时空演化及与经济增长关系研究 [D]. 南昌：南昌大学，2021.

[180] 邵云. 基于企业文化视角下我国家族企业传承问题的研究 [D]. 荆州：长江大学，2019.

[181] 陶天龙. 企业家精神、知识溢出与区域经济发展：基于我国省级面板数据的实证研究 [D]. 南京：东南大学，2012.

[182] 王春和. 我国家族企业内部治理模式研究 [D]. 哈尔滨：东北林业大学，2006.

[183] 王博. 我国家族企业权力交接问题研究 [D]. 北京：首都经济贸易大学，2008.

[184] 王福民. 家族性资源、创业导向与企业绩效关系研究 [D]. 长沙：中南大学，2013.

[185] 王敏. "家业长青"培训项目设计研究：基于动态传承要素调研的分析

[D]. 上海：东华大学，2014.

[186] 王晓凯. 家族企业接班人培养方式选择影响因素研究[D]. 杭州：浙江大学，2008.

[187] 王洋. 中国企业家精神时空演化及其影响因素研究[D]. 沈阳：辽宁大学，2019.

[188] 汪雯. 接班人见证创业时间对家族企业创新的影响研究[D]. 上海：东华大学，2019.

[189] 吴炳德. 家族控制对企业创新投入的影响：以研发投资为例[D]. 杭州：浙江大学，2014.

[190] 邢晓东. 金融发展、企业家精神与全要素生产率[D]. 武汉：武汉大学，2019.

[191] 薛沛隆. 社会主义核心价值观引领新时代企业家精神培育研究[D]. 西安：西安科技大学，2021.

[192] 余向前. 家族企业代际转移的企业家隐性知识及其对企业传承影响的研究[D]. 南京：南京大学，2015.

[193] 颜丝琪. 家族企业跨代创业的类型与动因[D]. 上海：东华大学，2016.

[194] 杨妍妍. 企业家创新创业精神的形成机理与传承路径研究[D]. 天津：河北工业大学，2019.

[195] 余功文. 我国家族企业传承理论研究[D]. 武汉：武汉理工大学，2005.

[196] 朱晓林. 家族企业代际传承中关系网络异化的影响因素研究[D]. 镇江：江苏大学，2016.

[197] 林泽炎. "继创"是家族企业代际传承的秘钥[N]. 中华工商时报，2019-06-06.

英文文献：

[1] NEUBAUER F，LANK A G. The family business：Its governance for sustainability[M]. Basingstroke：Palgrave Macmillan UK，1998.

[2] ANDERSON R C，REEB D M. Founding-family ownership and firm performance：evidence from the S&P500[J]. The journal of finance，2017，58（9）：1301-1328.

[3] ARREGLE J L，NALDI L. Internationalization of family-controlled firms：a

study of the effects of external involvement in governance [J]. Entrepreneurship theory and practice, 2017, 36 (6): 1115-1143.

[4] BAUMOL W J. Entrepreneurship: productive, unproductive and destructive [J]. Journal of political economy, 2016, 98 (5): 893-921.

[5] CHRISMAN J J, CHUA J H. The ability and willingness paradox in family firm innovation [J]. Journal of product innovation management, 2015, 32 (3): 301-318.

[6] DREUX D R. Financing family business: alternative to selling out or going public [J]. Family business review, 2016, 3 (3): 225-243.

[7] FELIU N, BOTRO I. Philanthropy in family enterprises: a review of literature [J]. Family business review, 2016, 29 (1): 121-141.

[8] LUMPKIN G T, DESS G G. Clarifying the entrepreneurship real orientation construct and linking it to performance [J]. The academy of management review, 2017, 21 (1): 135-172.